Endorsements

Nicole's unfailing resilience in the face of adversity is a constant source of inspiration. There is no better cheerleader of hope and no greater enemy of self-defeat.

– Megan Towey, Investigative Producer – CBS

GAME ON!
RELENTLESSLY PURSUE YOUR DREAMS

An Illustration on How to Set Goals and Overcome
Challenges to Win Big in the Game of Life

NICOLE R. SMITH

Copyright © 2018 Nicole R. Smith
All rights reserved.

Printed in the United States of America

Published by Author Academy Elite
P.O. Box 43, Powell, OH 43035
www.AuthorAcademyElite.com

All rights reserved. No part of this publication may be reproduced, stored in a retrieval system, or transmitted in any form or by any means—for example, electronic, photocopy, recording—without the prior written permission in writing of the author and publisher. The only exception is brief quotations in printed reviews. The Internet addresses, email addresses, and phone numbers in this book are accurate at the time of publication. They are provided as a resource. Nicole R. Smith or the publisher do not endorse them or vouch for their content or permanence.

Paperback ISBN: 978-1-64085-314-0
Hardcover ISBN: 978-1-64085-315-7

Library of Congress Control Number: 2018943649
Author Academy Elite, Powell, OHIO

Dedication Page

To anyone who has ever attempted and fallen short of their goal. Try again; one more time. What can it hurt? The next time just may be your time, but how will you know if you don't try? Never. Give. Up.

For Cyrani
I hope this book encourages you to look your fears in the eyes and rise above them.

For Tony Smith
Thank you for pressing and staying on me to write this book.

For Patricia, Selma and Reinaldo Smith
Thank you for always supporting and believing in me.

For Peter Staal
Thank you for believing in me, financially supporting this project and teaching me how to love.

TABLE OF CONTENTS

Life Isn't Fair 1

Dream Recognition. 5
   Discovering My First Love. 5
   The Spark that Ignited the Dream. 6

The Emotional Roller Coaster Ride
of Dream Chasing. 9
   Preparation 9
   Audition Day 10

R&R – Rejection and Recovery. 19
   Rejection. 19
   Recovery: If at First You Don't Succeed 21
   Moving to Houston to Pursue the Dream 26
   Everything is Bigger in Texas,
      Including the Auditions. 27

The Unthinkable Happens! Triumph at 32 29
   Rule number 1 – The importance
      of showing up 30
   Making the Cut. 31
   Game Day. 35
   Perks!. 37

Rejection Again—Don't Discount Small Wins 38
    Rejection again 38
    Rejection. Again. 42
    Small Wins 44
    Welcome (back) to Miami.
        The Rejection Continues. 47

Excuses vs. Valid Reasons 60
    Challenges are Inevitable. 60

If You Quit, Make it Temporary 70
    Keep going 70
    Hidden Treasures. 73
    I'm Still Going 74

Game. On. My Challenge to You. 77
GAME ON! Challenge Action Plan 79

ACKNOWLEDGEMENTS

Photo Credits:

Kenneth Alavarez
Palm Beach Makos Cheerleader (page 75) and Author Bio pictures (back cover and page 91)

Graham Hill
Chicago Slaughter Hip Salon Dancer (pages 45, 46, 73)

My accountability partners on this journey:
Kary Oberbrunner, Patricia Smith, Megan Towey, Eli Bardowell, Marcela Saldaña, Osei Xavier, Tyrone Manning and Astin Hayes.

This wouldn't have happened without the countless phone calls, text messages, late nights and the many times you had to reread this. Most importantly, thanks for telling me what I didn't want to hear when I needed to hear it.

I couldn't have done this without you.

Fighter
Words and Music by Christina Aguilera and Scott Storch
Copyright © 2002 by Universal Music - Careers, Xtina Music, Scott Storch Music and TVT Music Inc.
All Rights for Scott Storch Music and TVT Music Inc. in the United Kingdom Administered by Cherry Lane Music Publishing Company, Inc.
International Copyright Secured All Rights Reserved
Reprinted by Permission of Hal Leonard LLC

LIFE ISN'T FAIR

"GAME ON" IS a phrase that doesn't always refer to a sporting event. It can be a battle cry to overcome challenges or the chant that motivates you to press towards newfound goals.

If you have ever set out on the path to achieving a goal, I am sure you have heard the phrases "It won't be easy, but it will be worth it" and "If it were easy, everyone would be doing it" many times. There is another phrase that I would like to offer up: *Life isn't fair*. The faster you can accept this, the easier it will become to pursue your dreams. You will no longer be able to use that phrase as a roadblock or excuse not to pursue your dreams. Whatever your dream is, it will be worth it when you arrive.

LET'S GET STARTED ... WHAT DO *YOU* WANT?

_____
_____
_____
_____
_____
_____
_____
_____
_____

People rarely talk about what happens between the first step of your journey and "making it." I share my story to encourage you to keep going. You are not alone on the journey. No matter how many tries or how long it takes, I am on the journey, too, as your personal cheerleader. Recognize the small wins along the way, and don't discount them. Whatever your *it* is—becoming a lawyer, doctor, engineer, author, a news anchor, an actress, a DJ, a filmmaker, etc.—it comes with challenges. Expect it.

One of my dreams was to be a dancer/cheerleader for a professional sports team. At 32 years of age, I achieved that dream, and it was the springboard for other goals that I wanted to achieve.

After years of auditioning, I saw how the process can take its toll on young women. Because of this, a new dream was conceived within me. I wanted to motivate young women and to remind them how beautiful they are; especially after being cut from an audition. I wanted to encourage them to not let the result of an audition define them. I wanted to encourage single parents like myself to continue to pursue their dreams. More recently, I became so in tune to so many people around me wanting to achieve goals, large and small, I wanted to be the person to cheer them on, especially when the going got tough. Lastly, for as long as I could remember, another goal was to write a book. However, I was never quite sure of the subject matter.

Now, ten years later at 42, although I am still pursuing my dream of dancing on the sidelines for another professional sports team, something magical has happened. My pursuit of the first goal has led to the realization of the others.

> One step in the right direction can change the course of your life forever.

My experiences over the past 16 years have provided me with the content and platform I needed to be able to write this book and encourage people all over the world. Seeing these other goals come to fruition isn't half bad. If I can do it, so can you. One step in the right direction can change the course of your life forever.

This is my story. I hope it encourages and inspires you. If it does, for me, it will be another dream come true.

Game On!

DREAM RECOGNITION

Discovering My First Love

I WAS RAISED by two strong Latino parents (¡Viva Panama!). Therefore, music and dance were a huge part of my upbringing. I watched my parents grace the floor dancing salsa, soca, and calypso all my life.

I don't remember much from my high school years, but I do remember one day distinctly. I was in my front yard with my bestie Becky making up choreography. I am grateful for her because I know she was doing it to be nice and that she was indulging me. What she doesn't know is that was the day I realized how passionate I was about dance. In hindsight, it was such an obvious sign that this deep love for dance existed within me, but like most Latino immigrant families at that time believed, "Sports can pay for your college education, and dancing isn't a career—it's a hobby." So I ignored the spark and let life and ignorant beliefs snuff it out.

I attended school on a track scholarship, but I was always drawn to dance, even at my university. They started a dance team to perform at basketball games.

This was a huge occurrence because it was a conservative Christian university and dance was forbidden. But they were starting to loosen the reigns. For instance, women were finally allowed to wear pants that year! Although I couldn't participate on the dance team due to my track commitment, I was able to assist with choreography here and there which thrilled me to no end.

I started a dance team called Liberated at my local church and was the choreographer for the youth ministry there for two years. The little spark had started to kindle again. This time, instead of allowing life to snuff it out, I fanned the flame. It was beginning to grow, and the realization that I could encourage and touch people's lives through dance became a reality. Little did I know back then that this blooming love for dance that flowed through the blood in my veins would guide me, and more importantly, sustain me on this journey we call life.

The Spark that Ignited the Dream

I was working for a radio station in Miami at the time. We had extra tickets to the Miami Dolphins game, and someone asked if I wanted to go. Sure? Why not? I love sports and am extremely competitive. Plus, the ticket *and* the parking pass were free!

That game changed my life forever. I remember it as if it were yesterday. It was a cool, crisp autumn day at the stadium. Pssshhh, yeah right. It was hot as Hades. After all, we lived in Miami for goodness sake. It was about 80 degrees, and everyone was sweating in the open-roof stadium.

But that didn't matter to me. It was the first time I had seen something that I had never known existed: NFL cheerleaders. The Miami Dolphins Cheerleaders (MDC) were my first exposure to NFL Cheerleaders—I was hooked. I was absolutely intrigued by them. I can't tell you what team the Dolphins played that day or which team won the game. All I could think of during the entire game was, "I can do that."

> I had seen something that I had never known existed.

Every time the whistle blew after a play, the DJ in the stadium would play music and the cheerleaders would begin to move gracefully yet powerfully to the music, executing short spurts of choreography in unison. After every quarter, the cheerleaders rotated corners giving the crowd in that section a glimpse of a new set of cheerleaders. The women were short, tall, blonde, brunette, red-headed, curly-haired, straight-haired, short-haired, long-haired, Caucasian, African American, Latina, and Asian. What a wonderfully diverse and beautiful group of women on the field.

Then I saw her—MDC cheerleader Trisia. A gorgeous, tall cheerleader with the most beautiful dark brown skin I had ever seen. It was like she was glowing. Her huge smile was infectious and her energy contagious. She was absolutely captivating while cheering and dancing on the sidelines. I couldn't take my eyes off her. I was watching someone who looked like me.

With much more conviction, I repeated to myself, "*I can do that!*"

To my disappointment, the cheerleaders disappeared soon after the second rotation. What I didn't know is that they had retired to the locker room to prepare for their halftime performance.

Suddenly, they were back and took the field. They moved quickly yet gracefully to hit their marks on the field. Their choreography was full of clean movements, crazy fast transitions, an insane amount of energy, and of course, high kicks. After they landed in jump splits to the crowd's cheers, that was it for me. I knew I had to be on that field. When I arrived home that night, I immediately looked up the cheerleaders' web page to find out when the next auditions were. I put it on my calendar and waited anxiously for the day to arrive.

THE EMOTIONAL ROLLER COASTER RIDE OF DREAM CHASING

Preparation

I WISH I could honestly tell you that since the date of the audition was months away, I feverishly started preparing for it by:

- following a strict diet and workout plan
- playing with makeup techniques
- researching the best weave and best way to attach it to my own hair
- agonizing over what I would wear for auditions

Yeah, I did none of that. Like a lot of young women who see the ladies on the sidelines and have no idea of the tedious process, I put the date on the calendar and *showed up*. It wasn't until later on in this journey I learned how important showing up can be.

Audition Day

Audition day finally arrived. I had absolutely no idea what to expect. New cheerleader hopefuls trickled in early to the stadium for registration and began stretching to prepare for a long day ahead.

When I entered the audition area, I glanced around the room in a state of shock. I must say it was intimidating. *Everyone* was beautiful and so well put together and flexible. I don't even remember if I had put makeup on that day. Lipstick perhaps? It was an overwhelming situation.

The director welcomed approximately 250 of us to the audition. I snapped out of my temporary paralysis and wondered what I had gotten myself into. It was judgment time. All the hopefuls took their assigned seats and settled in for the nerve-wracking audition ahead of us.

After everyone was seated, the audition officially began. The judges introduced themselves. The panel consisted of former NFL cheerleaders, radio and TV personalities, choreographers, and the director of the cheerleaders. Great. No pressure.

The first round was freestyle. *Freestyle*. Say it isn't so! The DJ played random music while we were expected to show off our dance ability in whatever form was most comfortable. They called hopefuls up in groups of five to audition. After what seemed like an eternity, my number was finally called. It was my group's turn to impress the judges. I had no idea what to do, so I did what I would do at home—dance like no one was watching. But nothing outrageous, and not salsa.

I moved naturally to the music as though I were trying to dance captivatingly in a club. After all, it was all I could do. I had no real dance skills, but I had a lot of spunk and energy. So, I smiled big and hoped that would make up for my lack of dancing ability. After several more groups performed for the judges, round one of auditions finally came to an end. The judges walked to a back room to make their decisions about who would make it to the next round. All we could do was sit and wait.

After what seemed like a lifetime, the judges finally emerged from the room to post the numbers of the hopefuls who had made it through to the next round. They made an announcement thanking each of us for spending our time with them that morning and encouraging us to come back and try out again next year if we didn't see our number on the board. You could feel both the anxiety and excitement levels rise simultaneously in the room as each aspiring hopeful anticipated learning her fate. Each woman asked themselves, "Does the dream end now, or will it continue?"

> You could feel both the anxiety and excitement levels rise simultaneously.

When the judges moved away from the posted numbers, the ardent chaos began. The emotions ignited the room instantly, like potential energy immediately converting to kinetic energy. The hopefuls flooded the board trying to catch a glimpse of their number. A myriad of mixed emotions, such as anger, disappointment, and elation, filled the room.

Being short and at the back, I had to wait and watch the despair or elation of those in front of me before I would learn my fate. With every squeal of excitement, my heart filled with excitement. With every outburst of tears, my heart sank. Finally, I was close enough to see the board to look for my number. I kept looking down at my shorts to remember it. I didn't want to get it confused with someone else's. I searched frantically—to and fro, up and down—at the numbers on the board. Eventually, I realized they were in numerical order.

Then, it happened. There it was. My eyes stopped darting back and forth and fixated on my number. The squeals of delight and sobs of disappointment behind me faded away. At that moment, at least in my head, there wasn't another person in the room. It was only me, the board, *and my number*. It was there, on the board. It was actually there. I couldn't believe it. I made it to the next round. I was thrilled yet terrified at the same time.

"I don't know how to dance. What have I gotten myself into? I am not sure my smile alone can carry me through the next round."

Round two consisted of learning and performing choreography within hours of learning it. My dance experience, up until then, was running the hip-hop dance ministry at my church in Tulsa, Oklahoma. I was the choreographer, so I never had to learn the dances. I was always teaching them. That coupled with ballet and tap lessons when I was three didn't give me the boost of confidence that I needed.

The hopefuls took to the floor to learn and review the choreography. Then, in the blink of an eye, it was judgment time again. We went through the same process as before. Everyone sat in their assigned seats and waited for their turn to be called. This second round was more agonizing than the first.

I tried not to watch the other hopefuls perform. If they messed up, I felt as though I would, too. Or it would give me false hope and I didn't want to grow overconfident. If they nailed the routine, it would be extra pressure on me to remember the dance. What's worse is you *had* to sit in the chairs. To make it fair for all hopefuls performing and to reduce the distraction for the judges, dancers waiting in the wings were not allowed to practice on the sides or the back of the room. So we had to sit there and watch and wait. They *finally* called my number. I paraded onto the floor with the others in my group and waited anxiously for the music to start.

I will never forget the audition song that year, "Fighter" by Christina Aguilera. I remember it not only because it was my first audition, but also because they played the song over and over and over until every group had performed before the judges. I believe everything happens for a reason. As sick as I was of that song, I would later learn that my foundation for years of auditioning to come, would literally be built on the lyrics of this song. By the end of the audition, the lyrics to that song were ingrained in my subconscious mind, which was a good thing. Little did I know then how much I would need those words. They literally transformed and shaped my future audition experiences.

> *"Makes me that much stronger.*
> *Makes me work a little bit harder.*
> *It makes me that much wiser.*
> *So thanks for making me a Fighter.*
> *Made me learn a little bit faster.*
> *Made my skin a little bit thicker.*
> *Makes me that much smarter.*
> *So thanks for making me a Fighter."*

Once the music began, my nerves calmed down, and I started moving. I remembered the choreography better than I expected. The further the song progressed the more energized I became. I decided to put it all out there and leave it on the floor. In my excitement, I forgot some of the choreography, but I didn't care. I was having so much fun that I kept smiling (more like laughing at myself) and kept dancing. The song ended, and we held our positions for the judges so they could make their last assessments. When they were finished, we exited the dance floor and returned to our seats.

"Whew. I am glad that's over," I thought. I was proud of myself. I showed up and gave it my best. I know I messed up, but that was okay. It actually took the pressure off. I was able to watch and enjoy the remaining hopefuls as they performed their routines.

Suddenly there was a huge round of applause after the last group performed for the judges. Day One of the audition process had come to an end. Now, it was time to wait.

While the judges were in the back room again, I concentrated on the buzz of the room. Many hopefuls knew each other, so they were chatting. The room was full of conversations that varied from hopefuls recounting how they messed up to what people were going to eat.

After what seemed like a fortnight, the judges eventually emerged from the notorious back room where hopefuls' lives were instantly changed. I honestly wasn't too nervous this time around, because I was *sure* I was going home. They asked everyone to gather around. They thanked us all for our time and for coming out to audition. They encouraged us to come back and try again if our names were not called. If our name was called, they asked us to meet them on the dance floor in the center of the room.

And so it began. Once again, a heightened level of anxiety and excitement filled the room. Then, one-by-one, the judges announced the finalists who would move on to the next round of auditions known as boot camp. As the judges called a hopeful's name, the hopeful would shriek or cry and charge the dance floor with excitement.

Then it happened again. I heard my name called. I was thrilled, excited, and frankly shocked. I couldn't believe it! They were actually considering me. My brand-new dream of becoming an NFL cheerleader was one step closer.

After they had named all of the finalists and were able to quiet us down, the director spoke words that resonated and stayed with me throughout every other audition I ever attended. "Congratulations on making it to the next round, but don't get conceited or arrogant. Today, we sent home a lot of talented young ladies." In the years to come, I would realize that no truer words (in the audition world) were ever spoken.

They call it boot camp for a reason. The week following the audition was tedious. We had three days to review the choreography we knew, learn new choreography, learn and review a kick line, prepare and practice solos, determine the show order, and discover in what order we would be performing. It was a full-on production. It was exhausting yet exciting all at the same time. Finally, the week was over. We had one or two days to rest and/or practice before the final performance day.

Final audition day was here. We arrived early to the Aventura Mall for the run-through of the program. After running the entire production, except the solos, rehearsal was over. It was time to freshen up for the final performance. I felt so ill-prepared. Hopefuls arrived with full makeup kits. Most of them looked like models. I dug into my bag and pretended I had the fresh makeup to put on when I didn't. I figured the makeup I put on earlier in the morning would last. I thought I would be fine. Not so much. Ding! Another lesson learned.

Soon, although it seemed like hours, they called our names to line up for the start of the show. The music started, and so did the adrenaline. We briskly entered the stage, performed the routine that we learned at tryouts in groups of five, then just as quickly exited the stage. This cycle continued until each group had their moment in the spotlight.

Then it was time for the solos. Now, remember, I had no dance experience, no one to bounce off ideas. I made up my own hip-hop choreography. It wasn't cute or sexy. This was confirmed when I executed what I thought was the best part of my routine—some type of push-up situation, or so I thought. Until this day, I will never forget the look of shock and sheer confusion on the director's face when I stood back up. In hindsight, I realize that was the move that sealed my fate. But, I didn't know it at the time, especially because so many people complimented me on my routine afterward.

I was proud of myself. I felt accomplished. I gave it all I had. I made up the routine all by myself just like I did years ago in my front yard with Becky. Not to mention, a lot of people liked it. I realize now, again, in hindsight, that it was a great routine, but the wrong audience.

After the solos were done, the judges deliberated. Then it was time for the final showcase. Again, we briskly sashayed out in groups of five, performed another routine, as well as a kick-line. Then each girl was able to take the stage by herself for the judges to get one last look. Finally, the performances were over. What was done was done. At this point, there was nothing else anyone could do.

The event staff for the day whisked all the hopefuls off to a secret back room in the mall for us to sit and wait for what seemed like an eternity. The entire time, I *knew* I made the team. Why? I was able to feign a right turn, my kicks touched my face, I was sporting a nicely toned six-pack and biceps, and most importantly, I nailed all of my dances. Why wouldn't I make the team?

R&R – REJECTION AND RECOVERY

Rejection

I WAS NAÏVE enough to believe that the accomplishments mentioned in the previous chapter would equal instant access to the team. After what seemed like a century, the coordinators called us by our numbers in groups of ten, if I remember correctly, and escorted us to yet another secret room in the mall. At this point, I was fascinated to learn about all these back rooms within a mall. When we crossed the threshold of the room, it was chaos. There were people everywhere. The room had been transformed into the media room, teeming with judges, photographers, TV cameras, newspaper reporters, and MDC staff.

The director gave the same speech, "It was a difficult decision. If your number isn't called, please come back and try again next year."

Then they started reading off the numbers in numerical order. As hopefuls began to hear their numbers, once again there were shrieks of joy simultaneously occurring with tears of sorrow. They called the number of the girl to my left, the number of the girl to my right, and then kept going. I was dumbfounded.

The hopefuls, whose numbers were called, were whisked away to be immediately outfitted with the coveted team-branded gear. That was when I realized how competitive professional cheerleading is. A veteran who had been on the team for five years—cut. I remember she was as dumbfounded as I was. I overheard her on the phone, "They actually cut me!" Those of us left behind trudged back to the holding area to collect our belongings. We could have left, but who does that? We wanted to see who was selected for this elite team. If I hadn't made it, I wanted to know what it was that some of these hopefuls had that I lacked.

The time came when the final team took the stage for the group picture. I was so hurt. On the elite team were some hopefuls who had trouble learning the choreography. Since I knew it better than they, I had gone out of my way to help them. They both made it and instantly forgot I existed, by the way. As I stood staring at the final team, watching them hug each other through their tears of joy, I made my decision right then and there through my tears of defeat and disappointment. I was coming back with a vengeance to claim my spot on this team.

Recovery: If at First You Don't Succeed

I allowed myself a one-week pity party. I could eat anything I wanted— burgers, pizza, soda, ice cream, cupcake, you name it—and I didn't have to work out. By the end of the week, I felt disgusting on the inside. That, coupled with my aching soul, made me feel even worse. No amount of tasty fried junk food or delicious dairy delights could soothe the soul-crushing disappointment that existed in the pit of my being. I cried for days. I was in such disbelief. I kept remembering the confused look the director gave me during my solo.

Even worse, I told everyone at work that I was auditioning for the team, and they were so excited for me. They knew I would make it, too. The thought of having to go to work on Monday and tell them I failed was embarrassing. Monday did come, and I had to hold it together like a champ. I held my head high and informed my many co-workers that I hadn't made the team. They consoled me, ensured me that they had made a mistake, and encouraged me not to take it too hard. Easier said than done. I did eventually recover, but it took months.

After I finished licking my wounds, I started playing with the idea of auditioning again. The feeling of vengeance I had on the day of the audition had subsided behind the burgers, pizza, and ice cream. Eventually, I began to reminisce about how much fun I had and how happy I was while dancing. The idea to try out again slowly began to grow.

The 2003 Chili Cook-Off was the fuel that sparked my comeback. I was working the VIP table check-in. It was my job to check-in all the guests who had access to the VIP area of the event. The tent was bustling and swamped with approved guests entering and leaving the tent, along with a whole host of others trying to sneak in.

> It was definitely one of the most agonizing things I have ever had to do.

Suddenly, something caught my attention. As I glanced up from the check-in list, there they were. The Miami Dolphins Cheerleaders had been invited to perform on the stage at 99.9 KISS Country's Chili Cook-Off. Lo and behold, I had the privilege of checking them in. Talk about a dagger to the heart. It was definitely one of the most agonizing things I have ever had to do. While I was checking the ladies off the list and gathering their access badges, something magical happened. The then MDC choreographer (I believe) walked up to ask for something for the cheerleaders, and she remembered me. She strongly encouraged me to try out again the next year. She distinctly remembered me. She told me I was so close to making it the previous year (holding up her thumb and index finger pressed together). She expressed that she hoped I would try out again. "Well," I thought to myself. "I mean, I can't let her down, right?" I made the decision right then and there to get back on the horse.

Prep classes for the next audition had recently started. After the interaction that day, I decided to attend every single prep class and keep up my workouts. I even tried playing around with *makeup*.

Finally, it was audition day again. I noticed in previous auditions that the judges like hopefuls to be themselves. So this time, instead of wearing a weave to the audition, I wore my hair natural. In hindsight, I am not sure how great a decision that was, The only skill worse for me than applying makeup is styling my hair.

Upon arrival, the process repeated itself. The DJ would play music, and the hopefuls would freestyle their hearts out. The first round ended. The hopefuls waited with angst while the judges deliberated.

Then, the unthinkable happened. I did not make it to the finals. I didn't even make it past the first round. *What?* I was perplexed and more dumbfounded than the first time. Burgers, pizza, and ice cream but in double doses this time.

This time my coworkers remarked, "Forget the Dolphins' Cheerleaders. Try out for the Miami Heat Dancers instead. You look more like a Miami Heat dancer anyway." So, that's what I did. I looked up the Miami Heat Dancers. I found out when their prep classes were and registered immediately. I was so pumped that even one of the personalities from the radio station attended the class with me to see what it was all about. Man, I was out of my league but had no idea at the time. Sometimes ignorance is bliss. The choreographer taught at a fast pace, and I barely kept up. Hopefuls were mastering the choreography. I couldn't believe it. Interestingly enough, I didn't leave discouraged. I felt I was ready.

Miami Heat audition day arrived. I went in naïvely again. Man, I think about those days and wish someone had told me about myself. I wish I could find pictures. I looked more like a track athlete than a dancer. I actually attended the audition in a sports bra, spandex capris (which I ignorantly referred to as "dancer pants" on live radio), and tennis shoes. Can you believe I made it past the first round? Needless to say, I was cut before making finals for that audition, too. I lingered around after the audition to ask what I could work on. Feedback is the most valuable commodity in the audition process. The director at the time, Janine Thompson, kindly mentioned that I should take more dance classes. So I did.

When I couldn't take a class in a studio setting, I would rehearse dances from the many auditions and classes that I had attended for the sake of becoming a cleaner dancer. To my delight, the Miami Marlins (baseball) team was holding auditions for a brand-new dance team. Yes, I signed up right away.

I must say this was the strangest audition that I ever participated in. It was not the typical process as usual. From what I remember, for the first part of the audition, we had to dress cute and meet at a popular plaza in Coconut Grove. It was an outdoor plaza with two stories of shops. On the outside terrace, the hopefuls publicly answered questions about why they were a great fit for the inaugural Miami Mermaids Dance Team.

For the next part of the audition a day or two later, we met at the Marlins' stadium. There wasn't any dancing involved at all. We had to run stadium stairs and were tested on our throwing skills (for T-shirt tosses I suppose). I didn't think anything of it. I used to be a track athlete. Our track practices consisted of running stairs, similar to how people binge watch shows these days, so I was safe there. As for the throwing, I had a pretty good arm from my few years of softball playing back in the day.

At the end of the two days, the directors told us they would call us with the results. If memory serves me correctly, that was on a Sunday. I anxiously waited all week for the phone call. I knew this was it. I had done well. I looked the part. Plus, I was Latina, which had to help. I wasn't fluent in Spanish, but I did understand and speak it.

Finally, the day came for the team to be announced. I believe it was a Friday afternoon. I was sitting at my desk at 99.9 KISS Country when the call came in. On the other end of the line was a familiar voice. My former coworker at KISS Country now worked in the Marketing department at the Marlins and was helping manage/organize the dance team. I was confident I made it this time. He began to speak, and my heart sank once again.

"Nicole, I am so sorry. You didn't make it." He continued, "We could only take 15 girls. You barely missed the cut. If any of the girls drop out for any reason, though, you will be the first person we call."

I don't remember much of anything else he said afterward. I do remember being gracious and repeating "It's OK. Don't be sorry!" But I was dying on the inside. I couldn't even make a team where I knew someone who made the decisions. This audition process may not have been the same, but the rejection recovery process was the same: pizza, burgers, and ice cream.

Moving to Houston to Pursue the Dream

Something interesting was happening. After each rejection, the desire in me to dance and perform grew stronger. It was as though each dismissal was "rejection fuel." It led to me starting my own non-profit dance company.

We were practicing and performing all over South Florida, in churches or anywhere that would allow us. Around the same time, my brother's entertainment company in Texas needed help. I was starting to get the itch to leave South Florida. So, I quit my full-time job, moved back to Houston with my daughter in tow, and set out to pursue a career and my dreams in dance.

Once settled in Houston, I immediately researched auditions for the Houston Texans Cheerleaders. I was thrilled to learn that auditions weren't until around April. Since I had moved at the end of December

2004, the timing was perfect. I had enough time, if I practiced every day, to be audition ready.

Everything is Bigger in Texas, Including the Auditions

The time for 2005-2006 Houston Texans auditions finally rolled around. I was confident because another "hopeful" and I had been practicing and preparing for a couple of months at my brother's dance studio. When I arrived at the stadium, I was stunned. This audition was nothing like in Florida. There were around 1,000 hopefuls there. Holy cow! The auditions followed the normal flow of things—registration, warm up, and learning choreography—but the process took a whole lot longer due to the sheer number of hopefuls participating.

Again, I made it past the first couple of rounds and felt the excitement build yet again. It was, however, an extremely long day. Those of us who made it past the first several rounds had to be up and back at it again early the next morning. We learned more choreography to perform later that afternoon. I ran it over and over and over and over and over. So much so that I exhausted myself in the Texas heat.

It finally came time to perform, and I have to tell you, I don't remember what happened. I do know that I was actually relieved to be cut. I had put so much pressure on myself that my nerves got to me. Had I made it to the next round, I don't think I would have done well. I was so determined to do everything right that I forgot to have fun. Needless to say, after that audition, I decided that maybe this professional cheerleading thing wasn't for me. I decided to focus on growing my dance company, enjoying my part-time radio gig, and making a good life in Houston.

THE UNTHINKABLE HAPPENS! TRIUMPH AT 32

LIFE WAS GOOD. I had finally found my rhythm in Houston, and was a pretty happy camper. I worked part-time at Clear Channel radio, part-time for my brother's entertainment company, and taught hip-hop at his dance studio. I was running my non-profit dance organization, which was growing by leaps and bounds. I received so many contracts from several schools to teach dance at after-school programs that I had to hire teachers to keep up with the demand. I had also enrolled in the local community college to pursue an associate degree in dance. So, I was taking dance class twice a week. My entire world, with the exception of the radio station, was dance. I couldn't have been happier.

Then, one day in March of 2007, while I was at work, my boss passed me a flyer.

"Aren't you a dancer?" he asked.

I reluctantly answered yes to that question because, to me, a dancer is someone who is flexible and has studied ballet and is amazing. The new Major League Soccer team in town, the Houston Dynamo, was holding auditions for a new dance team. The former director of the Houston Rockets Power Dancers was going to be the director of the newly created Dynamo Girls. I took the flyer and thanked him, but I had no intention of going to the audition.

> Inaction is the greatest enemy of dreams fulfilled.

That night, I mulled it over and thought to myself, "What could I lose?" With great hesitation, the *night before the audition*, I decided to go. Little did I know that this one decision would change the course of my life (and hopefully yours) forever. It was that one decision that made me realize that most significant difference between those who succeed and those who don't is *action*. I realized that inaction is the greatest enemy of dreams fulfilled.

Rule number 1 — The importance of showing up

So many hopefuls chicken out and don't even show up to the audition. Showing up is actually a huge win.

Auditions were held in a gym at The Woodlands, Texas. The scene was familiar. Hopefuls in makeup and two-piece audition outfits. All casting judgment on each other as to who should or shouldn't, would or wouldn't, make the team, shallow, but real. I don't remember how many hopefuls showed up for the audition, maybe about 30-40 since it was a new team and there wasn't a lot of advertising promoting it. We went through the normal process: Learn the choreography; perform before the judges in groups. At the end of the day, cuts were made. They called the numbers of about half the hopefuls that they would like to return the next day. Mine was one of the numbers. I was moderately excited. I had been down this road before—making it to the finals only to be crushed.

> Shallow, but real.

Making the Cut

The next day it was more of the same: Learning choreography and performing for the judges. I think there may have even been an interview.

Then, the stakes rose. They called about 16 hopefuls onto the floor to run the choreography a few times. I think there were four hopefuls left sitting against the wall, including me. The hopefuls on the floor ran the choreography a few times. Then they asked one girl to sit down and asked one of the other hopefuls sitting by the wall to step in and run the choreography with the rest of the hopefuls.

They called each of us sitting by the wall one-by-one to join the hopefuls on the floor to run the choreography. At this point, the four of us by the wall felt we knew what was going on. We were the ones who were going to get cut.

Finally, it was my turn. The judges called me to join the group on the floor. We ran the choreography three times. I specifically remember this because there was one part of the routine where I was literally opposite from everyone else on the court. When they were up, I was down. I was cursing myself inside, frustrated and determined to get it correct.

They asked us to run it a second time. Again, I was down when everyone was up. I started to panic but tried not to have a breakdown on the court, nor reveal the acrobatics going on inside my head. They asked us to run the choreography a third time. This time I nailed it. Yes! After the third time, they asked me to sit and asked the last hopeful seated against the wall to step in. I was glad I finally nailed it on the last try, but I knew that was it. I had blown it. The rejection was inevitable. However, I was proud of myself for fighting to get the choreography right.

After the last of the four hopefuls, seated by the wall, had the chance to perform with the rest of the hopefuls, the director told us all to have a seat while they made the final decisions for the team.

After what seemed like ages, the director finally came back to address us. She made the speech that all directors make (and now I know they mean it). She thanked us for attending the audition, but they could only take a certain number of hopefuls. If they didn't call your number, please try out again the next year. Then they started to call out the numbers.

Again, I started counting in my head. I knew the more numbers they called, that weren't mine, meant I was getting closer and closer to getting cut—again. Numbers continued to be called. Elated hopefuls jumped up in delight, like at the MDC auditions. Little by little, the rest of us felt the hope slowly drain out of our bodies as, one-by-one, our number wasn't called.

Then suddenly, the unthinkable happened. She called my number. Wait, had I heard her correctly? I looked down to double check the number on my audition outfit. Nope. I had heard right. I thought that was my number. I experienced immediate anxiety. Surely there was some mistake.

After the director called all the numbers and announced the team, instead of celebrating, I quietly approached her and asked if she had called my number. I wanted to make sure I hadn't heard incorrectly.

She smiled at me and said, "Yes, we called your number."

I couldn't believe it. *I had made a professional dance team—at 32 years old.* I was ecstatic. I noticed that the director walked over to speak to a hopeful afterward. It turned out that they had liked her but, because we had a beer sponsor, the women on the team had to be at least 21 years old. *Thank goodness.* My age finally worked in my favor!

Later, I asked the choreographer why they picked me. In my head, there were so many other hopefuls who had better dance skills or were more talented than I. She told me that they had chosen me because she knew that I would work hard for them. Mind. Blown. Apparently, there was something that they saw in me in the audition that day. Even though I got the choreography wrong the first two times, I fought through it to finally get it right.

After everyone settled down, the ladies who made the team were handed information about the upcoming practices and where to meet for our first team meeting. The paperwork included HR documents because we were going to get paid, as well as paperwork for a drug test. If we didn't pass the drug screening, we couldn't be on the team. I was so grateful that I didn't have to worry about that. Still, just to be safe, I made sure I didn't eat anything with poppy seeds for a whole week.

At our team meeting, we introduced ourselves to each other. As we went around the room, it was more and more apparent this was a special group of young women. Most of them had danced on several other professional teams—the Knicks City Dancers, the Houston Texans, the Houston Rockets Power Dancers, to name a few. When it was my turn, I told them my claim to fame was that I came close to making every team I ever tried out for. It was nice to finally make a team! The room collectively laughed, including me. The college I attended found out I made the team and wrote an article about me in the college's campus newspaper. My dream of becoming a cheerleader/dancer for a professional sports team had finally become a reality.

Game Day

Being a part of an inaugural team had its privileges and its pitfalls. Since we were the first team, we had input on what the uniform would look like. In preparation for our first games, we practiced three to four times per week, for three to four hours per practice. Finally, the game day arrived. Man, there is nothing like it.

On game days, we arrived early to run through the choreography and mark our places on the field. We couldn't dance on the field until performance time because the field had to look TV- ready. If we danced full out on the field before the game, we might kick up the grass, so practicing on the field before the game was a no-no.

After running the choreography, *not* on the field, of course, they provided catered food for us. I was way too nervous to eat. As game time approached, it was time for us to don our uniforms for the first time. We didn't have a fancy dressing room. We had a tent in the back of the stadium, with air conditioning and fans running to keep us cool. I didn't care. I was happy to be there.

Once everyone was dressed and ready to go, it was time for the fun to begin. The excitement and nerves were high. We each received our assignment of where to greet fans and which promotional item we were giving out for the day. It was exciting! People wanted our pictures, gave us high fives, and cheered us on. It was exhilarating.

After the game started, we went to the sidelines to support the fellas on the team. The crowd was electric. They literally cheered nonstop. They had a band playing, and the super fans were all singing and chanting along. So were we. It was magical.

As the clock ticked closer to halftime, my nerves skyrocketed. It was time to line up to prepare for our first entrance onto the field. We took our marks and waited for the announcer to call us onto the field. After weeks of practice and preparation, the time to take the field had finally come.

Dynamo Girls 2007

"Ladies and gentlemen, introducing your 2007 Dynamo Girls!" the announcer's voice boomed across the stadium. We strutted out to centerfield quickly and with as much finesse as possible to hit our opening spots. The music pumped through the stadium igniting it with energy. It flooded my body and took control. I had practiced the dance so much it had become muscle memory. Thank goodness, because I don't even remember what happened. After what seemed like only seconds, the song came to an end, and we hit our final pose. Hearing the crowd cheer and applaud was a dream come true.

To top it off, Ultimatecheerleaders.com caught wind of the story my college paper wrote and posted it on their blog. If you haven't heard of it, Ultimatecheerleaders.com is basically the bible of professional sports cheerleading and dance teams. To appear on the blog meant that I had made it. The only problem was that I looked similar to another girl on my team. They used *her* picture instead of mine in the article. But, hey, the story was still about me. You can see my arms in the picture—well at least one arm!

Perks!

Each dream has its own reward. In the pro/semi-pro sports team world, it is an amazing life-altering experience. You appear on websites, posters, maybe even calendars, and in commercials. You get free stuff—lots of free stuff—from makeup bags to free teeth whitening. Opportunities present themselves that wouldn't have before. Of course, your family gets bragging rights. Most importantly, you get to dance and give your gift back to the fans, whether there are 20 or 20,000. You become a role model. You get to give back to your community. Most importantly, you help put smiles on the fans' faces.

REJECTION AGAIN—DON'T DISCOUNT SMALL WINS

Rejection Again

IT WAS SHAPING up to be an amazing year. I was working at the radio station, running my own dance company, and dancing for the Houston Dynamo. I appeared on the professional cheerleader blog. Then I got engaged. My fiancé and I decided I would move to Chicago after the last regulation Houston Dynamo game. The game day rapidly approached. Before I knew it, I had danced my last game as a Houston Dynamo Girl and was headed to Chicago.

After moving to Chicago, I followed the Houston Dynamo religiously, since the season hadn't finished before I left. They were doing so well that they made it to the playoffs. If the Dynamo won, I planned to fly back to Houston to take part in the citywide championship celebration.

Rejection Again—Don't Discount Small Wins

It was my luck that they did win the championship that year. I had the opportunity to wear the uniform one last time. As soon as I found out the date for the celebration, I booked a flight and headed back to Houston. It was so great to see all my teammates, the director, and, of course, perform on stage one more time with the City of Houston rallying around their championship winning team. When all the festivities came to an end, I had to turn in my uniform and say goodbye for good. I was so heartbroken, but I determined that this was not the last team I would dance for.

When I returned to Chicago, I researched teams in the area I could audition for. I came across an Arena Football Team, the Chicago Rush, and learned they were holding auditions for their dance team. Naturally, I immediately signed up to participate. Audition day rolled around. It was a repeat of the same: learn choreography, perform it for the judges, make it to finals. I was so excited! This was going to be my avenue for making new friends in a new city and fulfilling my love for dance and performing again.

I was naïve enough to believe that once you made a professional team, you could make any team anywhere. Boy, was I wrong.

Finals that year were held at the House of Blues. We performed before the judges as usual. This time though, they had a segment where the audience voted for their favorite dancer. The dancer with the most votes automatically made the team. Since I was new in town, and my support system was extremely small, I knew I couldn't rely on that to make the team. More waiting ensued while we anticipated the judges return.

As they called out numbers, it was apparent that the team was being announced in numerical order. This was more nerve-wracking than before. If your number wasn't called, you immediately knew that you didn't make the team. At least when they called numbers randomly, you had hope until the last number was called.

Once again, I missed the boat. As in the old days, my number was skipped. Rejected. Again. I was in a new city, with a new life, it was freezing, and, now, I had no team to be a part of. I sank into a depression because nothing made me as happy as dancing and performing on a field. I couldn't explain it. But it was like my soul came alive, which showed on my face in my big cheesy, huge smile. It was actually embarrassing. After a few weeks of wallowing in my sorrow, I pulled myself together and started to search for other teams in the area to audition for.

Wash. Rinse. Repeat.

I came across a semi-pro football team about 30-minutes outside of Chicago proper. The Kane County Eagles were holding auditions for their cheerleaders. So, I gathered my nerve and decided to attend. When I arrived, it was obvious that most of the hopefuls clearly knew each other.

Wash. Rinse. Repeat. We went through the warm-up, learned the choreography, and performed it for the judges. When it was my turn to audition, I forgot half

Rejection Again—Don't Discount Small Wins

the choreography. I was devastated. But, I didn't show it while dancing on the floor. I kept going, smiled super big, and made sure I nailed the ending pose. After I walked off the court, I went to the car and cried. I couldn't stand to be rejected again. But, I had blown it. *Badly.*

The directors called all the hopefuls back in. If you are still reading this book, you know the drill.

"Thank you, ladies, for coming to the audition. If you don't make it, please try again next year."

To my amazement, they called my name for the team. I had become a member of the 2008 Kane County Eagles Lady Eagles. I was in utter shock. I couldn't believe it. I was elated! I didn't care if it was semi-pro. At 33, I was again dancing on a team—on the sidelines where my heart is happiest.

Never underestimate semi-pro. It is the perfect training ground for the next level. I learned so much dancing for this team. It may have been semi-pro, but you would have never known it. We practiced two days a week, about two to three hours per practice. For each practice, we needed to arrive on time and, to my chagrin, in full hair and makeup. I didn't care. I had new friends in a new city which kept me from being depressed in the cold weather.

We prepared several dances and tags/sidelines. I even had the opportunity to choreograph one of the dances. One thing I learned is that people love cheerleaders on any level. People always wanted pictures with us, and we got free stuff all the time. It was *awesome*!

2008 Kane County Eagles

Rejection. Again.

When the season was over, I felt like I got my mojo back. I figured I would try my fate at trying out for the Chicago Luvabulls dance team. You know the drill by now. More of the same: Register, learn choreography, and perform for the judges.

To my surprise and excitement, I made it to the finals. It was the most difficult, rigorous audition I had the opportunity to participate in. They were throwing out choreography and executing moves that I had never seen, nor heard of, before. Needless to say, I was a hot mess.

I learned more about myself during this audition than I had in any other audition prior or since. For instance, there is a huge difference between a cheerleader and a dancer. I also learned that auditioning for a professional team is not for the fainthearted. During the audition, the director encouraged us to ask her opinion regarding what she thinks we need to improve on for the remainder of the audition process. So I, along with half of the other hopefuls in the room vying for her attention, lined up to ask her.

It was finally my turn. I couldn't wait to hear the feedback she had for me. She took one look at me and said, "Get rid of your mustache."

"Huh?" I thought to myself. I was so taken aback, confused, and, frankly, impressed with how quickly she arrived at her assessment of me. I was also racking my brain to figure out what she was talking about because I didn't even know I had a mustache. But, of course, I didn't mention any of that to her.

> I didn't even know I had a mustache.

"OK. Thank You," I replied and scurried off to continue working on choreography for the audition.

That night when I arrived home, I darted into the bathroom, flicked on the light switch, and leaned in close to the mirror to see what she was talking about.

It wasn't until I leaned in close to the mirror that I saw it. Lo and behold, there it was, and under my nose all this time. She was right. I had a faint mustache of little baby hairs adorning my upper lip. How had I gone this long in life without noticing it? Needless to say, I made sure it was gone before showing up the next day at boot camp. I wasn't upset with her. If I hadn't wanted to know, I shouldn't have asked. And if shaving my faint mustache was the thing that kept me from making the team, then goodbye mustache! I wouldn't miss something that I hadn't known existed.

In hindsight, I think my technique was so bad that she was trying to give me something else to focus on. Something I *could* correct overnight. Needless to say, I didn't make that team. This time, though, there were no tears. I absolutely expected it. So, once again, I began my search for another team to audition for.

Small Wins

Often during the Lady Eagles' season, the hopefuls would speak of another team that they all danced for. It was an arena football team named The Chicago Slaughter. They spoke about how much fun they had, so of course, I couldn't wait until auditions. I needed something to take my mind off my wounded soul.

Finally, audition time came around. It was more of the same: register, learn choreography, perform for the judges, try not to faint or pass out, and remember all the choreography. This time around though, it was one of my best auditions. I learned the choreography and performed it without any mistakes (as an auditionee, you always remember when you mess up.)

They had callbacks. Thankfully, I made it to finals. We returned the next day and performed the choreography. But, this time around, there was a small interview with the director and some of the judges. Then came another twist. The director said she would call us if we had been chosen for the team. So, we packed our bags and anxiously awaited her call.

2009 Hip Salon Chicago
Slaughter Girls

2009 Hip Salon Chicago
Slaughter Girls

After what seemed like a millennium, I finally received the phone call I had been anxiously waiting for. I was so stressed as she began speaking. Finally, I heard the news I had been waiting to hear. I had been chosen to be a member of the 2009 Chicago Slaughter Girls. I was ecstatic. At 34, I made another team!

There was something special about this team. The professional arena football team in Chicago, the Chicago Rush, disbanded for the season. This left their players and dancers without a team. Negotiations were made to transfer some of the players from the Chicago Rush to the Chicago Slaughter. Also, they invited the dance team to dance with us.

Yes, a year earlier I was cut from the team. But, as life would have it, now I had the opportunity to learn from and dance for one of the best directors and most talented choreographers in professional and/or semi-pro teams in the Midwest. I was so glad they did. I met some of the most amazing women and coaches in my life that season. I was surrounded by greatness. Again, I graced the field with more dancers who were former NBA dancers. This team required so much of me, outside of my comfort zone, that I grew as a dancer. My most memorable moment was working day in and day out to improve my flexibility. Finally, at 34 years old, I was able to successfully execute a jump split on my weaker leg (right). Oh yeah, guess what? They won the championship that year—icing on the cake.

Welcome (back) to Miami. The Rejection Continues.

After the season with the Chicago Slaughter Girls was over, I figured I would try my fate again with the Adrenaline Rush Dancers. The team was reinstated, which meant their dance team was, too. I felt like my chances of making the team were pretty good. After all, I trained for a whole season under the ladies who previously directed and choreographed for the Adrenaline Rush. They knew my work ethic and what I was capable of. Surely, this would help me make the team this time around. Right? Wrong.

Once again, after making it to finals, I was cut. I tried out for the Luvabulls one more time too, but I was cut in the first round (not because of my mustache though).

After three and a half years in Chicago, I was divorced. The radio station where I worked was laying people off. I didn't have a team to dance for, and I couldn't handle the cold anymore. So, I decided to move back to South Florida in pursuit of one ultimate dream, the dream that started it all: becoming a Miami Dolphins Cheerleader.

I moved back in July. I had time to get settled into my new job, find a new routine for my daughter, and search for classes to take until audition time. I searched and finally found "The Studio Dance" (yes, that was literally the name of the studio). It was run by a former Miami Dolphins Cheerleader and Choreographer who taught adult jazz and cheer-style classes. Fitting, don't you think?

I was ecstatic! I signed up immediately and started taking classes where I became more comfortable with the style of dance that the MDC performed. But, I still doubted myself. My age always bothered me. One day I told Ariann (my dance teacher and the studio owner) about my concern. She looked me straight in the eye and told me I had nothing to worry about. She informed me that MCD had several cheerleaders in their thirties. By the end of the conversation, I felt so much better. Her encouraging words helped erase the notion that my age was a potential factor for not making the team. I could focus on what mattered most: my dance ability.

Time passed quickly. Eventually, all the holidays passed. It was a new year, football season was over, and MDC prep classes began. I religiously attended every prep class. I remember I had to miss one class because, somehow, I caught pinkeye. It was torture imagining what was taking place in prep class minute by minute. That was the only class I missed. I was taking this audition seriously. I had waited nearly six years for the chance to audition for the team again.

This time, I was running and doing sit-ups daily and would not sacrifice a workout. On Saturdays, when my daughter had volleyball practice, while the other moms sat around talking, I used that time to jog around the block and get in my jump squats, pushups, and sit-ups. I was serious and determined.

2012 MDC Audition

Audition day quickly approached until finally, once again, it arrived. You know the drill: learn the choreography, perform it, pray to God to be chosen. This time, I made it past the first round. Success! On to round two: choreography and kick-line routine. Then, the judges broke for lunch.

After a long day, the judges came back to announce the hopefuls who had made it to finals. Once again, we all sat there, fingers crossed, praying to hear our name. Then, it happened. *Unbelievable*! They called my name. I was beside myself. I couldn't believe it. I was one step closer to living out my dream.

After the final announcements were made, we scheduled time for our individual interviews with the directors and prepared for the upcoming boot camp week. Waiting patiently for our names to be called, was nerve-wracking. When they called my name, I approached the room where the directors were waiting. I tried to calm my nerves, but, when I entered the room, my heart stopped. My interview wasn't with the Director of the Cheerleaders. It was with the VP of Game Day Operations, the former Cheerleader Director from my first audition with MDC. Remember the lady who gave me a look of utter confusion when I did my awesome push-up move?

Once my heart started working again, it felt like it would pound out of my chest. I tried to walk toward her quietly, but the click-clack of my heels on the floor made that impossible. There she was, looking as beautiful as ever. I took a deep breath and took my seat. She gave me a huge smile and welcomed me.

Even though she had intimidated me in the past, I felt comfortable. She asked me what I had been doing. I gave her the CliffsNotes version of my life. I mentioned that I was nervous about being so much older than the other candidates. She assured me that it wasn't an issue. The rest of the interview was pleasant and inspiring. When the interview was over, I walked out feeling encouraged and ready to take on boot camp—or so I thought.

This time around, boot camp wasn't nearly as fun for me. I put so much pressure on myself to be perfect that I had diarrhea for three days. On top of that, I was struggling with a left/right choreography situation. No matter how much I practiced it, I couldn't commit it to memory, which made me even more nervous. I couldn't appear before the judges confidently because I didn't feel like I knew the choreography. On the last day of boot camp, I was in a panic. I felt like I was the only person, especially in my group, who didn't know the choreography.

In the days leading up to final performance day, we could ask the advice of the director what we could work on, or for advice on hair and makeup. She specifically said, "Whatever you do, don't wear your hair in Shirley Temple curls." Great! Got it. I can do that. Right? *Wrong.* My hair is always a challenge. It doesn't hold a curl without tons of hairspray. So I had the bright idea of washing my hair the night before and using rods to roll my hair to get a strong curl. Well, a strong curl I got. Too strong. As a matter of fact, this decision resulted in Shirley Temple curls.

I was dismayed and devastated! I did everything I could to try to comb out the curls, but they kept bouncing right back into place. The one day I needed the humidity in Miami to make my hair fall, humidity abandoned me. *Ugh*. I had to go with it and hope the director didn't notice.

Despite the curls bouncing off my head, I danced my heart out. I left it all on the floor. Two routines, a solo routine, and a kick-line. What's done is done. Now, again, it was time to wait for the judge's decision.

The judges finally came back and gave the speech, "Thank you for coming out. We couldn't take everyone. Please try again next year."

Then they proceeded to call out the names. The more names called that weren't yours, the more your chances of making the team diminished. Every girl on that floor was counting the number of hopefuls taking the stage: "1, 2, 3 … 15, 16, 17 … 22, 23, 24."

The closer I counted to 30, I felt the life drain out of me again. So close. Oh, so close. I hoped that maybe this time my name would be called. And then the words that every girl hangs on to, "And the last young lady to make the 2012-2013 team is …." The only thing that mattered was that it wasn't mine. My heart sank again. I, along with about 30 other hopefuls, gathered my belongings and made the long walk to the parking lot trying to make sense of the fact that I didn't make the team.

After my ritual rejection-week diet, I was determined to get better. My friend found a Leaps and Turns class at a studio near where we lived. We decided to attend the class together for moral support. The class was taught by a former Miami Heat dancer, so we couldn't wait to participate in the class.

We arrived early to class that day, registered, and waited anxiously for the previous class to finish so our class could begin. As start time for the class approached, I noticed more and more kids around the ages of 7-14 arriving in the waiting room. Nothing weird about that. It's a dance studio. I didn't pay much attention to it and continued to browse through the other class offerings.

Suddenly, the studio door burst open. About ten little girls, all in ballet gear, rushed out to meet their parents in the waiting area.

"Finally." I thought to myself. "Time for our class to begin."

That excitement, however, slowly subsided. Remember all the 7-14-year-olds in the waiting room? They were here for the Leaps and Turns class, too. At 5'2", for once in my life, I was one of the tallest people in the room.

My friend and I could feel the curious glances from mothers in the waiting room who wondered if we were in the wrong class. *We* were wondering if we were in the right class. We *immediately* felt intimidated. However, we weren't going to let these mere children see us sweat, so we put our bags down and joined the class.

As the class began, I felt pretty confident. I mean, I could take on these children! I was a single mom who survived two divorces and Midwest winters. I *had this*. That confidence lasted a good two minutes, then it all went downhill from there.

Two minutes into the class, we were instructed to plié jump in the first position 20 times. These children leaped off the floor. However, you hardly saw the light through the tiny space my feet created as they barely left the floor. After the jumps exercise, we were instructed to sit and stretch. These kids stretched and moved as though they had no spine or hamstrings. Seriously, it was as though their legs were made of Silly Putty. Not only were they able to touch their toes, but they also reached past their toes and moved in all sorts of crazy positions, such as legs above *and* behind their heads. I could just about touch my toes, and it hurt every inch, but I kept at it. I wasn't going to let these kids see me sweat. Cry maybe, but not sweat.

After stretching, it was time for drills across the floor. The entire time I was thinking to myself, "So what, you 7-14-year-olds with your perfectly pointed toes, amazingly sculpted, powerful legs, ripped abs, and beautiful form. Don't you know that my friend and I

Rejection Again—Don't Discount Small Wins

went to the Miami Dolphins Cheerleader's prep classes for four months? We got this. *You will not intimidate us.* At least I can drive myself to class!"

Meanwhile, my friend and I kept looking to each other for support during the entire class. We exchanged a secret adult code that said, "We will never let these kids know how much they are intimidating us!" Class ended. We survived.

The kids ran out to greet their parents, while my friend and I moved glacially towards our cars in a state of shock but trying to play it cool. As much as the class kicked us in the rear, I literally enjoyed every moment of it.

If the Leaps and Turns class wasn't enough torture, I returned to the same studio for a hip-hop class. This time, I wasn't the only adult in the class, but, man, did I feel old. Amazingly, I ran into an old friend of mine. We used to be a part of the same dance company *years* earlier, right before I had packed up to leave for Houston. It was great to have a familiar face in the class again and know that I didn't have to go this one alone either.

The choreographer taught quick, short moves to fast music. The kids caught on to the choreography like wildfire. I struggled but was determined to get it. Look up the dancing episode of Aunt Viv in *The Fresh Prince of Bel-Air*. This was *literally* how I felt. Eventually, I nailed some of the choreography. But, boy, did I pay for it in the morning.

After those two classes, I decided to take as many classes as my wallet and time would allow. I grew more and more confident. Eventually, I drummed up the nerve to try out for MDC five more consecutive times. I tried out so many times, that I saw women who'd tried out at the same time as me, make the team, cheer for a few years, retire from MDC, marry, and have babies. I was *still* trying to get on the team.

I tried several different looks, hairstyles, outfits, tactics, and approaches. It grew more and more difficult to return to audition another year because I began to think, "Perhaps I am kidding myself? Perhaps this isn't the team for me? Perhaps I am not what they are looking for? Perhaps they are tired of me?" However, I still had the thrill of learning choreography and performing it. That would never change.

The audition cycle brought rhythm to my life. I always felt the most alive around January through April because I was training and focused which helped keep me in shape and busy. Since I attended MDC Natalie's classes at The Studio during those months, I would catch up with fellow auditionees that I hadn't seen since the last round of auditions. We loved the class because her choreography and advice were what we needed to be equipped for audition day. The great thing was, all of us in the class eventually became great friends. We began to socialize more and more outside of dance class as well, which was good for my social life, too.

I told myself that as long as my body could handle the audition process, I would continue to audition for MDC unless I moved. Then, I would try out for whichever team is nearest. Sometimes, I wish I hadn't told myself that. There were several years when I didn't want to audition. Then, I reminded myself that fear of rejection was not a valid reason to not do something. I also reminded myself that I was important enough and owed it to myself to keep my word to myself.

After watching someone, who knew they were dying, live each day to the fullest, I couldn't allow myself to not enjoy the process. This life was a gift. How dare I take it for granted. I felt like I owed it to all those who wished they could attend another audition but have a valid reason why they couldn't. So then, I went back. I literally didn't have a good excuse not to attend. So I keep showing up until I have one.

2013 MDC Audition

2014 MDC Audition

2015 MDC Audition

2016 MDC Audition

2017 MDC Audition

2018 MDC Audition
with Trisia

EXCUSES VS. VALID REASONS

Challenges are Inevitable

AS WE EMBARK on this journey to pursue our dreams, it is extremely important not to confuse our *excuses* with *valid reasons* to not push forward. An excuse is something that you can fix. Now beware. Excuses are extremely intelligent and can disguise themselves remarkably well if we are not careful. It is fascinating how good we become at developing elaborate explanations about why we aren't able to accomplish something.

I tried this exercise with a few clients, and it was eye-opening for them. Sometimes even a little difficult to hear. I found that the more resistance one had to a possible solution for the excuse, it was likely fear was revealing itself. However, once clients realized they were allowing their excuses to exist as valid reasons, they were empowered to take the reins of their dreams and steered themselves onto the correct path towards their goals.

Excuses vs. Valid Reasons

Here is a quick example. **Excuse:** "I don't have money for classes." **Solution:** Get a second job; watch a gazillion YouTube videos; instead of buying coffee every day, set that money aside to save for classes; use your talent, like graphic design at no cost, in exchange for free dance classes.

So you see, lack of money is not a valid excuse not to pursue your dream. You have to think outside the box. Where there is a will, there is a way. Don't play the victim and blame life for handing you lemons. Make lemonade.

At one point, one of the cheerleaders for the Miami Dolphins was *deaf!* You would never have known it. She would feel the music vibrations on the floor which was how she stayed on beat.

So tell me, what excuse do we have? In order to pursue my burning desire to become a professional cheerleader, I had to overcome some huge physical obstacles. I mean, huge. Many women my age would consider them valid reasons not to pursue the dream. I recognized them as excuses instead.

Remember how I mentioned earlier that Christina Aguilera's song was foreshadowing my journey? Look at how her lyrics paralleled my life.

"Makes me that much stronger."

First of all, I am a natural lefty. This means I turn left, and I am more flexible in my left leg. Why is that a challenge? The majority of the choreographers in existence are right-handed meaning their right side is their dominant side. So naturally, all of their choreography, including turns and kicks, would be on the right.

Not only did I have to learn dance vocabulary (passé, piqué, pirouette, etc.) and how to pick up choreography at a faster pace than I ever had, but now I also had to learn how to do it backward. It was like going into an English class and sitting down to write a paper that was due at the end of the period in perfect penmanship using your left hand. It was agonizing and frustrating because now, not only was I normally at least five years older than everyone in the room, but I also had to work twice as hard to be half as good. By the time I finally learned how to land a clean single pirouette on my right side, the others were learning how to land doubles and triples.

"Makes me work a little bit harder."

I didn't let that deter me. I kept practicing in any open space available, especially in my apartment. Often, I made unwanted contact with walls, tables, couches, and, of course, the floor. I spent the majority of 2004-2009 dizzy because my body was trying to acclimate to a double turn which was opposite of my nature. Today I am proud to tell you that on most days, I can land a clean double pirouette on my right side and triples on my left.

"It makes me that much wiser."

Secondly, I was, and still am, a single mother. Finding time to pursue my passion wasn't easy, but I made it happen. Don't be afraid to pursue your purpose because you are a parent. Life has a funny way of working these things out.

I thought I wouldn't be able to pursue this dream of mine because of my daughter. It turns out I ended up being better because of her. I was more focused and didn't waste time because I knew my time with her was valuable. I knew it couldn't be wasted. I was careful not to put pursuing my passion before my daughter, so I learned how to find time.

This meant working out early in the morning or late at night while she slept. I learned ways to remember choreography more efficiently. I didn't watch a lot of television. Instead, I practiced spotting in any room that I could. I didn't spend money on clothes or going out much. I saved it for something I might need to accomplish my dream, like a good weave!

When I did make a team, I learned how to maximize our

> I am convinced people thought I was nuts.

mother/daughter time by making my practices fun for both of us. She was happy to be copying mommy (she is 21-years-old and still calls me mommy, by the way), and learning the choreography too (better and faster than me, I might add). I spent a lot of time in traffic, so I learned to make use of that as prime practice time. I often visualized and marked the audition routines in the car. I am convinced people thought I was nuts.

"So thanks for making me a fighter."

A strong support system is crucial. If you don't have one, work on creating one. I encourage you to be what you need to others first. God, or karma or however you choose to view it, has a way of working it out so that what you need will come back to you. I had a strong support system, thank goodness, and a good child.

Nicole with Daughter

On the days that I couldn't find a sitter, I would take my daughter to practice where she would sit quietly and watch our practices. To my amazement, she had a photographic memory. I would be at home trying to practice, and she would say, "No mommy. It went like this." Then she performed the choreography and sidelines perfectly. I didn't need a video camera to record the dance to practice at home. I had my kid.

"Made me learn a little bit faster."

I have the body of a sprinter or triple-jumper, not the body of a dancer. Although I discovered my passion for dance in high school, as far as we knew, dance wasn't something that would pay for school. So, I ran track and was good at it. I went to the Texas State Meet my sophomore year and placed third in the state. Not an easy feat, especially in Texas, as it is known for producing Olympic-grade track stars.

I ran well enough in high school to earn a scholarship to pay for my college education. I was a sprinter and triple-jumper. I was used to using fast-twitch muscles that needed great power in short spurts.

With that being said, I am not your normal flexible dancer. If you have read my blogs or followed me on Facebook, you know that I often compare my hamstrings to industrial grade thick, rubber bands. I have had more hamstring injuries due to high-kicks than I can tell you. I learned quickly the importance of making sure I was completely warmed up before attempting a high-kick.

"Made my skin a little bit thicker."

I also happen have the flattest feet known to man. When I get out of a pool, you see my entire footprint. I wore prosthetic inserts until the age of 18 when my parents' insurance didn't cover them anymore. This didn't help matters when beginning to learn the art of dance at the dinosaur age of 27. For a dancer, 27 is ancient.

I cannot tell you how frustrating it is to be in a dance class where the instructor says, "Nicole! Point your feet!" and I have to reply in a respectful, yet embarrassed tone, "They are pointed. That is as far as they go." If having to overcome that isn't bad enough, I have also been told I needed to lose five pounds, shave my mustache, and tone up for auditions. I learned not to take it to heart.

"Makes me that much smarter."

Of all the hurdles I have had to overcome, the most daunting one I had to conquer was my own self-judgment. My *stinkin' thinkin'* that I couldn't continue to audition and dance anymore because of my age. Not logical reasons, like I was not fit enough, or I looked considerably older than the other hopefuls auditioning, or I wasn't a good dancer. No, I doubted myself because of my age. When I lived in Chicago, I remember saying to myself, "I need to move back to Florida as soon as I can so I can try out for the Miami Dolphins Cheerleaders again before I turn 40. How ridiculous is it that a 40-year-old would want to be a cheerleader?"

I can't tell you how many times I've been in a dance class, where I am keeping up with the young'uns, occasionally even out-dancing them. Yet, I would think about how old I was and then start to forget the choreography. I always thought it was evident that I was the 30-something or 40-something-year-old in the room. Then I realized that people don't see me how I see myself. As a matter of fact, many people have no clue. For the most part, only when I opened my mouth and said something like "Yo! That song by Jodeci is my jam!" or mentioned the age of my daughter that people realized I was older than I looked. So, I learned to keep quiet.

Still, countless times I asked myself, "Why am I here? I am thirty-something or forty-something. Why am I still trying to be a cheerleader? Why am I pursuing this part-time job more vigorously than I would a full-time job?"

Well, the answer is simple. I am a cheerleader by design. I take joy in encouraging my friends and family to overcome challenges and pursuing even the tiniest of goals. Anyone who knows me knows that encouraging people and cheering them on is who I am.

Dancing on the sidelines made me elated, jubilant, euphoric, joyous, and happy. I cannot tell you how my soul came alive when I was dancing. Dancing helped me get through the extremely tough times in my life such as when the love of my life died from cancer. It gave me a release and helped me cope with single motherhood. It gave me hope and an escape from a job that literally made me ill from the insurmountable stress.

Third, although the pay is minimal, it does provide additional income on top of my full-time job (recruiting, training, managing and event planning) and affords incredible once in a lifetime opportunities.

"So thanks for making me a fighter."

I promised myself that as long as I was in good health and able, I would continue to audition. I realize there are many people in the world who, if only they could go to one more audition or dance another day, would give anything to trade places with me. So instead of complaining about my tight hamstrings and aching bunions, I will keep pushing forward and fighting through until I can't anymore. No excuses.

WHAT IS *YOUR* WHY?

_____
_____
_____
_____
_____
_____

Excuses vs. Valid Reasons

Pruning trees helps them grow. Rejection, like pruning a tree, has its benefits. Embrace and welcome rejection. If you so choose, it can make you stronger, faster, wiser, and better.

Over a 16-year period, I auditioned for 11 different teams a total of 20 times. I had the distinguished honor and privilege of membership to four of those teams, all in my 30s and 40s, by the way. With each rejection I became a stronger person. Rejection challenged me to become a cleaner, sharper dancer. I still work at it to this day. It grew my self-confidence. Most importantly, rejection made me face and overcome one of my biggest fears: applying makeup. I was thankful for each and every rejection. They were like badges of honor to me. Each team I auditioned for required me to present my best self. I learned how to apply my makeup (though I still work at this). I learned how to speak confidently while half-naked, knowing I was *literally* being judged.

Rejection pushed me to work on my double turns on my weak side. It challenged me to stretch more often, run every morning, eat better, and drink more water. As a result, I am healthier, more physically fit, have more stamina, am stronger physically and psychologically, am more flexible, more confident, and of course, much better at applying makeup. I may not have made an NFL team (yet), but—I. Still. Win.

IF YOU QUIT, MAKE IT TEMPORARY

Keep going

YOU ARE GOING to get frustrated. You are going to want to give up. However, make it temporary. After you lick your wounds, get back on the horse. Keep trying. No matter what your dream is, keep trying. Take the test 20 times if you have to. Audition again and again. Life may knock you down, but don't let it keep you down.

Keep sending out your sizzle-reel.
Keep knocking on doors.
Keep showing up.

To my fellow dancers, I can't tell you how many times after I was cut from a team I thought to myself, "That's it! No more!" Then, thinking about the thrill of dancing on a field would spark the desire again. I would decide to try out one more time.

Some hopefuls have tried out for pro/semi-pro teams seven different times before making it. Sometimes you

If You Quit, Make it Temporary

may not make a team through no fault of your own. The reality may be that they don't need any more blonde or curly-haired cheerleaders that year. The crazy thing is, each year—for any number of reasons—team members leave, perhaps opening a spot for you. So the next time you audition, they might need a curly-haired blonde hopeful!

I have seen hopefuls audition one year and not make it past round one—then they audition the next year and make the team. I have seen many hopefuls try out for an NFL team and get cut, only to make an NBA team or vice versa.

I have seen one of the best dancers in the room not make the team because the directors didn't want to deal with her mother.

I have seen *the* best dancer in the room get cut because of a misunderstanding with management.

I have seen the worst dancer in the room make the team because management thought she was attractive (to the chagrin of the choreographer, I might add).

There is one thing I want you to understand: for every reason you give about why you can't make the team, whatever your weakness is, I can guarantee I have seen someone make a pro team with your same weakness. You never know who is paying attention, or what they are paying attention to.

I have been at auditions where I spent over $200 on my weave. Do you know, that year they took a girl with a mohawk? A *mohawk*! Mind you, she was stunning and a clean dancer. But I thought, "You gotta be kidding me!" That year I invested in a good weave, you know, the Yaky Pony Indian hair! Another year, they took a girl who had a mini-Afro. I was dumbfounded, yet impressed and encouraged all at the same time.

It was then I realized that the best thing to be is you. Show them who *you* are. When you audition, leave it all on the dance floor. You never know what they are looking for or what they are paying attention to. After you have done everything in your power to prepare for the audition, when the day arrives, leave your weakness at the door. Let your strength escort you to the dance floor. Directors have an innate ability to see past your weaknesses if your strength is what they need on their team.

Even the Dallas Cowboys Cheerleaders have this posted in the FAQ section on their website for their upcoming auditions:

> ***"If I can't do the splits should I try out?*** *Yes, if you are a great performer and truly want to be a Dallas Cowboys Cheerleader, you should try out. Flexibility and splits are* required *by the start of the football season, but continual stretching and flexibility work eventually get results."*

See? Do not worry about what you don't have, focus on what you do have, and let it shine through in your audition. Keep showing up. You never know when it may be your year. However, if you don't show up how will you ever know?

Hidden Treasures

There are so many unforeseen hidden treasures that you uncover as you move forward. In the professional and semi-pro sports dance and cheer world, whether you make a team or not, you make lifelong friends. You learn so much choreography your life is now marked by the dances you learned.

Gina and Nicole

To this day, when I hear a song on the radio, in the car, or in the store, I think "We did a dance to that song!" It instantly takes me back to either Houston, Chicago, or Miami. Of course, if I am with my daughter, she will actually do the choreography to all these dances (so annoying, but only because I am jealous).

As I mentioned before, two bi-products of pursuing my dream is becoming a motivational speaker and writing this book. Now, in addition to making another professional team, I want to motivate as many people as I can to not give up on *their* dreams. Either through this book or in person through workshops and trainings, I want to be the spark that ignites someone else's dream.

To my dancers, keep going. Try out for all teams—semi-pro and pro—multiple times. Many hopefuls train on semi-pro teams then apply what they learn to help them make a pro team. You will learn something at every dance class, audition, and on every team you make. If you are able, move to different cities, different states, and even different countries to take advantage of the opportunities. If you keep trying and pressing forward, there is a team out there, there is a *dream* out there, waiting to come true.

I'm Still Going

I continue to pursue my goals because my daughter's life depends on it. I want to be an example to her of how to press forward when life throws her curve balls.

Nicole with daughter

2017 was a difficult year. I lost the love of my life to cancer. Nothing puts your life into laser focus as quickly as the loss of someone you love. Peter Staal taught me to not take life for granted, and that selfless kindness to others is a gift. Sometimes, he believed in my dream more than I did. He constantly encouraged me to audition and helped me in any way he could. Watching him take his last breath was without a doubt the most difficult thing I have ever done in my life. Dance helped me to get through it. At that point, the need to dance was strong in my life. When I heard of a workshop series called Beta ProDance, I signed up for the NFL audition-style classes to keep me sane.

Through this class, I heard about auditions for a semi-pro team an hour away from where I live. I decided right away that I needed to audition for the team. I knew Peter would have done anything to make sure I made that audition. And so, to honor him and cope with his loss, I reached out to the director. Because I wasn't going to be in town for the audition, I sent videos of me dancing on previous teams.

The director welcomed me to the team with open arms. For that, I am forever grateful. At the time of this writing, at the age of 42, I am a member of the 2017-2018 Palm Beach Makos Cheerleaders. It has been my escape, my hope, my joy. It has kept me busy and

2017 Palm Beach Makos Cheerleaders

focused. It has encouraged me to stay in shape and helped me wrap my head around auditioning, yet again.

Now, I look at each audition as a litmus test of my improvement. I strive first to make it past round one, then the semi-finals, and then the finals. I am taking dance classes to help improve my memory of choreography. There is nothing like seeing a choreographer teach a dance in 15-minutes and then watching a roomful of beautiful, talented hopefuls perform it as though they had seen the choreography four days before. It is fascinating, and it is where I strive to be.

With every audition I learn something new and have new information to share with hopefuls. Lessons learned at auditions also fuel my goal setting workshops and speaking engagements.

GAME. ON. MY CHALLENGE TO YOU.

WHATEVER YOUR CHALLENGE, whatever your excuse, overcome it. Get up and try one more time. Relentlessly pursue your passion. Don't give up. It won't be easy but, this is YOUR dream. Don't let someone else determine your fate.

Two of my goals were to write this book and motivate you to greatness. The fact that you are reading this means it is coming to pass in real-time. I still dream of being an NFL cheerleader or at least get into the record books for the most tries. I haven't given up yet. Neither should you. I dare you to take the challenge. Take action now. Today. No more excuses.

Whatever you do,
never give up!
This is my challenge to you.
Do what you have to do to get ready
for whatever your "game day" is.
Prepare 365 days a year.
The gauntlet has been thrown.
Wake up the sleeping giant within.
Game.
On.

WHAT IS THE WAY?

Glad you asked! The next section contains an interactive playbook designed to help you formulate your game plan. If you need help working through any of it, e-mail me at info@gamedayprep365.com.

Let's Go!

GAME ON!

RELENTLESSLY PURSUE YOUR DREAMS A PLAYBOOK ON HOW TO SET GOALS AND OVERCOME CHALLENGES TO WIN BIG IN THE GAME OF LIFE

GAME ON! Challenge Action Plan

We all want to win in life, but it seems that some people win bigger or more often than others. What does "winning" look like to you? It means different things to different people. It can mean being financially set. It can mean accomplishing a goal no matter how small or large. It can mean fulfilling a lifelong dream. It can even be as simple as laying your head down at the end of the day with a peace of mind.

In my journey as a single mother and a two-time divorcée, I cherish many small wins that keep propelling me forward despite my struggles. I continue to pursue my goals because my daughter's life depends on it. I want to be an example to her of how to press forward when life throws her curve balls.

Do you feel stuck, frustrated, defeated, unfulfilled or frankly just bored? Do you want to see yourself in a different place a week, month, or year from now? If so, this is my challenge to you.

I want to share six steps with you that I have used to help me overcome challenges and push towards the finish line. In order to get different results, you have to change your habits and routines.

If you follow these steps, I guarantee that your life will be different a year from now.

The most significant difference between those who succeed and those who don't is *action*. Inaction is the greatest enemy of dreams fulfilled.

It won't be easy, but it will be worth it.

The gauntlet has been thrown.

The challenge has been issued.

Are you up to the task?

Game. On.

G – Write Down your Goal.

Writing your goal makes it tangible; it registers differently in your brain than merely thinking about it. Write down your goals below. Tear out this page and put it somewhere you can see it in the morning before you leave your home and at night before you go to sleep as a constant reminder. They should be extremely specific, measurable and attainable.

Examples:

> My goal is to start a non-profit organization that helps people with their finances.
>
> I want to make my school team (basketball, volleyball, debate, chess, band, orchestra etc.).
>
> I want to start an internship program for my company.
>
> I want to incorporate volunteers into my organization.
>
> I want to walk/run a 5k race.

_____
_____
_____
_____
_____
_____
_____

A — Assess/Ask/Accountability

You have to be honest with yourself about where you are now. Conduct an unbiased assessment or ask someone to give you constructive criticism regarding your starting point.

Then choose someone (or a group of people) who will keep you accountable to your goal. We at Game Day Prep 365 are more than happy to become your accountability partners.

Example:

I know little about starting a non-profit organization.

I need to become more social media savvy.

In both splits, I am about 12 inches from the floor.

I need to lose about 20 pounds.

I need to be more organized.

Write your assessment below. You can even take a picture. You can even put a before picture here (if it applies) to show your starting point.

_____
_____
_____
_____
_____

List 3 potential accountability partners. An accountability partner is someone who will encourage you along the way and help you stay on the path towards your goal.

1. Game Day Prep 365
2. _____
3. _____

After you have identified potential accountability partners, reach out to them to see if they will join you on the journey. Be careful how you choose. Not everyone will always be supportive. Make sure they believe in what you are trying to accomplish. If you need help with this, e-mail us at info@gamedayprep365.com.

M — Make a Plan

It's time to make a road map. You have your destination in mind (your goal). Your plan is the map showing how to get there. The great thing is that there are many ways to arrive at a destination. For now, all you have to do is write out a plan and see where it takes you. As you travel toward your journey's end, you can adjust along the way. Be extremely specific about what you want and by when you want to accomplish it.

Here are some critical questions to ask yourself:

When do I want to accomplish my goal?
What is the short-term goal?
What is the long-term goal?

Example:

> I want to start my non-profit organization within one (1) year.
>
> I want to register my business name with the state in three (3) months.
>
> I want to be able to sit in my splits in three (3) months.
>
> I want to be a starter on my school team my freshman year.
>
> I want to be first chair in my band / orchestra by the end of the school year.

Break a goal down by weeks. The example below is for a goal set to be accomplished in three months. Adjust as needed to fit your goals. Fill in the blanks specific to your goal.

Week 1 – I will research about the goal I would like to attain

Week 2 – I will _____

Week 3 – I will _____

Week 4 – I will _____

Week 5 – I will _____

Week 6 – I will _____

GAME ON!

Week 7 – I will _____

Week 8 – I will _____

Week 9 – I will _____

Week 10 – I will _____

Week 11 – I will _____

Week 12 – I will _____

E — Envision the Plan Coming to Pass

Create a vision board of your goal as it will look fully realized. Put it somewhere you can see it every day. Every morning before you leave your home and at night before going to bed, repeat the goal out loud as though it has already come to pass.

Example:

> I am a successful lawyer (a picture of you in a law firm).
>
> I am the author of a best-selling book (a picture of you as an author on the back of a book).
>
> I am a motivational speaker traveling the world to encourage people (a picture of you standing before a large crowd).
>
> I am a doctor with my own practice (a picture of you in scrubs sitting behind your desk in your office).

**Send me a picture of your vision board!
I would LOVE to see it!
info@gamedayprep365.com**

O – Overcome Challenges and Self-Doubt

Write down all the concerns you have and every reason why your dream may not come to pass. Identify them as valid concerns disguised as excuses. Counteract each concern with a solution to overcome each challenge.

Example:

Concern: I don't have enough money.

Solutions: Get a second job; exchange services; apply for grants or scholarships; start a Gofundme campaign.

Concern: I don't have enough time.

Solution: Perform a time audit of your day to see where you can make time. Ex. How much time do you spend binge watching your favorite shows or on social media each day?

Concern: I don't have enough resources.

Solution: See how you can barter or network with others.

Concern:

Solution:

Concern:

Solution:

Concern:

Solution:

Concern:

Solution:

Concern:

Solution:

Concern:

Solution:

N — Never Give Up!

You will get frustrated—that's inevitable. The important thing is that you keep getting back up after falling. That is why the vision board is so important to keep in front of you. Those days when you wake up and you want to quit, when you are walking out the door, or getting ready in the morning, the vision will be in front of you.

Keep starting over no matter what rejection you may face or how many times you may fail. There is a lesson to be learned with each failure. Each one propels you closer to your goal. Apply that lesson the next time you try.

The seed of your goal has been planted in you and is growing. Do not give up until it comes to fruition.

Have you ever tried to give it up, but that still small voice deep down inside won't let it go? Everywhere you turn, something reminds you of the dream that you gave up on?

Have you ever wondered why? There is something within you that the world needs, and it can only come through you with your personality, skill set and unique traits to reach specific people to help them through this life. You walking in your goal and purpose encourages others to do the same.

Keep pushing and moving forward. You will be miserable if you don't.

Never ever give up for good.

No regrets.

Believe.

Game. On.

Game Day Prep 365 is here for you while you journey down the path to attaining your goals. We can be your accountability partners or cheerleaders to encourage you along the way when the journey gets rough. For more information on how we can help, please contact us at info@gamedayprep365.com.

ABOUT THE AUTHOR

Nicole is a Panamanian-American, single mother, dancer, published author and motivational speaker. She attended Oral Roberts University on a Division I Full-Ride Track Scholarship. After graduating, she started her own non-profit dance organization. Her experience in Sports and Entertainment, Radio, TV and the Performing Arts has spanned nearly 20 years. She has danced and cheered for four Professional and Semi-Professional sports teams, and her heart's desire is to provide others with tools to overcome life's challenges while pursuing their dreams.

www.ingramcontent.com/pod-product-compliance
Lightning Source LLC
LaVergne TN
LVHW011730060526
838200LV00051B/3107

I.

Art des Vorgehens. — Beginn mit Fragment 64
(beigezogene Fragmente: 41, 1, 50, 47).

FINK: Ich eröffne das Seminar mit einem herzlichen Dank an Herrn Professor Heidegger für seine Bereitschaft, die geistige Führung zu übernehmen bei unserem gemeinsamen Versuch, in den Bereich des großen und geschichtsmächtigen Denkers Heraklit vorzudringen, dessen Stimme wie die der Pythia weiter als durch tausend Jahre zu uns reicht. Obwohl dieser Denker im Ursprung des Abendlandes beheimatet und insofern längst vergangen ist, ist er gleichwohl von uns immer noch nicht eingeholt. Von Martin Heideggers Dialog mit den Griechen in vielen seiner Schriften können wir lernen, wie das Weiteste nah und das Vertrauteste fremd wird und wie wir nicht zur Ruhe kommen und uns nicht auf eine gesicherte Deutung der Griechen verlassen können. Die Griechen bedeuten für uns eine ungeheure Herausforderung.
Unser Seminar soll eine Übung im Denken sein, d.h. im Nachdenken der von Heraklit vorgedachten Gedanken. Wenn wir mit seinen uns nur als Fragmente hinterlassenen Texten konfrontiert werden, so geht es uns dabei nicht so sehr um die philologische Problematik, so wichtig sie auch sein mag*. Unsere Intention zielt darauf ab, zur Sache selbst vorzudringen, d.h. zu der Sache, die vor dem geistigen Blick von Heraklit gestanden haben muß. Diese Sache ist nicht einfach vorhanden wie ein Befund oder wie irgendeine sprachliche Überlieferung, sondern sie kann gerade durch die sprachliche Überlieferung sowohl eröffnet als auch verstellt sein. Es muß als eine Fehlmeinung gelten, die Sache der Philosophie bzw. die Sache des Denkens, wie Martin Heidegger sie formuliert hat, wie eine vorhandene Sache zu betrachten. Die Sache des Denkens liegt nicht irgend-

---

* Ausführungen von Seminarteilnehmern, vorwiegend philologischer Art, werden aus urheberrechtlichen Gründen nicht mit veröffentlicht.

wo vor als ein Land der Wahrheit, zu dem man vordringen könnte, sie ist keine Sache, die man entdecken und entbergen könnte. Sie ist in ihrer Sachlichkeit und zugeordneten Zugangsweise für uns noch dunkel. Wir suchen erst noch die Sache des Denkens des Denkers Heraklit und sind dabei ein wenig dem Manne ähnlich, der vergessen hat, wohin der Weg führt. Bei unserem Seminar handelt es sich nicht um eine spektakuläre Angelegenheit, sondern um eine nüchterne Arbeitssitzung. Unser gemeinsamer Versuch des Nachdenkens wird nicht frei sein von gewissen Enttäuschungen und Niederlagen. Gleichwohl machen wir das Experiment, den Text des alten Denkers lesend, in die geistige Bewegung zu kommen, die uns selbst zu der Sache befreit, die als Sache des Denkens benannt zu werden verdient.

Herr Professor Heidegger ist damit einverstanden, daß ich zunächst eine vorläufige Interpretation der Sprüche Heraklits vorlege, die dem gemeinsamen Gespräch eine Diskussionsbasis und eine Ansatzstelle für eine kritische Überholung oder gar Zertrümmerung gibt und die uns selbst in eine gewisse Gemeinsamkeit der fragenden Sprache zu versetzen geeignet sein mag. Vielleicht ist ein Vorblick auf die besondere Sprache der Sprüche Heraklits, bevor wir diese im einzelnen gelesen und interpretiert haben, unzeitig. Die Sprache Heraklits hat eine innere Vieldeutigkeit und Vieldimensionalität, so daß wir sie nicht eindeutig irgendwelchen Bezügen zuordnen können. Sie schwingt vom gnomischen, sentenzhaften und vieldeutig klingenden Ausdruck bis in eine extreme Verstiegenheit des Denkens.

Als Textausgabe legen wir der Seminarübung die Fragmente der Vorsokratiker von Hermann Diels zugrunde. Die von ihm vorgenommene Reihung der Fragmente Heraklits ist für uns nicht verbindlich. Wir wählen unsererseits eine andere Anordnung, die einen inneren Sinnzusammenhang der Fragmente aufleuchten lassen soll, ohne dabei den Anspruch zu erheben, die Urgestalt der verlorengegangenen Schrift Heraklits Περὶ φύσεως rekonstruieren zu wollen. Wir versuchen, einen Leitfaden durch

die Vielfalt der Sprüche zu ziehen in der Hoffnung, daß sich dabei eine gewisse Spur bekunden kann. Ob es sich bei unserer sinngemäßen Anordnung der Fragmente um eine bessere Reihung als die von Diels vorgenommene handelt, soll dahingestellt bleiben.
Ohne eine weitere Vorbesinnung gehen wir gleich in medias res. Wir beginnen unsere Interpretation mit dem Fragment 64 : τὰ δὲ πάντα οἰακίζει Κεραυνός. Dieser Satz ist offenbar für jedermann verständlich in dem, was er zu meinen scheint. Ob er aber auch verständlich ist in dem, was diese Meinung betrifft, ist eine andere Frage. Zunächst aber fragen wir, was dieser Satz meint. Sobald wir etwas mehr über ihn nachdenken, kommen wir sogleich vom leichten Verständnis und von der scheinbaren Vertrautheit des Satzes weg. Die Dielssche Übersetzung lautet: „Das Weltall aber steuert der Blitz." Ist aber das Weltall die angemessene Übersetzung von τὰ πάντα? Wohl kann man als Ergebnis von Überlegungen zu einer solchen Gleichung von τὰ πάντα und Weltall kommen. Zunächst aber heißt τὰ πάντα „alles" und bedeutet: alle Dinge, alles Seiende. Heraklit nennt τὰ πάντα gegenüber dem Κεραυνός. Damit spricht er ein Verhältnis aus von den vielen Dingen zu dem Einen des Blitzes. Im Blitzschlag leuchtet das Viele im Sinne des „alles" auf, wobei „alles" ein Plural ist. Wenn wir zunächst naiv nach τὰ πάντα fragen, so handelt es sich dabei um ein inbegriffliches Verhältnis. Übersetzen wir τὰ πάντα durch „alle Dinge", so müssen wir uns erst einmal die Frage stellen, was es denn für Dinge gibt. Wählen wir zunächst den Weg einer gewissen taktischen Naivität. Einmal nehmen wir den Begriff des Dinges in einem weiteren Sinne und meinen dann mit ihm alles das, was ist; zum anderen gebrauchen wir ihn auch in einem engeren Sinne. Meinen wir die Dinge im engeren Sinne, so können wir unterscheiden zwischen solchen, die von Natur aus sind (φύσει ὄντα), und solchen, die aus der menschlichen Techne hervorgehen (τέχνῃ ὄντα). Bei all den Dingen von Natur, bei den leblosen wie Stein und bei den lebendigen wie Pflanze, Tier und Mensch — sofern wir überhaupt vom Menschen als von einem Ding

sprechen dürfen — meinen wir nur solches, was vereinzelt ist und einen bestimmten Umriß hat. Wir haben das bestimmte Einzelding im Blick, das zwar auch als einzelnes allgemeine Charaktere an sich hat, etwa in der Weise der Geartetheit. Wir machen die stillschweigende Voraussetzung, daß τὰ πάντα im Sinne des insgesamt Vielen die Gesamtheit der endlich begrenzten Dinge bildet. Aber ein Stein etwa ist ein Stück eines Berges. Können wir auch vom Berg als von einem Ding sprechen, oder ist es nur eine menschliche Kurzformel, ein Ding zu nennen, was einen bestimmten Umriß hat? Der Stein befindet sich als Geröll am Berge, dieser gehört in das Gebirge, dieses in die Erdrinde, und die Erde selbst ist ein großes Ding, das als Gravitationskern in unser Sonnensystem gehört.

HEIDEGGER: Wäre es nicht vielleicht angebracht, zunächst einmal zu fragen, ob Heraklit auch in anderen Fragmenten von τὰ πάντα spricht, um so von ihm selbst einen bestimmten Anhalt zu haben, was er unter τὰ πάντα versteht? Auf diese Weise gewinnen wir mehr Nähe zu Heraklit. Das ist die eine Frage. Die zweite Frage, die ich zur Diskussion stellen möchte, lautet, was der Blitz mit τὰ πάντα zu tun hat. Wir müssen konkret fragen, was es denn heißen kann, wenn Heraklit sagt: der Blitz steuert τὰ πάντα. Kann überhaupt der Blitz das Weltall steuern?

TEILNEHMER: Wenn wir den Blitz zunächst einmal nur als Phänomen in den Blick nehmen, so müssen wir uns darüber verwundern, daß er das Weltall steuern soll, da er doch selbst als ein phänomenal Seiendes, als eine sinnlich wahrnehmbare Lichterscheinung mit allem anderen Seienden zusammen in das Weltall hineingehört.

HEIDEGGER: Wir müssen den Blitz, wenn wir ihn griechisch verstehen wollen, in Zusammenhang bringen mit dem Naturphänomen.

FINK: Der Blitz als Naturphänomen betrachtet bedeutet das Aufbrechen des lichthaften Blitzstrahls im Dunkel der Nacht.

Fragment 64. Der Blitz

Wie in der Nacht der Blitz sekundenartig aufleuchtet und in der Helle eines Lichtscheins die Dinge in ihrem Umriß gegliedert zeigt, so bringt in einem tieferen Sinne der Blitz die vielen Dinge in ihrer gegliederten Versammlung zum Vorschein.

HEIDEGGER: Ich erinnere mich an einen Nachmittag während meines Aufenthaltes auf Aegina. Plötzlich vernahm ich einen einzigen Blitzschlag, auf den dann kein weiterer erfolgte. Mein Gedanke war: Zeus. — Unsere Aufgabe besteht jetzt darin, uns bei Heraklit umzusehen, was τὰ πάντα heißt. Wieweit bei ihm eine Unterscheidung zwischen „alles" im Sinne des summierten einzelnen und „alles" in der Bedeutung der umfangenden Allheit schon möglich war, ist eine offene Frage. Die andere Aufgabe, die uns durch das Fragment 64 vorerst gestellt wird, ist der Zusammenhang zwischen τὰ πάντα und dem Blitz. Den Blitz müssen wir bei Heraklit auch in Zusammenhang bringen mit dem Feuer (πῦρ). Es ist auch nicht unwesentlich zu beachten, wer uns das Fragment 64 überliefert hat. Es ist der Kirchenvater Hippolytos, der etwa 236/37 n. Chr. gestorben ist. Seit Heraklit sind also ungefähr 800 Jahre vergangen, bis unser Fragment durch Hippolyt zitiert wird. Im Kontext ist auch die Rede vom πῦρ und κόσμος. Doch wollen wir hier nicht auf die philologische Problematik eingehen, die sich angesichts des Zusammenhangs des Fragments und des Kontextes des Hippolyt ergibt. In einem Gespräch, das ich mit Karl Reinhardt im Jahre 1941 führte, als er sich hier in Freiburg aufhielt, sprach ich zu ihm über das Zwischenfeld zwischen der reinen Philologie, die meint, mit ihrem philologischen Handwerk den richtigen Heraklit zu finden, und jener Art zu philosophieren, die darin besteht, drauflos zu denken und dabei zu viel zu denken. Zwischen diesen beiden Extremen gibt es ein Zwischenfeld, in dem es um die Rolle der Überlieferung des Verständnisses, des Sinnes und der Interpretation geht. — Bei Hippolyt finden wir nicht nur das πῦρ, sondern auch die ἐκπύρωσις, die bei ihm die Bedeutung des Weltuntergangs hat. Wenn wir nun fragen, was im Fragment 64 τὰ πάντα, der Blitz und auch das Steuern heißt, so müssen wir gleichzeitig versuchen, uns bei der Klärung dieser Worte in die griechische Welt zu versetzen. Um das Fragment 64 in rechter Weise verstehen zu können, würde ich den Vorschlag machen, das Fragment 41 hinzuzunehmen: εἶναι γὰρ ἓν τὸ σοφόν, ἐπίστασθαι γνώμην, ὁτέη ἐκυβέρνησε πάντα διὰ πάντων. Diels übersetzt: „Eins nur ist das Weise, sich auf den Gedanken zu verstehen, als welcher alles auf alle Weise zu steuern weiß." Wörtlich übersetzt heißt πάντα διὰ πάντων: alles durch alles hindurch. Das Gewicht dieses Spruches liegt einmal im ἓν τὸ σοφόν und zum anderen im πάντα διὰ πάντων. Hier müssen wir vor allem den Zusammenhang des Anfangs und des Endes dieses Satzes in den Blick nehmen.

FINK: Es besteht ein ähnlicher Zusammenhang zwischen der Einsheit des Blitzstrahls und τὰ πάντα, in dessen Helle das Viele sich in seinem Umriß und in seiner Gegliedertheit zeigt, und der Einsheit des σοφόν und πάντα διὰ πάντων. Wie sich der Κεραυνός zu τὰ πάντα verhält, verhält sich analog das ἓν τὸ σοφόν zu πάντα διὰ πάντων.

HEIDEGGER: Wohl gebe ich zu, daß der Blitz und das ἓν τὸ σοφόν in einem Verhältnis zueinander stehen. Doch gibt es bei Fragment 41 noch mehr zu beachten. Im Fragment 64 spricht Heraklit von τὰ πάντα, im Fragment 41 von πάντα διὰ πάντων. Eine ähnliche Wendung finden wir auch bei Parmenides 1/32: διὰ παντὸς πάντα περῶντα. In der Wendung: πάντα διὰ πάντων ist vor allem nach der Bedeutung des διά zu fragen. Zunächst heißt es „durch". Wie aber sollen wir das „durch" verstehen, örtlich, räumlich, kausal oder wie sonst?

FINK: τὰ πάντα aus dem Fragment 64 meint nicht eine ruhende, statische, sondern eine bewegte Vielfalt von Seiendem. In τὰ πάντα ist gerade im Rückbezug auf den Blitz eine Art von Bewegung mitgedacht. In der Helle, bzw. in der Lichtung, die der Blitzstrahl aufreißt, leuchtet τὰ πάντα auf und tritt ins Erscheinen. Die Bewegtheit von τὰ πάντα ist im Aufleuchten des Seienden in der Lichtung des Blitzes mitgedacht.

Fragment 64. Der Blitz

HEIDEGGER: Lassen wir zunächst noch die Worte wie Lichtung und Helle beiseite.

FINK: Wenn ich jetzt von Bewegung gesprochen habe, so müssen wir unterscheiden einmal zwischen der Bewegung, die im Blitzen des Blitzes, im Aufbrechen der Helle liegt, und zum anderen die Bewegung in τὰ πάντα, in den Dingen. Der Bewegung der Helle des Blitzes entspricht die Bewegung, die vom ἓν τὸ σοφόν ausgeht und in den insgesamt vielen Dingen weitergeht. Die Dinge sind keine ruhenden Blöcke, sondern sie sind mannigfach in Bewegung.

HEIDEGGER: τὰ πάντα ist also nicht ein vorhandenes Ganzes im Gegenüber, sondern das Seiende in Bewegung. Andererseits kommt bei Heraklit die Bewegung als κίνησις nicht vor.

FINK: Wenn auch Bewegung nicht zu den Grundworten Heraklits gehört, so steht sie doch immer im Problemhorizont seines Denkens.

HEIDEGGER: Nehmen wir nun zu Fragment 64 und 41 auch noch das Fragment 1 hinzu: τοῦ δὲ λόγου τοῦδ' ἐόντος ἀεὶ ἀξύνετοι γίνονται ἄνθρωποι καὶ πρόσθεν ἢ ἀκοῦσαι καὶ ἀκούσαντες τὸ πρῶτον· γινομένων γὰρ πάντων κατὰ τὸν λόγον τόνδε ἀπείροισιν ἐοίκασι, πειρώμενοι καὶ ἐπέων καὶ ἔργων τοιούτων, ὁκοίων ἐγὼ διηγεῦμαι κατὰ φύσιν διαιρέων ἕκαστον καὶ φράζων ὅκως ἔχει. τοὺς δὲ ἄλλους ἀνθρώπους λανθάνει ὁκόσα ἐγερθέντες ποιοῦσιν, ὅκωσπερ ὁκόσα εὕδοντες ἐπιλανθάνονται*. Vorerst interessiert uns nur: γινομένων γὰρ πάντων κατὰ τὸν λόγον τόνδε. Wir übersetzen: Denn

---

* Diels übersetzt: „Für der Lehre Sinn aber, wie er hier vorliegt, gewinnen die Menschen nie ein Verständnis, weder ehe sie ihn vernommen noch sobald sie ihn vernommen. Denn geschieht auch alles nach diesem Sinn, so gleichen sie doch Unerprobten, so oft sie sich erproben an solchen Worten und Werken, wie ich sie erörtere, nach seiner Natur ein jegliches zerlegend und erklärend, wie es sich verhält. Den anderen Menschen aber bleibt unbewußt, was sie nach dem Erwachen tun, so wie sie das Bewußtsein verlieren für das, was sie im Schlafe tun."

obwohl alles nach diesem λόγος geschieht. Wenn Heraklit hier von γινομένων spricht, so ist also bei ihm doch die Rede von Bewegung.

FINK: In γινομένων γὰρ πάντων' handelt es sich um die innerkosmische Bewegtheit der Dinge und nicht um die Bewegung, die vom λόγος ausgeht.

HEIDEGGER: γινομένων gehört zu γένεσις. Wenn die Bibel von der γένεσις spricht, so meint sie damit die Schöpfung, in der die Dinge entstanden sind. Was aber bedeutet γένεσις im Griechischen?

TEILNEHMER: Auch γένεσις ist kein Begriff bei Heraklit.

HEIDEGGER: Seit wann gibt es überhaupt Begriffe?

TEILNEHMER: Erst seit Platon und Aristoteles. Bei Aristoteles haben wir sogar das erste philosophische Wörterbuch.

HEIDEGGER: Während sich Platon im Umgang mit Begriffen noch schwer tut, sehen wir bei Aristoteles einen leichteren Umgang mit ihnen. — Das Wort γινομένων steht im Fragment 1 an einer fundamentalen Stelle.

FINK: Wir können uns vielleicht selbst einen Einwand machen. γένεσις in einem leichtverständlichen Sinne finden wir, phänomenal gesehen, bei den Lebewesen. Pflanzen entstehen aus Keimen, Tiere aus der Paarung der Elterntiere und Menschen aus der geschlechtlichen Vereinigung von Mann und Frau. Die γένεσις ist also ursprünglich beheimatet im phänomenalen Bereich des Vegetativ-Animalischen. Das Entstehen (γίγνεσθαι) ist in diesem Bereich zugleich verkoppelt mit dem Vergehen (φθείρεσθαι). Wenn wir nun die γένεσις auch auf den Bereich der leblosen Dinge beziehen, operieren wir mit einem erweiterten, allgemeineren Sinn dieses Wortes. Denn beziehen wir γένεσις auf τὰ πάντα, erweitern wir den Sinn von γένεσις über den phänomenalen Bereich hinaus, in dem sonst das Genesis-Phänomen zu Hause ist.

HEIDEGGER: Was Sie unter dem phänomenalen Sinn des Wortes γένεσις verstehen, können wir auch als ontisch bezeichnen.

FINK: Die Ausweitung der ursprünglich phänomenalen Bedeutung von γένεσις treffen wir auch in der Vulgärsprache an, etwa wenn wir von der Entstehung der Welt sprechen. Wir gebrauchen für unser Vorstellen bestimmte Bilder und Vorstellungskreise. Im Fragment 1 handelt es sich bei γινομένων um den allgemeineren Sinn von γένεσις. Denn τὰ πάντα entstehen nicht wie dasjenige Seiende, das gemäß der γένεσις im engeren Sinne entsteht, also nicht wie Lebewesen. Etwas anderes ist es, wenn im Entstehen der Dinge die Verfertigung und Hervorbringung (τέχνη und ποίησις) mitgemeint ist. Die ποίησις der Phänomene ist aber etwas anderes als die γένεσις. Der Krug entsteht nicht durch des Töpfers Hand wie der Mensch durch den Menschen erzeugt wird.

HEIDEGGER: Vergegenwärtigen wir uns noch einmal, worin jetzt unsere Aufgabe besteht. Wir fragen: was bedeutet τὰ πάντα aus Fragment 64, πάντα διὰ πάντων aus Fragment 41 und γινομένων γὰρ πάντων aus Fragment 1? Das κατὰ τὸν λόγον aus Fragment 1 entspricht dem ἓν τὸ σοφόν aus Fragment 41 und dem Κεραυνός aus Fragment 64.

FINK: In γινομένων ist der Sinn von γένεσις ausgeweitet gebraucht.

HEIDEGGER: Aber kann man denn wirklich von einer Ausweitung sprechen? Ich meine, daß wir doch das „Steuern", das „alles durch alles hindurch" und jetzt die Bewegung, die in γινομένων gedacht ist, im genuin griechischen Sinne nachzuverstehen versuchen sollten. Ich stimme dem zu, daß wir die

Bedeutung von γένεσις in γινομένων nicht eng nehmen dürfen, sondern daß es sich dort um eine allgemeine Aussage handelt. Das Fragment 1 gilt als der Beginn der Schrift Heraklits. In ihm wird Fundamentales gesagt. Dürfen wir nun die in γινομένων in einem weiten Sinne gedachte γένεσις beziehen auf das Hervorkommen? Vorgreifend können wir sagen, daß wir im Blick behalten müssen den Grundzug dessen, was die Griechen Sein nennen. Obwohl ich dieses Wort nicht mehr gern gebrauche, nehmen wir es jetzt dennoch auf. Wenn Heraklit in γινομένων die γένεσις denkt, so ist damit nicht gemeint das Werden im modernen Sinne, also nicht in der Bedeutung eines Vorganges, sondern griechisch gedacht heißt es: zum Sein kommen, in die Anwesenheit hervorkommen. Wir haben jetzt drei verschiedene Hinsichten, an die wir uns halten müssen, wenn wir über τὰ πάντα ins Klare kommen wollen, und die wir den Fragmenten 64, 41 und 1 entnommen haben. Hierzu können wir auch noch das Fragment 50 nehmen: οὐκ ἐμοῦ, ἀλλὰ τοῦ λόγου ἀκούσαντας ὁμολογεῖν σοφόν ἐστιν ἓν πάντα εἶναι. Die Dielssche Übersetzung lautet: „Haben sie nicht mich, sondern den Sinn vernommen, so ist es weise, dem Sinne (λόγος) gemäß zu sagen, alles sei eins. In diesem Spruch kommt es vor allem auf ἕν, πάντα und ὁμολογεῖν an.

FINK: Wenn wir jetzt ausgehen vom Hervorkommen, Zum-Vorschein-Kommen, worin Sie die griechische Bedeutung der in γινομένων gedachten γένεσις sehen, dann haben wir damit auch eine Beziehung zur Helligkeit und zum Lichtschein des Blitzes, in dem das einzelne steht und aufleuchtet. Wir hätten dann folgendes analoge Verhältnis: so wie in einer lichtlosen Nacht der Blitz auf einmal alles einzelne in seinem bestimmten Umriß sehen läßt, so wäre das in einer kurzen Zeit dasselbe, was im πῦρ ἀείζωον aus Fragment 30 immer geschieht. In dem Moment der Helligkeit ist die Einrückung des Seienden in die Bestimmtheit gedacht. Aus Fragment 64 stammt das τὰ πάντα, aus Fragment 41 πάντα διὰ πάντων und aus Fragment 1: γινομένων πάντων κατὰ τὸν λόγον. Wir haben vorhin zu unterscheiden versucht die Bewegung des Blitzens des Blitzes. Jetzt können wir sagen, daß es die Bewegung des Zum-Vorschein-Bringens ist. Aber das Zum-Vorschein-Bringen, das der Blitz am Seienden vollbringt, ist auch ein steuerndes Eingreifen in die Bewegtheit der Dinge selbst. Die Dinge sind bewegt in der Weise des Auf- und Untergehens, des Zu- und Abnehmens, der Ortsbewegung und der Veränderung. Der Bewegung des Blitzes entspricht die Bewegung des ἓν τὸ σοφόν. Die steuernde Bewegung ist nicht auf den Blitz und auch nicht auf das ἓν τὸ σοφόν gedacht, sondern auf die Wirksamkeit des Blitzes und des ἓν τὸ σοφόν, das im Zum-Vorschein-Bringen wirkt und weiterwirkt in den Dingen. Die Bewegung des steuernden Eingreifens in die Bewegtheit der Dinge geschieht gemäß dem λόγος. Die Bewegung der in der Helle des Blitzes stehenden Dinge hat eine sophonartige Natur, sie muß aber unterschieden werden von der vom σοφόν selbst ausgehenden Bewegung. Im Fragment 41 geht es nicht nur um das Verhältnis des Einen und Vielen, das im Einen vorscheint, sondern auch um die Wirksamkeit des Einen in bezug auf τὰ πάντα, die zum Ausdruck kommt in πάντα διὰ πάντων. Es könnte sein, daß λόγος aus Fragment 1 ein anderes Wort ist für σοφόν aus Fragment 41, für Κεραυνός aus Fragment 64, sowie für πῦρ und πόλεμος. Der πόλεμος ist der πάντων βασιλεύς, der Krieg, der die Bewegtheit der in der Sphäre des Vorscheins stehenden Dinge in Gegensätzen bestimmt.

HEIDEGGER: Sie wollen also sagen, daß das, was mit γένεσις in γινομένων γὰρ πάντων gemeint ist, dazu dient, das διά aus Fragment 41 näher zu bestimmen? Verstehen Sie dann das διά kausal?

FINK: Keineswegs. Ich möchte nur sagen, daß der Blitz, der das Dunkel der Nacht aufreißt und in seinem Lichtschein alles Vereinzelte aufleuchten und sehen läßt, zugleich auch das Bewegende der γένεσις in der Weise des διά ist und daß diese Bewegung weitergeht in den Bewegungen der Dinge. Wie der Blitz, so verhält sich auch der λόγος aus Fragment 1 zu τὰ πάντα. Der hervorbringenden Bewegung des Blitzes entspricht die hervorbringende Bewegung des λόγος, der alles einrichtet, steuert und bestimmt.

TEILNEHMER: Das Verhältnis der Bewegung des Blitzens und der Bewegtheit des Seienden ist kein Wirkverhältnis. Wenn gesagt wurde, daß die zum Vorschein bringende Bewegung des Blitzes weitergeht in den Bewegungen der Dinge, so ist damit kein Kausalverhältnis zwischen der hervorbringenden Bewegung und der Bewegtheit des Hervorgebrachten gemeint, sondern das, was hier im Problemhorizont steht, ist die Differenz zwischen der Bewegung im Sein und der Bewegung im Seienden bzw. zwischen der Bewegung im Entbergen und der Bewegtheit des Entborgenen.

FINK: Wir unterscheiden das blitzhafte Aufbrechen des Lichts als die Bewegung des Hervorbringens und das darin Hervorkommen von jeglichem Bestimmten in seiner Bewegtheit. Die Momentaneität des Blitzes ist ein Indiz für eine Unständigkeit. Wir müssen den Blitz als die kürzeste Zeit, eben als Momentaneität verstehen, die ein Symbol ist für die selbst nicht binnenzeitliche, aber zeitlassende Bewegung des Hervorbringens.

HEIDEGGER: Ist nicht der Blitz ein ewiger und nicht nur ein momentaner?

FINK: Das Problem der hervorbringenden Bewegung in ihrem Verhältnis zur Bewegung des Hervorgebrachten müssen wir am Zusammenhang von Blitz, Sonne, Feuer und auch der Horen denken, in denen die Zeit gedacht ist. Das Feurige muß bei Heraklit unter mehreren Aspekten gedacht werden, so etwa als das Feuer in der Sonne und als die Wandlungen des Feuers (πυρὸς τροπαί). Das Feuer, das allem zugrundeliegt, ist das Hervorbringen, das sich in seinen Wandlungen als dem Hervorgebrachten entzieht. Das πάντα διὰ πάντων aus Fragment 41 möchte ich in Verbindung bringen mit den πυρὸς τροπαί. Der

Blitz ist der plötzliche Aufbruch des Lichts im Dunkel der Nacht. Wenn nun der Blitz perpetuiert, ist er das Symbol für die Bewegung des Hervorbringens.

HEIDEGGER: Sind Sie gegen eine Identifizierung von Blitz, Feuer und auch Krieg?

FINK: Nein, aber die Identifizierung ist hier eine Identität der Identität und Nichtidentität.

HEIDEGGER: Identität müssen wir dann verstehen als das Zusammengehören.

FINK: Blitz, Feuer, Sonne, Krieg, λόγος und σοφόν sind verschiedene denkerische Blickbahnen auf den einen und selben Grund. In den πυρὸς τροπαί wird der Grund von allem gedacht, der sich umschlagend verstellt in Wasser und Erde.

HEIDEGGER: Sie meinen also die Wandlungen der Dinge auf einen Grund hin.

FINK: Der hier gemeinte Grund ist aber nicht etwa die Substanz oder das Absolute, sondern Licht und Zeit.

HEIDEGGER: Wenn wir nun bei unseren Ausgangstexten bleiben, und zwar zunächst bei der Frage nach dem διά aus Fragment 41, können wir dann nicht vom Steuern (οἰακίζειν) her das διά bestimmen? Was bedeutet das Steuern?

FINK: Man kann das Steuern auch unter die Bewegung subsumieren. Aber bei Heraklit ist das Steuern des Blitzes das, was aller Bewegung im Seienden so gegenübersteht, wie der Blitz demjenigen, was sich in seinem Lichtschein zeigt. Es hat also nicht den Charakter eines Bewegtseins wie das Seiende, sondern den Charakter der Hervorbringung von Bewegung im Seienden. Hinzu kommt, daß das Steuern, das τὰ πάντα betrifft, kein Steuern von Einzeldingen, sondern von der inbegrifflichen Gesamtheit des Seienden ist. Das Phänomen des Steuerns eines Schiffes ist nur die Absprungsbasis für den Gedanken, der die Hervorbringung der Gesamtheit des Seienden in das gegliederte Gesamtgefüge denkt. Wie der Kapitän in der Bewegung des Meeres und der Winde, der das Schiff ausgesetzt ist, einen Kurs in die Bewegung des Schiffes bringt, so gibt das steuernde Zum-Vorschein-Bringen des Blitzes allem Seienden nicht nur seinen Umriß, sondern auch seinen Antrieb. Das steuernde Zum-Vorschein-Bringen ist die anfänglichere Bewegung, die die Gesamtheit des Seienden in seiner mannigfachen Bewegtheit zum Vorschein bringt und sich zugleich in ihr entzieht.

HEIDEGGER: Kann man das Steuern aus Fragment 64 (οἰακίζει) und aus Fragment 41 (ἐκυβέρνησε) in Zusammenhang bringen mit dem διά? Wenn ja, was ergibt sich dann für den Sinn des διά?

FINK: In dem διά ist eine transitive Bewegung gedacht.

HEIDEGGER: Welchen Sinn hat nun das „alles durch alles hindurch"?

FINK: Ich möchte das πάντα διά πάντων in Zusammenhang bringen mit den πυρὸς τροπαί. Die Wandlungen des Feuers besagen dann, daß alles in alles übergeht, und zwar so, daß nicht das Bestimmte in seiner Prägung bleibt, sondern sich nach einer unerkennbaren Weisheit durch Gegensätze hindurchbewegt.

HEIDEGGER: Warum aber spricht dann Heraklit vom Steuern?

FINK: Die Wandlungen des Feuers sind gewissermaßen eine Kreisbewegung, die vom Blitz bzw. vom σοφόν gesteuert wird. Die Bewegung, in der alles durch alles sich durch Gegensätze hindurchbewegt, wird gelenkt.

Heidegger: Aber dürfen wir hier von Gegensätzen oder gar von Dialektik sprechen? Heraklit weiß weder etwas von Gegensätzen noch von Dialektik.

Fink: Wohl sind bei Heraklit die Gegensätze nicht thematisch, aber andererseits ist doch nicht zu bestreiten, daß er auf Gegensätze vom Phänomen her zeigt. Die Bewegung, in der alles durch alles hindurch sich wandelt, ist eine gesteuerte. Für Platon ist das Steuer das Gleichnis, um die Macht des Vernünftigen in der Welt darzulegen.

Heidegger: Sie wollen, was Steuern heißt, dadurch erläutern, daß Sie das Steuernde den λόγος nennen. Was aber ist das Steuern als Phänomen?

Fink: Das Steuern als Phänomen ist die Bewegung eines Menschen, der etwa ein Schiff in eine gewünschte Richtung bringt. Es ist das Dirigieren einer Bewegung, das ein vernünftiger Mann betreibt.

Heidegger: Bei dem Experiment, das wir unternehmen, handelt es sich nicht darum, den Heraklit an sich hervorzuzaubern zu wollen, sondern er spricht mit uns und wir sprechen mit ihm. Im Augenblick denken wir über das Phänomen des Steuerns nach. Dieses Phänomen ist gerade heute im Zeitalter der Kybernetik so fundamental geworden, daß es die ganze Naturwissenschaft und das Verhalten des Menschen beansprucht und bestimmt, so daß es uns dazu nötigt, über es mehr Klarheit zu gewinnen. Zunächst haben Sie gesagt, Steuern heiße „etwas in eine gewünschte Richtung bringen". Versuchen wir noch eine genauere Beschreibung des Phänomens.

Fink: Steuern ist das In-die-Gewalt-Bringen einer Bewegung. Ein Schiff ohne Steuerrad und Steuermann ist ein Spiel der Wellen und Winde. Erst durch das Steuern wird es gewaltsam in die gewünschte Richtung gebracht. Das Steuern ist eine eingreifende, umbildende Bewegung, die das Schiff auf einen bestimmten Kurs zwingt. Es hat das Moment der Gewaltsamkeit an sich. Aristoteles unterscheidet die Bewegung, die den Dingen einheimisch ist, und die Bewegung, die den Dingen gewaltsam angetan wird.

HEIDEGGER: Gibt es aber nicht auch ein gewaltloses Steuern? Gehört zum Phänomen der Steuerung wesenhaft das Moment der Gewaltsamkeit? Das Phänomen der Steuerung ist immer noch ungeklärt in bezug auf Heraklit und auf unsere heutige Notlage. Daß die Naturwissenschaften und unser Leben heute von der Kybernetik in steigendem Maße beherrscht werden, ist nicht zufällig, sondern ist in der Entstehungsgeschichte der neuzeitlichen Wissenschaft und Technik vorbestimmt.

FINK: Das menschliche Phänomen der Steuerung ist bestimmt durch das Moment der gewaltsamen und vorausberechneten Regelung. Es hängt mit dem berechnenden Wissen und dem gewaltsamen Eingreifen zusammen. Etwas anderes ist das Steuern des Zeus. Wenn er steuert, so berechnet er nicht, sondern waltet mühelos. Es mag im Bereich der Götter ein gewaltloses Steuern geben, nicht aber im menschlichen Bereich.

HEIDEGGER: Besteht wirklich ein notwendiger Zusammenhang zwischen dem Steuern und der Gewalt?

FINK: Der Steuermann eines Schiffes ist der Kundige. Er kennt sich aus in den Strömungen und Winden. Er muß die Bewegungsantriebe in Wind und Strömung in rechter Weise nutzen. Durch sein Steuern entzieht er das Schiff gewaltsam dem Spiel der Winde und Wellen. Insofern muß man also im Phänomen des Steuerns das Moment des Gewalttätigen mitsehen und mitsetzen.

HEIDEGGER: Wird nicht auch die heutige Kybernetik selbst gesteuert?

FINK: Wenn man dabei etwa an die εἱμαρμένη oder gar an das Geschick denkt.

HEIDEGGER: Ist dieses Steuern nicht ein gewaltloses? Wir müssen die verschiedenen Phänomene des Steuerns in den Blick nehmen. Steuern kann einmal das gewaltsame in der Richtung Halten sein, zum anderen aber auch das gewaltlose Steuern der Götter. Die Götter der Griechen haben aber nichts zu tun mit Religion. Die Griechen haben nicht an ihre Götter geglaubt. Einen Glauben der Hellenen — um an Wilamowitz zu erinnern — gibt es nicht.

FINK: Aber die Griechen haben den Mythos gehabt.

HEIDEGGER: Mythos ist jedoch etwas anderes als Glaube. — Um aber auf das gewaltlose Steuern zurückzukommen, können wir fragen, wie es denn damit bei der Genetik steht. Würden Sie dort auch von einem gewaltsamen Steuern sprechen?

FINK: Hier muß man unterscheiden einmal zwischen dem natürlichen Verhalten der Gene, das seinerseits kybernetisch interpretiert werden kann, und zum anderen der Manipulation der Erbfaktoren.

HEIDEGGER: Würden Sie hier von Gewalt sprechen?

FINK: Auch wenn die Gewalt vom Vergewaltigten nicht gespürt wird, ist sie immer noch Gewalt. Auf Grund dessen, daß man heute gewaltsam in das Verhalten der Gene verändernd eingreifen kann, besteht die Möglichkeit, daß eines Tages die Drogisten die Welt regieren.

HEIDEGGER: Die Genetiker sprechen angesichts der Gene von einem Alphabet, von einem Informationsarchiv, das in sich eine bestimmte Menge von Informationen speichert. Ist bei diesem Informationsgedanken an Gewalt gedacht?

FINK: Die Gene, die wir vorfinden, sind ein biologischer Befund. Sobald man aber auf den Gedanken kommt, die menschliche Rasse verbessern zu wollen durch eine verändernde Steuerung der Gene, handelt es sich dabei nicht um einen Zwang, der Schmerzen bereitet, wohl aber um Gewalt.

HEIDEGGER: Wir müssen also ein Zweifaches unterscheiden: einmal die informations-theoretische Interpretation des Biologischen und zum anderen den darauf gegründeten Versuch, aktiv zu steuern. Gefragt ist, ob in der kybernetischen Biologie der Begriff der gewaltsamen Steuerung am Platz ist.

FINK: Streng genommen kann man hier auch nicht von Steuerung sprechen.

HEIEDGGER: Es fragt sich, ob nicht im Begriff der Information eine Zweideutigkeit vorliegt.

FINK: Die Gene zeigen eine bestimmte Geprägtheit und haben daher den Charakter von Langspeichern. Der Mensch lebt durch die genetische Bedingtheit sein Leben, das er scheinbar als freies Wesen hinbringt. Hier ist jeder der Bedingte der Vorfahren. Man spricht auch von der Lernfähigkeit der Gene, die wie die Komputer lernen können.

HEIDEGGER: Wie aber steht es mit der Information?

FINK: Unter Information versteht man einmal das informare, die Prägung, das Formeinpressen und zum anderen die Nachrichtentechnik.

HEIDEGGER: Wenn die Gene das menschliche Verhalten be- bestimmen, entfalten sie dann die in ihnen liegenden Nachrichten?

FINK: Gewissermaßen. Bei den Nachrichten handelt es sich hier nicht um die, die der Mensch aufnimmt. Gemeint ist, daß er sich so verhält, wie wenn er einen Befehl aus dem Genespeicher bekäme. Von hier aus gesehen wird die Freiheit zur geplanten Freiheit.

HEIDEGGER: Information besagt also einmal das Prägen und zum anderen das Nachricht-Geben, auf das der Benachrichtete reagiert. Durch die kybernetische Biologie werden die menschlichen Verhaltensweisen formalisiert und die gesamte Kausalität wird verwandelt. Wir brauchen keine Naturphilosophie, sondern es genügt, wenn wir uns darüber klar werden, woher die Kybernetik kommt und wohin sie führt. Die allgemeine Klage, daß die Philosophie von der Naturwissenschaft nichts versteht und ständig hinterherhinkt, können wir ruhig übernehmen. Wichtig für uns ist, den Naturwissenschaftlern zu sagen, was sie eigentlich machen. — Wir haben jetzt eine Mannigfalt von Aspekten im Phänomen des Steuerns gesehen. Κεραυνός, ἕν, σοφόν, λόγος, πῦρ, Ἥλιος und πόλεμος sind nicht einerlei und dürfen von uns nicht einfach gleichgesetzt werden, sondern zwischen ihnen walten bestimmte Bezüge, die wir sehen wollen, wenn wir uns über die Phänomene klar werden. Heraklit hat keine Phänomene beschrieben, sondern er hat sie einfach gesehen. Abschließend möchte ich noch an das Fragment 47 erinnern: μὴ εἰκῆ περὶ τῶν μεγίστων συμβαλλώμεθα. Übersetzt lautet es: daß wir nicht ins Blaue hinein, d.h. unbedacht über die höchsten Dinge unsere Worte zusammenbringen. Dieser Spruch könnte ein Motto für unser Seminar sein.

II.

Hermeneutischer Zirkel. – Bezug von ἕν und πάντα
(beigezogene Fragmente: 1, 7, 80, 10, 29, 30, 41, 53,
90, 100, 102, 108, 114).

FINK: Im Ausgang vom Fragment 64 sind wir auf die Schwierigkeit gestoßen, die Wortfügung τὰ πάντα zu erläutern. Ich spreche absichtlich nicht vom Begriff τὰ πάντα, um nicht die Vorstellung einer Herakliteischen Terminologie aufkommen zu lassen. Die Wortfügung τὰ πάντα hat sich uns im Fragment 64 als das gezeigt, worauf sich der Blitz steuernd bezieht. Der Blitz als das aufreißende Licht, als das Feuer in der Phase der Momentaneität bringt τὰ πάντα zum Vorschein, umreißt jegliches in seiner Gestalt und lenkt die Bewegung, den Wandel und Gang all dessen, was in τὰ πάντα gehört. Um die Frage schärfer zuzuspitzen, was oder wer τὰ πάντα sind, ob Einzeldinge, Elemente oder Gegenbezüge, begannen wir damit, auf andere Fragmente vorauszublicken, die auch τὰ πάντα nennen. Wenn wir von dem absehen, was wir bereits in den Bezug zu Fragment 64 gebracht haben, ergeben sich im ganzen fünfzehn Textstellen, die wir uns daraufhin ansehen wollen, inwiefern, d.h. in welchen Hinsichten in ihnen τὰ πάντα angesprochen sind. Im Fragment 64 hat sich gezeigt, daß der Blitz das Steuernde ist. Es handelt sich nicht um eine immanente Selbstregelung der πάντα. Wir müssen den Blitz als das Eine von dem insgesamt Vielen der πάντα unterscheiden.

TEILNEHMER: Wenn also das Steuerprinzip nicht innerhalb des Ganzen liegt, so muß es außerhalb des Ganzen oder über dem Ganzen sich befinden. Wie aber kann es außerhalb des Ganzen sein?

FINK: Wenn wir den Begriff des Ganzen pressen, so meint er einen Inbegriff, der nichts außer sich läßt, also auch scheinbar nicht das, was Sie das Steuerprinzip nennen. Aber es handelt sich bei Heraklit um einen von uns im Augenblick noch nicht bestimmbaren Gegenbezug zwischen dem ἕν des Blitzes und τὰ πάντα, die durch den Blitz aufgerissen, gesteuert und gelenkt werden. Als formallogischer Inbegriff meint τὰ πάντα einen Begriff von „alles", der nichts außer sich läßt. Es ist jedoch auch fraglich, ob das Steuernde überhaupt etwas ist, was außerhalb von τὰ πάντα ist. Hier liegt ein ganz eigentümliches Verhältnis vor, das mit den geläufigen Verhältnis-Kategorien gar nicht gefaßt werden kann. Das fragliche Verhältnis zwischen dem Blitz, der τὰ πάντα lenkt, und τὰ πάντα selbst ist das Verhältnis von Eins zu Vielem, aber nicht das Verhältnis der Einzahl zu einer Mehrzahl, sondern das Verhältnis eines noch nicht geklärten Einen zu dem Vielen in dem Einen, wobei das Viele im Sinne des Inbegriffs gemeint ist.

HEIDEGGER: Inwiefern lehnen Sie die Dielssche Übersetzung von τὰ πάντα als Weltall ab?

FINK: Wenn im Fragment 64 statt τὰ πάντα τὸ πᾶν stehen würde, so wäre eine Übersetzung durch „Weltall" gerechtfertigt. τὰ πάντα bilden nicht das Weltall, sondern den Inbegriff des Binnenweltlichen. Nicht τὰ πάντα ist das Weltall, sondern der Blitz selbst ist der Weltall-Bildende, in dessen Lichtschein die insgesamt vielen Dinge zum unterschiedenen Erscheinen kommen. τὰ πάντα ist das Reich der Unterschiede. Der Blitz als das ἕν ist aber gegen τὰ πάντα nicht wie der Nachbar gegen den Nachbar oder wie das Kalte gegen das Warme abgesetzt.

HEIDEGGER: Ist also nach Ihrer Interpretation der Blitz und das Weltall dasselbe?

FINK: Ich möchte es anders formulieren. Der Blitz ist nicht das Weltall, sondern er ist als das Weltall-Bildende. Er ist nur als Weltbildung. Was hier unter Weltbildung zu verstehen ist, müßte genauer erläutert werden.

HEIDEGGER: Ich selber möchte zu dem, was ich letzthin über die Kybernetik ausgeführt habe, eine Ergänzung hinzufügen. Wenn ich im Ausgang von der Frage nach dem, was das Steuern ist, auf die moderne Kybernetik hingewiesen habe, so darf dadurch nicht das Mißverständnis aufkommen, als würde hier nur auf Grund dessen, was in den Fragmenten 64 und 41 vom Steuern gesagt wird, ein Zusammenhang zwischen Heraklit und Kybernetik konstruiert. Dieser Zusammenhang liegt viel tiefer verborgen und ist nicht so leicht zu fassen. Er geht über einen anderen Weg, den wir im Zusammenhang unserer jetzigen Besinnung auf Heraklit nicht erörtern können. Gleichwohl liegt der Sinn der Kybernetik in der Abkünftigkeit von dem, was sich hier bei Heraklit im Verhältnis von ἕν und τὰ πάντα vorbereitet. —

FINK: Wenn wir jetzt den Versuch machen zuzusehen, wie τὰ πάντα in anderen Fragmenten angesprochen werden, beabsichtigen wir noch keine Auslegung der einzelnen Fragmente.

HEIDEGGER: Wenn ich jetzt einige von den Teilnehmern gestellte Fragen zunächst zurückgestellt habe, so ist das unter dem Zwang der Grundschwierigkeit geschehen, in der wir uns jetzt befinden. Worin liegt diese Schwierigkeit?

TEILNEHMER: Die angeschnittenen Fragen können nur beantwortet werden, wenn wir ein tieferes Verständnis von demjenigen gewonnen haben, dem unsere bisherigen Besinnungen gegolten haben. Vor allem aber: wir sollen gleich zu Beginn und im Ausgang von einem Fragment wissen, was τὰ πάντα heißt. Die Bedeutung von τὰ πάντα können wir aber nur im Zusammenhang aller Fragmente, in denen von τὰ πάντα die Rede ist, verstehen. Andererseits können wir uns den Gesamtzusammenhang nur über den Weg der einzelnen Fragmente Schritt für Schritt erarbeiten, was bereits ein Vorverständnis dessen, was τὰ πάντα meint, voraussetzt. Die Grundschwierigkeit, vor der wir stehen, ist also die des hermeneutischen Zirkels.

Kybernetik; hermeneutischer Zirkel

HEIDEGGER: Können wir aus diesem Zirkel herauskommen?

FINK: Müssen wir nicht vielmehr in diesen Zirkel hineinkommen?

HEIDEGGER: Wittgenstein sagt dazu folgendes. Die Schwierigkeit, in der das Denken steht, gleicht einem Manne in einem Zimmer, aus dem er heraus will. Zunächst versucht er es mit dem Fenster, doch das ist ihm zu hoch. Dann versucht er es mit dem Kamin, der ihm aber zu eng ist. Wenn er sich nun drehen möchte, dann sähe er, daß die Tür immer schon offen war. — Was den hermeneutischen Zirkel anbetrifft, so bewegen wir uns ständig in ihm und sind in ihm gefangen. Unsere Schwierigkeit besteht jetzt darin, daß wir aus wesentlichen Fragmenten Heraklits Aufschluß suchen für den Sinn von τὰ πάντα, ohne daß wir uns schon auf eine eingehende Interpretation dieser Fragmente einlassen. Aus diesem Grunde muß auch unsere Umschau nach der Bedeutung von τὰ πάντα bei Heraklit vorläufig bleiben.

TEILNEHMER: Können wir nicht, wenn wir im Ausgang von einem Fragment uns die Bedeutung von τὰ πάντα zu verdeutlichen suchen, auf das Fragment 50 zurückgreifen, in dem gesagt wird: „eins ist alles"?

HEIDEGGER: Aber alles, was wir an Fragmenten von Heraklit haben, ist nicht das Ganze, ist nicht der ganze Heraklit.

FINK: Ich meine nicht, daß man als Interpretationsmaxime Heraklits dunklen Spruch aufgreifen kann. Ebenso können wir uns für das Verständnis dessen, was ein Weg ist, etwa auch ein Weg in die Philosophie oder durch die Fragmente Heraklits, nicht auf das Fragment 60 berufen, in dem es heißt, daß der Weg hinauf und hinab ein und derselbe ist. Auch hier spricht Heraklit nicht etwa das übliche Wegverständnis aus. Zu der von uns genannten hermeneutischen Schwierigkeit gehört auch, daß jedes Fragment in seiner Auslegung fragmentarisch bleibt und auch im

Zusammenhang mit allen anderen Fragmenten nicht das Ganze dessen ergibt, was Heraklit gedacht hat. Obwohl er in seinen Fragmenten an die Volkssprache anknüpft, etwa auch im Fragment 60, so schwingen sie doch in mehreren Dimensionen.

HEIDEGGER: Wir müssen im Laufe unseres Seminars den Versuch machen, durch die Interpretation in die Dimension zu gelangen, die von Heraklit verlangt wird. Dabei ergibt sich allerdings die Frage, wieweit wir implizit und explizit interpretieren, d.h. wieweit wir die Dimension Heraklits von unserem Denken aus sichtbar machen können. Die Philosophie kann nur sprechen und sagen, nicht aber malen.

FINK: Vielleicht kann sie auch nicht einmal zeigen.

HEIDEGGER: Es gibt einen alten chinesischen Spruch, der lautet: Einmal gezeigt ist besser als hundertmal gesagt. Dagegen ist die Philosophie genötigt, gerade durch das Sagen zu zeigen.

FINK: Beginnen wir damit, die Textstellen, in denen von πάντα die Rede ist, daraufhin anzusehen, wie die πάντα angesprochen werden. Fangen wir an mit Fragment 1, das uns schon beschäftigt hat. Die uns jetzt allein interessierende Stelle lautet: γινομένων γὰρ πάντων κατὰ τὸν λόγον. Fragen wir uns, in welcher Hinsicht hier die πάντα angesprochen werden. Sie werden als γινόμενα bezeichnet. Was aber bedeutet das? Fassen wir γίγνεσθαι eng auf, so meint es das Hervorkommen, das Entstehen eines Lebewesens aus einem anderen. Um aber im Fragment 1 zu verstehen, inwiefern die πάντα γινόμενα sind, müssen wir das κατὰ τὸν λόγον berücksichtigen. Die πάντα sind bewegte gemäß dem λόγος. Die γινόμενα πάντα stehen zugleich in einem Bezug zu den Menschen, die unverständig werden (ἀξύνετοι γίνονται ἄνθρωποι), die den λόγος nicht verstehen, gemäß dem die πάντα geschehen und bewegt sind.

HEIDEGGER: Nehmen wir zu κατὰ τὸν λόγον auch noch das τόνδε hinzu.

FINK: Das demonstrative τόνδε besagt: gemäß diesem λόγος, der dann im folgenden erörtert wird.

TEILNEHMER: Ist es nicht angemessener, das ἀξύνετοι γίνονται nicht mit „unverständig werden", sondern durch „sich als unverständig erweisen" zu übersetzen?

FINK: Wenn ich γίνονται mit „werden" übersetze und es in einen Bezug setze zu γινομένων γὰρ πάντων, dann verstehe ich darunter nur ein blasses Werden.

HEIDEGGER: Den Ausgang unserer Besinnung bildet das Fragment 64, in welchem wir das Verhältnis des steuernden Blitzes zu τὰ πάντα, d.h. den Bezug von ἕν und πάντα in den Blick nahmen. Die weiteren Fragmente sollen uns nun zeigen, in welcher Weise und unter welchen Hinsichten von diesem Bezug die Rede ist.

FINK: Von Fragment 1, in dem die πάντα als bewegte angesprochen werden und ihr Bewegtsein auf den λόγος bezogen wird und in dem zugleich auch das Verhältnis der Menschen zum λόγος genannt wird, sofern sie ihn nicht in seinem bewegenden Bezug zu den bewegten πάντα verstehen, gehe ich über zu Fragment 7: εἰ πάντα τὰ ὄντα καπνὸς γένοιτο, ῥῖνες ἂν διαγνοῖεν*. In welcher Weise werden hier die πάντα angesprochen? Erläutert ὄντα die πάντα oder ist πάντα gemeint als unbestimmtes Zahlwort inbegrifflicher Art, so daß wir übersetzen müssen: alle ὄντα? Ich meine, daß hier πάντα verstanden werden als unterschiedene.

HEIDEGGER: Daß sie unterschiedene sind, geht hervor aus dem διαγνοῖεν.

FINK: Im Fragment 7 wird ein bekanntes Phänomen Unterschiede verhüllender Art genannt, der Rauch. In ihm entziehen

---

* Die Dielssche Übersetzung hat folgenden Wortlaut: „Würden alle Dinge zu Rauch, so würde man sie mit der Nase unterscheiden."

sich wohl die Unterschiede, aber er beseitigt sie nicht, was sich in dem διαγνοῖεν zeigt. In der Wortfügung πάντα τὰ ὄντα ist also vor allem das Moment des Unterschiedenseins zu beachten.

HEIDEGGER: Wie also ist πάντα hier zu fassen?

FINK: πάντα τὰ ὄντα meint nicht eine Abzählung der ὄντα und bedeutet nicht „alle Seienden", sondern die πάντα, die seiend sind, sind voneinander abgesetzt, sind unterschiedene. Die πάντα insgesamt als ὄντα sind die Korrelate einer διάγνωσις. Das Diagnosishafte eines Unterscheidens wird verschärft im Hinblick auf den Rauch als Unterschiede verhüllendes Phänomen. Die πάντα werden also im Fragment 7 als unterschiedene in den Blick genommen.

HEIDEGGER: Welche Auskunft über die πάντα gibt uns Fragment 7 gegenüber Fragment 1?

FINK: Im Fragment 7 liegt der Ton auf der Unterschiedenheit, auf der Individuiertheit der πάντα, die in Fragment 1 als die bewegten angesprochen werden, und zwar bewegt gemäß dem λόγος.

HEIDEGGER: Dem Gesamtsinn des Fragments 7 nach sind also die πάντα bezogen auf die γνῶσις, auf den vernehmenden Menschen.

FINK: Die γνῶσις in bezug auf die πάντα ist aber nur möglich, sofern die πάντα an ihnen selbst unterschieden sind. Die πάντα sind bewegte gemäß dem λόγος. In ihrer Bewegung, in ihrem Wandel und Gang, den der Blitz steuert, sind sie zugleich an ihnen selbst unterschieden. Die Bewegung des im Blitzen aufbrechenden Lichtscheins läßt die πάντα als an ihnen selbst unterschiedene hervorkommen.

HEIDEGGER: Doch damit haben Sie schon in die vorläufige Orientierung über die Weise, wie τὰ πάντα von Heraklit angesprochen werden, eine ganze Philosophie hineingelegt.

Fragmente 1 und 7

FINK: Ich möchte auch zunächst dabei bleiben, daß das Wesentliche in Fragment 7 die Rückbeziehung der πάντα auf die γνῶσις und διάγνωσις ist.

HEIDEGGER: Während in Fragment 1 die πάντα in ihrem Bezug zum λόγος, der nicht der menschliche ist, gesehen werden, werden sie in Fragment 7 in ihrem Bezug zum menschlichen Erkennen angesprochen. Für die Späteren entwickelt sich dann aus dem διαγιγνώσκειν das διανοεῖσθαι und das διαλέγεσθαι. Das διαγνοῖεν ist ein Hinweis darauf, daß die πάντα charakterisiert sind als Unterscheidbares, nicht aber schon als Unterschiedenes.

TEILNEHMER: Wenn in Fragment 1 vom λόγος die Rede ist und in Fragment 7 von der διάγνωσις, kann man dann nicht die γνῶσις der πάντα beziehen auf den λόγος?

HEIDEGGER: Damit denken Sie schon zu viel. Sie wollen hinaus auf den Zusammenhang von γνῶσις des Menschen und λόγος. Wir aber wollen zunächst nur die unterschiedlichen Weisen kennenlernen, in denen Heraklit von τὰ πάντα spricht.

TEILNEHMER: Ist aber nicht doch das Seiendsein der πάντα, das in ὄντα zur Sprache kommt, eine Qualität der πάντα, die eine notwendige Voraussetzung für die διάγνωσις ist?

FINK: Daß das Seiendsein der πάντα eine notwendige Voraussetzung für das unterscheidende Erkennen des Menschen ist, gebe ich zu. Nur ist ὄντα keine Qualität von πάντα. Wir müssen aber festhalten, daß zum bisherigen Bestimmungsgehalt der πάντα in Fragment 7 das ὄντα hinzukommt.

HEIDEGGER: Aber wissen wir denn, was τὰ ὄντα meint? Wir kommen der Sache nur näher, wenn wir es mit der Nase, mit der Opsis und mit dem Gehör zu tun haben werden.

FINK: In Fragment 80 interessiert uns jetzt in unserem Zusammenhang das καὶ γινόμενα πάντα κατ' ἔριν καὶ χρεών*. Auch hier werden die πάντα γινόμενα genannt, jetzt aber nicht κατὰ τὸν λόγον τόνδε wie im Fragment 1, sondern κατ' ἔριν. Die Wendung καὶ χρεών lassen wir vorerst unberücksichtigt. Jetzt werden die πάντα und ihre Bewegungsweise nicht auf den λόγος, sondern auf den Streit bezogen. In Fragment 80 treten die πάντα in die Sinnfügung mit dem Streit ein. Es erinnert an das πόλεμος — Fragment 53, dem wir uns noch zuwenden werden. — Aus Fragment 10 heben wir die Wortfügung heraus: ἐκ πάντων ἓν καὶ ἐξ ἑνὸς πάντα**. Auch hier stoßen wir auf ein Werden, aber nicht auf das, das die Bewegung des einzelnen meint, sondern auf das Gesamtwerden.

HEIDEGGER: Wie könnte das ἐκ πάντων ἕν verstanden werden, wenn wir es naiv auffassen?

TEILNEHMER: Naiv gelesen würde es bedeuten, daß aus allen Teilen ein Ganzes zusammengestückt wird. Das ἕν würde dann ein summatives Ganzes sein.

HEIDEGGER: Aber die zweite Wortfügung ἐξ ἑνὸς πάντα zeigt uns schon, daß es sich nicht um das Verhältnis von Teil und Ganzem, das sich aus den Teilen zusammensetzt, handelt.

FINK: In Fragment 1 und 80 wurden die πάντα γιγνόμενα genannt. Ihr Bewegtsein war einmal bezogen auf den λόγος, zum anderen auf den Streit. Gemäß dem λόγος und dem Streit bedeutet: gemäß der Bewegung des λόγος und des Streits. Diese Bewegung haben wir unterschieden von dem Bewegtsein der πάντα. Sie ist nicht die Weise der Bewegung, wie sich die πάντα bewegen. Im Fragment 10 kommt sie zur Sprache, und zwar darin, wie aus allem Eins und aus Einem alles wird.

HEIDEGGER: Welche Bewegung meinen Sie hier?

---

* Die Dielssche Übersetzung lautet: „und daß alles geschieht auf Grund von Zwist und Schuldigkeit."
** Diels übersetzt: „aus Allem Eins und aus Einem Alles."

Fink: Die Weltbewegung. Doch damit ist jetzt vielleicht schon zu viel gesagt. Wir haben bemerkt, daß man das ἐκ πάντων ἓν naiv als Verhältnis von Teil und Ganzem verstehen kann. Daß aus Vielem eins wird, ist ein bekanntes Phänomen. Dasselbe läßt sich aber nicht in umgekehrter Weise sagen. Aus einem wird nicht Vieles, es sei denn, wir meinen nur die begrenzte Allheit im Sinne der Vielheit und Menge. τὰ πάντα ist aber kein begrenzter Allheitsbegriff, kein Mengenbegriff, sondern ein Inbegriff. Wir müssen unterscheiden den Allheitsbegriff im Sinne des Inbegriffs, wie er in τὰ πάντα gegeben ist, von der numerischen oder auch Gattungsallheit, d.h. vom relativen Allheitsbegriff.

Heidegger: Bilden alle Bücher, die hier in diesem Raum aufgestellt sind, schon die Bibliothek?

Teilnehmer: Der Begriff der Bibliothek ist mehrdeutig. Einmal kann mit ihm nur die Gesamtmenge der hier vorhandenen Bücher gemeint sein, zum anderen aber auch außer den Büchern die Zurüstung, d.h. der Raum, die Regale usf. Die Bibliothek ist nicht an die Gesamtzahl der zu ihr gehörenden Bücher gebunden. Auch wenn einige Bücher herausgenommen werden, ist sie noch eine Bibliothek.

Heidegger: Wie lange bleibt sie noch eine Bibliothek, wenn wir ein Buch nach dem anderen herausnehmen? Wir sehen aber schon, daß nicht alle einzelnen Bücher zusammen die Bibliothek ausmachen. „Alle" summativ verstanden ist ganz verschieden von der Allheit im Sinne einer Einheit eigentümlicher Art, die zunächst nicht so leicht zu bestimmen ist.

Fink: Im Fragment 10 wird ein Verhältnis der πάντα im Sinne der insgesamt Vielen zum Einen und ein Verhältnis des Einen zum insgesamt Vielen ausgesprochen, wobei das Eine nicht die Bedeutung eines Teiles hat.

Heidegger: Unser deutscher Ausdruck Eins für das griechische ἕν ist fatal. Inwiefern?

FINK: Es geht in dem Verhältnis von ἕν und πάντα nicht nur um einen Gegenbezug, sondern auch um eine Vereinigung.

TEILNEHMER: Ich möchte das ἕν als etwas Komplexes verstehen im Gegensatz zu einer numerischen Auffassung. Der Spannungszustand zwischen ἕν und πάντα hat den Charakter eines Komplexen.

FINK: Das ἕν ist der Blitz und das Feuer. Will man hier von einem Komplexen sprechen, so kann man das nur, wenn man darunter die einbegreifende Einheit versteht, die das insgesamt Viele in sich versammelt.

HEIDEGGER: Das ἕν, das Eine müssen wir denken als das Einigende. Wohl kann das Eine die Bedeutung von eins und einzig haben, hier aber hat es den Charakter des Einigens. Wenn man die fragliche Textstelle aus Fragment 10 übersetzt: aus allem eins und aus einem alles, so ist das eine gedankenlose Übersetzung. Das ἕν ist nicht eins für sich, das mit den πάντα nichts zu tun hätte, sondern es ist das Einigende.

FINK: Um sich die einigende Einheit des ἕν zu verdeutlichen, kann man die Einheit eines Elements als Gleichnis nehmen. Doch dürfen wir dabei nicht stehenbleiben, sondern müssen die einigende Einheit zurückdenken auf das Eine des Blitzes, der in seinem Lichtschein die insgesamt Vielen in ihrer Unterschiedenheit versammelt und einigt.

HEIDEGGER: Das ἕν geht durch die ganze Philosophie hindurch bis zu Kants transzendentaler Apperzeption. Sie sagten nun, man müsse das ἕν in seinem Verhältnis zu den πάντα und die πάντα in ihrem Verhältnis zum ἕν aus Fragment 10 zusammennehmen mit dem λόγος und dem Streit in ihrem Bezug zu den πάντα aus Fragment 1 und 80. Das ist aber nur dann möglich, wenn wir λόγος als das Versammeln und ἔρις als das Auseinandernehmen verstehen. Das Fragment 10 beginnt mit dem Wort συνάψιες. Wie sollen wir das übersetzen?

Das Eine als Einigendes. Fragmente 29 und 90 41

TEILNEHMER: Ich würde vorschlagen: Zusammenfügen.

HEIDEGGER: Dabei käme es dann auf das Zusammen an. Dementsprechend ist das ἕν das Einigende.

FINK: Das Fragment 29 scheint zunächst nicht in die Reihe der Fragmente, in denen von den πάντα die Rede ist, zu gehören: αἱρεῦνται γὰρ ἓν ἀντὶ ἁπάντων οἱ ἄριστοι, κλέος ἀέναον θνητῶν·* Denn hier ist nicht direkt von den πάντα in einer bestimmten Hinsicht die Rede, sondern von einem menschlichen Phänomen: daß die Edlen eins vor allem anderen vorziehen, nämlich den immerwährenden Ruhm vor den vergänglichen Dingen. Das Verhalten der Edlen wird dem der πολλοί, der Vielen gegenübergestellt, die vollgefressen daliegen wie das Vieh. Und dennoch ist auch hier der fragwürdige Bezug von ἕν und πάντα zu sehen. Dem unmittelbaren Aussagegehalt nach ist hier das ἕν der immerwährende Ruhm, der eine Sonderstellung einnimmt gegenüber allem anderen. Aber das Fragment spricht nicht nur das menschliche Verhalten der Edlen in bezug auf den Ruhm aus. Der Ruhm ist das im Glanze Stehen. Der Glanz aber erinnert uns an das Licht des Blitzes und des Feuers. Der Ruhm verhält sich zu allen anderen Dingen wie der Glanz zum Glanzlosen. Hierher gehört auch das Fragment 90, sofern es vom Verhältnis von Gold und Waren spricht. Auch das Gold verhält sich zu den Waren wie der Glanz zum Glanzlosen.

HEIDEGGER: Fragment 29 nennt neben den ἄριστοι auch die πολλοί. In Fragment 1 werden die πολλοί verglichen mit den ἀπείροισιν, mit den Unerprobten, die dem ἐγώ, d. h. dem Heraklit entgegengesetzt werden. Aber diese Entgegensetzung dürfen wir nicht wie Nietzsche verstehen als die Absonderung des Stolzen von der Menge. Heraklit nennt auch einen der sieben Weisen, den Bias, der in Priene geboren wurde, und sagt von ihm, daß sein Ruf größer ist als der der anderen (Frag-

---

* Diels übersetzt: „(Denn) eines gibt es, was die Besten allem anderen vorziehen: den ewigen Ruhm den vergänglichen Dingen."

ment 39). Auch Bias hat gesagt: οἱ πλεῖστοι ἄνθρωποι κακοί, die meisten Menschen sind schlecht. Die Vielen streben nicht wie die Edlen nach dem Glanze des Ruhms, sondern hängen den vergänglichen Dingen nach und sehen daher nicht das Eine.

FINK: Im Fragment 29 müssen wir den Ruhm im Hinblick auf den Glanz denken. Das Glänzende ist das Feuerhafte im Gegensatz zu dem, was die Vielen und Schlechten vorziehen. Der Edle, der den Ruhm vor allem anderen erstrebt, steht dem Denker nahe, dessen Blick nicht nur auf die πάντα, sondern auf das ἕν in seinem Verhältnis zu den πάντα gerichtet ist.

HEIDEGGER: Auch bei Pindar wird das Gold, also das Glänzende, mit dem Feuer und dem Blitz zusammengenommen.
Die bisherige Betrachtung des Fragments 29 hat uns gezeigt, daß in ihm zunächst ein bestimmtes menschliches Verhalten angesprochen wird.

FINK: In diesem menschlichen Verhalten der Edlen zu dem immerwährenden Ruhm spiegelt sich in gewisser Weise das Grundverhältnis von ἕν und πάντα wider. Auch im Fragment 7 traten die πάντα in einen Bezug zu einem menschlichen Verhalten. Dort war es aber das unterscheidende Erkennen. In Fragment 29 werden die πάντα auch in ihrem Rückbezug zu einem menschlichen Verhalten in den Blick genommen, aber dabei handelt es sich nicht um das Erkenntnis-Verhalten, sondern um das Verhalten eines Vorziehens von einem vor allem anderen. Der Ruhm ist aber nicht graduell verschieden von anderen Besitztümern, sondern er hat gegenüber allem anderen den Charakter der Auszeichnung. Es handelt sich nicht um das Vorziehen von einem gegenüber anderem, sondern um das Vorziehen des einzig Wichtigen gegen alles andere. Wie die Edlen das einzig Wichtige, den Glanz des Ruhms vor allen anderen Dingen vorziehen, so denkt der Denker auf das einigende Eine des Blitzes hin, in dessen Licht die πάντα zum Vorschein kommen, und nicht etwa nur auf die πάντα. Und so wie die Vielen die vergänglichen Dinge dem Glanze des Ruhmes vorziehen, so verstehen die Menschen, die Vielen nicht das einigende ἕν, das die πάντα in ihrer Unterschiedenheit einbegreift, sondern nur die πάντα, die vielen Dinge. — Im Fragment 30 ist der Denkblick auf das Verhältnis von πάντα und κόσμος gerichtet. Die uns jetzt allein interessierende Textstelle lautet: κόσμον τόνδε, τὸν αὐτὸν ἁπάντων. Diels übersetzt: „Diese Weltordnung, dieselbige für alle Wesen". Unter den Wesen versteht er offenbar die Lebewesen. Wir wollen aber ἁπάντων übersetzen: für die Gesamtheit der πάντα.

HEIDEGGER: τὸν αὐτὸν ἁπάντων steht nur bei Clemens und fehlt bei Plutarch und Simplikios. Karl Reinhardt streicht es. Ich möchte noch einmal auf ihn zu sprechen kommen, vor allem weil ich seinen Aufsatz „Heraklits Lehre vom Feuer" (zuerst abgedruckt im Hermes 77, 1942, S. 1—27) nennen möchte, der vor allem in methodischer Hinsicht besonders wichtig ist. Es sind gerade 30 Jahre her, als ich in der Zeit, in der ich die drei Vorträge über den Ursprung des Kunstwerkes hielt, mit Karl Reinhardt in seiner Dachstube lange über Heraklit gesprochen habe. Dabei erzählte er mir von seinem Plan, einen überlieferungsgeschichtlichen Kommentar zu Heraklit zu schreiben. Hätte er diesen Plan verwirklicht, so wäre uns heute vieles erleichtert. Reinhardt hat auch in dem genannten Aufsatz entdeckt, daß das im Kontext von Fragment 64 stehende πῦρ φρόνιμον echt Herakliteisch und daher als Fragment anzusehen ist. Was das Auffinden von neuen Heraklit-Fragmenten betrifft, so sagt er: „Daraus nun ergibt sich eine nicht ganz angenehme Rechnung: es ist nicht unmöglich, daß bei Clemens und den Kirchenvätern ein paar unbekannte Worte Heraklits als wie in einem großen Strom herumschwimmen, die aufzufischen uns niemals gelingen wird, es wäre denn, daß uns von anderer Seite auf sie hingewiesen würde. Einem berühmten Worte anzusehen, daß es berühmt ist, ist nicht immer leicht." Karl Reinhardt war nicht, sondern er ist noch.

FINK: Im Fragment 30 wird der Bezug von πάντα und κόσμος gedacht. Dabei lassen wir jetzt noch offen, was κόσμος bei Heraklit bedeutet. Sodann werfen wir noch einmal einen Blick auf das Fragment 41, das uns schon beschäftigt hat: ἓν τὸ σοφόν, ἐπίστασθαι γνώμην, ὁτέη ἐκυβέρνησε πάντα διὰ πάντων*. Hier kommt zu dem ἕν, nach dessen Bezug zu τὰ πάντα wir in den Fragmenten Ausschau halten, das σοφόν hinzu. Wir müßten fragen, ob das σοφόν nur eine Eigenschaft des ἕν als einigender Einheit ist oder ob es nicht gerade das Wesen des ἕν ist.

HEIDEGGER: Dann könnten wir zwischen ἕν und σοφόν einen Doppelpunkt setzen: ἕν : τὸ σοφόν.

FINK: Das σοφόν als Wesen des einigenden ἕν faßt dieses in seiner ganzen Sinnfülle. Wenn sich uns das ἕν bisher zu entziehen schien, so haben wir im Fragment 41 die erste genauere Charakteristik als eine Art von ἕνωσις, obwohl dieser Begriff neuplatonisch belastet ist.

HEIDEGGER: Das ἕν geht durch die ganze Metaphysik, und auch die Dialektik ist nicht ohne das ἕν zu denken.

FINK: Im Fragment 53, auf das wir schon im Zusammenhang mit Fragment 80 hingewiesen haben, werden die πάντα in Bezug zum πόλεμος gesetzt. Das Fragment hat folgenden Wortlaut: Πόλεμος πάντων μὲν πατήρ ἐστι, πάντων δὲ βασιλεύς, καὶ τοὺς μὲν θεοὺς ἔδειξε τοὺς δὲ ἀνθρώπους, τοὺς μὲν δούλους ἐποίησε τοὺς δὲ ἐλευθέρους. Diels übersetzt: „Krieg ist aller Dinge Vater, aller Dinge König. Die einen erweist er als Götter, die anderen als Menschen, die einen macht er zu Sklaven, die anderen zu Freien." Der Bezug von πάντα und πόλεμος hat sich uns schon im Fragment 80 gezeigt, wo von ἔρις die Rede war. Jetzt wird der Krieg bzw. der Streit Vater und König

---

* Die Dielssche Übersetzung hat folgenden Wortlaut: „Eins nur ist das Weise, sich auf den Gedanken zu verstehen, als welcher alles auf alle Weise zu steuern weiß."

aller Dinge genannt. Wie der Vater der Ursprung der Kinder ist, so ist der Streit, den wir mit dem ἕν als Blitz und Feuer zusammendenken müssen, der Ursprung der πάντα. Das Verhältnis von πόλεμος als Vater zu den πάντα wiederholt sich in gewisser Weise in dem Verhältnis von πόλεμος als Regent zu den πάντα. Den βασιλεύς müssen wir in Verbindung bringen mit dem Steuern und Lenken des Blitzes. Wie der Blitz das Feld der πάντα aufreißt und dort als das Treibende und Regierende wirkt, so lenkt und regiert der Krieg als Herrscher die πάντα.

HEIDEGGER: Heraklit faßt, wenn er vom Vater und Herrscher spricht, in einer beinahe dichterischen Sprache den Sinn der ἀρχή der Bewegung: πρῶτον ὅθεν ἡ ἀρχὴ τῆς κινήσεως. Der erste Ursprung der Bewegung ist auch der erste Ursprung des Herrschens und Lenkens.

FINK: Die Wendungen πόλεμος πάντων πατήρ und πάντων βασιλεύς sind nicht nur zwei neue Bilder, sondern in ihnen kommt ein neues Moment im Verhältnis von ἕν und πάντα zur Sprache. Die Weise, wie der Krieg Vater der πάντα ist, wird in ἔδειξε benannt, die Weise, wie der Krieg König der πάντα ist, wird in ἐποίησε angesprochen. — Das Fragment 90 nennt den Bezug zwischen den πάντα und dem Umtausch des Feuers: πυρός τε ἀνταμοιβὴ τὰ πάντα καὶ πῦρ ἀπάντων*. Hier wird das ἕν namentlich angesprochen als Feuer, so wie es vorher schon als Blitz bezeichnet wurde. Das Verhältnis zwischen dem Feuer und den πάντα hat hier nicht den Charakter der bloßen γένεσις, des Erweisens oder des Hervorbringens (Machens), sondern den des Umtausches.

HEIDEGGER: Die Rede vom Umtausch als der Weise, wie das Feuer als das ἕν sich zu den πάντα verhält, hat den Anschein einer gewissen Nivellierung.

---

* Diels übersetzt: „Wechselweiser Umsatz: des Alls gegen das Feuer und des Feuers gegen das All."

FINK: Dieser Anschein ist vielleicht beabsichtigt. — Als nächstes kommt für uns das Fragment 100 in Betracht. Es lautet: ὥρας αἳ πάντα φέρουσι: „die Horen, die die πάντα bringen". Bisher hatten wir gehört vom Steuern und Lenken, Aufzeigen und Machen, und jetzt spricht Heraklit von einem Bringen. Die Stunden, d. h. die Zeiten bringen die πάντα. Damit kommt in das ἕν die Zeit in ausdrücklicher Weise hinein, die in gewisser Weise auch schon im Blitz in einer verdeckten Form genannt war und auch in den Zeitwenden des Feuers und in der Sonne mitgedacht ist. Die πάντα sind das von den Zeiten Gebrachte.

HEIDEGGER: Legen Sie den Akzent mehr auf die Zeit oder auf das Bringen?

FINK: Mir geht es gerade um den Zusammenhang von Zeit und Bringen, wobei wir jetzt noch offenlassen müssen, wie hier die Zeit und das Bringen zu denken sind.

HEIDEGGER: Das Bringen ist ein wichtiges Moment, das wir später für die Frage nach der Dialektik in συμφερόμενον und διαφερόμενον aus Fragment 10 beachten müssen.

FINK: Im Fragment 102 werden die πάντα auf eine zwiefache Sichtweise hin in den Blick genommen. Es lautet: τῷ μὲν θεῷ καλὰ πάντα καὶ ἀγαθὰ καὶ δίκαια, ἄνθρωποι δὲ ἃ μὲν ἄδικα ὑπειλήφασιν ἃ δὲ δίκαια. Diels übersetzt: „Für Gott ist alles schön und gut und gerecht; die Menschen aber haben das eine als ungerecht, das andere als gerecht angenommen." Im Fragment 7 wurden die πάντα auf das menschliche Vernehmen bezogen. Jetzt spricht Heraklit nicht nur vom menschlichen, sondern auch vom göttlichen Bezug zu den πάντα. Alles ist schön, gut und gerecht für Gott. Nur die Menschen machen einen Unterschied zwischen dem Gerechten und dem Ungerechten. Die eigentliche und wahre Sicht auf die πάντα und das ἕν ist die göttliche, die uneigentliche und unzureichende ist die menschliche. Im Fragment 29 sahen wir ein ähnliches Doppelverhältnis zu den πάντα und dem ἕν. Dort waren es die Edlen, die den Glanz des Ruhms allem anderen vorzogen, während die Vielen sich den vergänglichen Dingen hingaben und nicht den immerwährenden Ruhm erstrebten. Hier sind es die göttliche und die menschliche Sichtweise, die gegenübergestellt werden. — Fragment 108 nennt das σοφόν als das von allem Abgesonderte: σοφόν ἐστι πάντων κεχωρισμένον*. Hier ist das σοφόν nicht nur eine Bestimmung des ἕν, wie in Fragment 41, sondern als das ἕν ist es das von den πάντα Abgesonderte. Das σοφόν ist das sich selbst von den πάντα abgesondert Haltende und dennoch die πάντα Umgreifende. Die πάντα werden also aus dem Abgesondertsein des ἕν gedacht.

HEIDEGGER: Das κεχωρισμένον ist die schwierigste Frage bei Heraklit. Karl Jaspers sagt über dieses Wort Heraklits: „Hier ist der Gedanke der Transzendenz als des schlechthin anderen, und zwar im vollen Bewußtsein des Unerhörten, erreicht". (Die großen Philosophen, Bd. I, S. 634) Diese Interpretation des κεχωρισμένον als Transzendenz ist völlig abwegig.

FINK: Wiederum einen anderen Hinblick auf τὰ πάντα liefert das Fragment 114: ξὺν νόῳ λέγοντας ἰσχυρίζεσθαι χρὴ τῷ ξυνῷ πάντων, ὅκωσπερ νόμῳ πόλις, καὶ πολὺ ἰσχυροτέρως. τρέφονται γὰρ πάντες οἱ ἀνθρώπειοι νόμοι ὑπὸ ἑνὸς τοῦ θείου· Den letzten Satz können wir für unsere jetzige Betrachtung übergehen. Diels übersetzt: „Wenn man mit Verstand reden will, muß man sich stark machen mit dem allen Gemeinsamen wie eine Stadt mit dem Gesetz und noch viel stärker. Nähren sich doch alle menschlichen Gesetze von dem einen, göttlichen." Auch hier werden die πάντα aus einem bestimmten menschlichen Verhalten in den Blick genommen. Ob mit dem allen Gemeinsamen nur das κοινόν der Stadt gemeint ist oder ob es sich nicht auch auf die πάντα bezieht, kann nicht auf den ersten Anhieb entschieden werden. Im letzteren Fall würde sich das Grundverhältnis von ἕν und πάντα im menschlichen Bereich widerspiegeln. Wie

---

* Diels übersetzt: „das Weise ist etwas von allem Abgesondertes."

sich derjenige, der mit Verstand reden will, mit dem allen Gemeinsamen stark machen muß, so muß sich der Verständige in einem tieferen Sinne mit dem ἕν, das den πάντα gemeinsam ist, stark machen.

HEIDEGGER: Hinter dem ξυνόν müssen wir ebenso wie hinter dem κεχωρισμένον ein großes Fragezeichen setzen. Das Fragezeichen bedeutet aber, daß wir fragen und nachdenken und alle geläufigen Vorstellungen beiseite lassen müssen. Das ξυνόν ist ein besonders verwickeltes Problem, weil hier das ξὺν νόῳ hineinspielt.

FINK: Wir haben jetzt eine Reihe von Fragmenten daraufhin untersucht, in welcher Hinsicht in ihnen von τὰ πάντα die Rede ist. Damit haben wir noch keine Interpretation gegeben. Im Durchgang durch die mannigfaltigen Textstellen ist uns dennoch nicht klarer geworden, was τὰ πάντα bedeutet, sondern die Wortfügung τὰ πάντα ist uns fragwürdiger geworden im Hinblick auf die aufgewiesenen Bezüge. Fragwürdig ist uns geworden, was die πάντα sind, was ihr zum Vorschein Kommen ist, wie der Bezug von πάντα und ἕν gedacht werden muß und wohin dieser Bezug gehört. Wenn wir sagen „fragwürdig", so bedeutet das, daß die aufgetauchten Fragen würdig sind, von uns gefragt zu werden.

TEILNEHMER: In die Reihe der aufgezählten Fragmente, die von den πάντα handeln, gehören auch noch die Fragmente 50 und 66.

HEIDEGGER: Das Fragment 66 ist bei Clemens umstritten, den Karl Reinhardt charakterisiert als den griechischen Jesajas. Denn Clemens sieht Heraklit eschatologisch. Ich betone noch einmal, daß es von unschätzbarem Wert wäre, wenn wir von Karl Reinhardt den überlieferungsgeschichtlichen Kommentar zu Heraklit bekommen hätten. Reinhardt war wohl kein Fachphilosoph, aber er konnte denken und sehen.

III.

πάντα-ὅλον, πάντα-ὄντα. — Unterschiedliche Auslegung des Fragments 7 (beigezogenes Fragment 67). — πᾶν ἑρπετόν (Fragment 11). — Zeitigungscharakter der Horen (Fragment 100).

HEIDEGGER: Werfen wir einen Blick zurück auf das Thema der letzten Seminarsitzung.

TEILNEHMER: Wir versuchten, im Durchgang durch die Fragmente, in denen von τὰ πάντα die Rede ist, die Hinsichten in den Blick zu nehmen, in denen von Heraklit die Wortfügung τὰ πάντα angesprochen wird. Diese Hinsichten sind der Bezug der πάντα zum λόγος, zum Streit, zum Krieg als Vater und König der πάντα, zum einigenden ἕν, zum κόσμος, zum Umtausch des Feuers, zum σοφόν, zum κεχωρισμένον, zu den Horen, außerdem zum menschlichen Verhalten des unterscheidenden Erkennens, des Vorziehens von einem vor allem anderen, des Sichstarkmachens mit dem allen Gemeinsamen, und der unterschiedliche göttliche und menschliche Bezug zu den πάντα.

HEIDEGGER: Haben wir aus diesen mannigfachen Bezügen schon entnommen, was τὰ πάντα bei Heraklit heißt?

TEILNEHMER: Vorläufig haben wir τὰ πάντα als Inbegriff des Einzelnen interpretiert.

HEIDEGGER: Woraus entnehmen Sie aber das Einzelne?

TEILNEHMER: In allen Fragmenten wird der Blick auf das Einzelne gerichtet, das im Inbegriff τὰ πάντα zusammengenommen ist.

HEIDEGGER: Was heißt griechisch „das Einzelne"?

TEILNEHMER: ἕκαστον.

HEIDEGGER: Im Durchgang durch eine Reihe von Fragmenten haben wir den Bezug von τὰ πάντα auf das ἕν und das, was dazu gehört, in den Blick genommen. Aber es ist uns noch nicht gelungen, in der Verfolgung der mannigfachen Bezüge, in denen τὰ πάντα angesprochen werden, diese Wortfügung τὰ πάντα näher zu charakterisieren. Es wurde auch von τὰ πάντα als dem in sich Unterschiedenen gesprochen. Wie ist das zu verstehen?

TEILNEHMER: Das Gesamte der πάντα können wir als τὸ ὅλον ansprechen. Diese Gesamtheit ist der Inbegriff der an sich unterschiedenen πάντα.

HEIDEGGER: Was ist aber der Inbegriff? Bedeutet er nicht schon das Ganze?

TEILNEHMER: Der Inbegriff ist das, was einbegreift.

HEIDEGGER: Gibt es so etwas wie einen einbegreifenden Inbegriff bei Heraklit? Offenbar nicht. Inbegriff, Einbegreifen, Greifen und Begreifen ist schon an sich ungriechisch. Bei Heraklit gibt es keinen Begriff, und auch bei Aristoteles gibt es noch keine Begriffe im eigentlichen Sinne. Wann taucht zum ersten Mal der Begriff auf?

TEILNEHMER: Dann, wenn λόγος bzw. stoisch κατάληψις als conceptus übersetzt und verstanden werden.

HEIDEGGER: Vom Begriff zu reden, ist ungriechisch. Es verträgt sich nicht mit dem, von dem wir in den nächsten Seminarsitzungen handeln werden. Wir müssen daher auch mit dem Wort „Inbegriff" vorsichtig umgehen.

FINK: Wenn ich von Inbegriff spreche, so möchte ich den Ton legen auf das συνέχον. Wurde vom Seminarteilnehmer gesagt, ich habe τὰ πάντα als Inbegriff von Einzelnem ausgelegt, so hat er damit mehr behauptet, als ich gesagt habe. Ich habe gerade nicht entschieden, ob τὰ πάντα eine Gesamtkonstellation von Einzelnem meint oder ob diese Wortfügung sich nicht eher auf die Elemente und die Gegenbezüge bezieht. τὰ πάντα verstehe ich zunächst nur als Gesamtbereich, dem nichts fehlt, dem aber dennoch etwas entgegengestellt wird. Das den πάντα Entgegengestellte steht aber nicht neben ihnen, sondern es ist eher etwas, in dem die πάντα sind. So gesehen ist dann der Κεραυνός nicht mehr ein Lichtphänomen unter anderen in der Gesamtheit von τὰ πάντα. Daß es in der Gesamtheit dessen, was es gibt, auch den Blitz in einer ausgezeichneten Weise geben kann, die in die Richtung auf ein summum ens weist, soll nicht bestritten werden. Vielleicht aber ist der von Heraklit gedachte Κεραυνός gar kein ens, das in τὰ πάντα hineingehört, auch kein ausgezeichnetes ens, sondern etwas, was in einem von uns noch ungeklärten Verhältnis zu τὰ πάντα steht. Dieses Verhältnis haben wir vorerst in einem Gleichnis formuliert. So wie der lichtaufreißende Blitz den Dingen in seinem Lichtschein Sichtbarkeit gibt, so läßt der Blitz in einem tieferen Sinne die πάντα in seiner Lichtung zum Vorschein kommen. Die zum Vorschein kommenden πάντα sind versammelt in der Helle des Blitzes. Weil der Blitz nicht ein Lichtphänomen innerhalb der Gesamtheit der πάντα ist, sondern die πάντα zum Vorschein bringt, ist er in gewisser Weise von ihnen abgesondert, ist er der Κεραυνὸς πάντων κεχωρισμένος. Aber als der so Abgesonderte ist er in gewisser Weise auch wieder das Zusammenschließende und Auseinandernehmende in bezug auf die πάντα. τὰ πάντα meint nicht nur die Gesamtheit der Einzeldinge. Gerade wenn man von den πυρὸς τροπαί her denkt, sind es eher die Wandlungen des Feuers durch die Vielzahl der Elemente hindurch. Die Einzeldinge sind dann μικτά, d. h. aus den Elementen gemischt.

HEIDEGGER: Worin würden Sie den Unterschied zwischen der Gesamtheit und der Ganzheit sehen?

FINK: Wir sprechen von Ganzheit im Hinblick auf die Strukturganzheit von Dingen, die wir als ὅλα ansprechen können, und von der Gesamtheit der Dinge, von dem ὅλον, in dem alles Unterschiedene versammelt und in bestimmten Fügungen auseinandergesetzt ist.

HEIDEGGER: Sie verstehen also die Gesamtheit als das ὅλον bzw. καθόλον?

FINK: Aber das ὅλον, die Gesamtheit der πάντα, ist abkünftig vom ἕν, das eine Ganzheit völlig anderer Art ist als die Strukturganzheit von Dingen oder als die Ganzheit summativer Art und das auch nicht zu verstehen ist wie der κόσμος im Τίμαιος, den Platon als ein Lebewesen mit nach innen gekehrten Extremitäten bestimmt. Die Ganzheit des ἕν meint die Totalität, die wir eher denken müssen als den Σφαῖρος. Wir müssen also auseinanderhalten die Mannigfalt der Dinge und Elemente, die inbegriffliche Gesamtheit der πάντα und die im ἕν gedachte Totalität, die die Gesamtheit der πάντα zum Vorschein kommen läßt und umfängt.

HEIDEGGER: Was meinen Sie mit der Gesamtheit? Ist man im Denken bei der Ganzheit angelangt, kann die Meinung auftauchen, man sei mit dem Denken zu Ende gekommen. Ist das die Gefahr, die Sie sehen?

FINK: Ich möchte einmal von einem doppelstrahligen Denken sprechen. Wir müssen auseinanderhalten das Denken der Dinge im Ganzen und das Denken, das das Universum, die Totalität oder das ἕν denkt. Damit möchte ich vermeiden, daß τὰ πάντα, die zurückbezogen sind auf das ἕν als den Blitz, verstanden werden als in sich geschlossenes Universum.

HEIDEGGER: Sprechen wir in bezug auf τὰ πάντα von Ganzheit, so besteht die Gefahr, daß das ἕν überflüssig wird. Daher müssen wir im Hinblick auf τὰ πάντα von der Gesamtheit und nicht von der Ganzheit sprechen. Mit dem Wort „Gesamtheit" ist gesagt, daß die πάντα in der Gesamtheit nicht wie in einem Kasten, sondern in der Weise ihrer durchgängigen Vereinzelung sind. Wir wählen das Wort „Gesamtheit" aus zwei Gründen: einmal, um nicht Gefahr zu laufen, mit dem Ganzen sei das letzte Wort gesprochen, und zum anderen, um τὰ πάντα nicht nur im Sinne der ἕκαστα zu verstehen.

FINK: In gewisser Weise sind τὰ πάντα das Viele, aber eben nicht das Viele einer durchgezählten Menge, sondern einer inbegrifflichen Gesamtheit.

HEIDEGGER: Das Wort „Inbegriff" ist einmal zu statisch, zum anderen ist es auch ungriechisch, sofern es mit dem Greifen zu tun hat. Griechisch könnten wir vom περιέχον sprechen. Aber das ἔχειν meint nicht das Greifen und den Griff. Was da hereinspielt, werden wir aus den folgenden Fragmenten ersehen. — Um nun auf die in der letzten Seminarsitzung durchgegangenen Fragmente zurückzukommen, so haben wir gesehen, daß sie in unterschiedlicher Weise von τὰ πάντα sprechen. So ist z. B. das Fragment 7 das einzige bei Heraklit, in dem die πάντα als ὄντα angesprochen und in dem überhaupt die ὄντα genannt werden. Genau übersetzt lautet es: Wenn alles das Seiende Rauch würde, würden die Nasen es unterscheiden. Hier ist die Rede vom διαγιγνώσκειν. Wir sprechen auch von einer Diagnose. Ist eine Diagnose eine Unterscheidung?

TEILNEHMER: Eine Diagnose unterscheidet, was gesund und krank, was auffällig und nicht auffällig in bezug auf eine Krankheit ist.

TEILNEHMER: Um in der Terminologie des Arztes zu sprechen: der Arzt sucht nach bestimmten Symptomen einer Krankheit. Die Diagnose ist ein Durchgehen des Körpers und ein genaues, unterscheidendes Erkennen von Symptomen.

HEIDEGGER: Die Diagnose beruht auf dem ursprünglich verstandenen διά und meint zunächst ein Durchlaufen und Durchgehen des ganzen corpus, um dann erst zu einem Unterscheiden und Entscheiden zu kommen. Daraus ersehen wir schon, daß das διαγιγνώσκειν nicht nur ein Unterscheiden ist. Wir müssen daher sagen: Wenn alles das Seiende Rauch würde, hätten die Nasen die Möglichkeit, es zu durchgehen.

TEILNEHMER: Das Unterscheiden des Seienden geschähe dann durch den Geruchssinn.

HEIDEGGER: Können aber Sinne überhaupt unterscheiden? Diese Frage wird uns später noch bei Heraklit beschäftigen. Wie aber kommt Heraklit auf den Rauch? Die Antwort ist nicht schwer zu finden: wo Rauch ist, da ist auch Feuer.

FINK: Wenn Heraklit im Fragment 7 vom Rauch spricht, dann ist doch damit gemeint, daß der Rauch die ὄψις in bezug auf πάντα τὰ ὄντα verschwiegert, daß aber gleichwohl im Durchstoß durch den verhüllenden Rauch ein διαγιγνώσκειν mittels der ῥῖνες möglich ist. Wir müssen auch beachten, daß Heraklit nicht etwa sagt: wenn alles Seiende zu Rauch wird, sondern es heißt: wenn alles Seiende zu Rauch würde.

HEIDEGGER: Das γίνεσθαι in γένοιτο müssen wir verstehen als „hervorkommen". Wenn alles das Seiende als Rauch hervorkäme.... In dem Fragment werden die πάντα τὰ ὄντα von vornherein einer διάγνωσις zugeordnet. Im Hintergrund werden sie aber im Hinblick auf einen Charakter angesprochen, der mit dem Feuer zusammenhängt.

FINK: Sie bringen den Rauch mit dem Feuer in Zusammenhang. Der Rauch steht in Bezug zur Nase. Das würde bedeuten, daß auch die Nase über den Rauch in einem Bezug zum Feuer steht. Ist aber nicht gerade die ὄψις der am meisten feuerhafte Sinn? Ich möchte meinen, daß das Sonnenhafte des Blickes mehr das

Feurige vernehmen kann als die Nase. Hinzu kommt, daß der Rauch etwas vom Feuer Abkünftiges ist. Er ist gleichsam der Schatten des Feuers. Man müßte sagen: wenn alles Seiende zu Rauch als dem vom Feuer Abgeleiteten würde, auch dann könnten die Nasen durch den Widerstand hindurch das Seiende erkennen. Ich würde aber meinen, daß die ὄψις eher als die Nase dem Feuer zugeordnet ist.

HEIDEGGER: Dennoch glaube ich, daß mit der Nase und dem Rauch etwas anderes gemeint ist. Werfen wir einen Blick auf das Fragment 67. Dort heißt es u. a.: ἀλλοιοῦται δὲ ὅκωσπερ ‹πῦρ›, ὁπόταν συμμιγῇ θυώμασιν, ὀνομάζεται καθ' ἡδονὴν ἑκάστου. Diels übersetzt: „Er wandelt sich aber gerade wie das Feuer, das, wenn es mit Räucherwerk vermengt wird, nach dem Duft eines jeglichen heißt." Das Wort, auf das es in unserem Sinnzusammenhang ankommt, ist θύωμα, Räucherwerk. Je nach dem Räucherwerk, das dem Feuer beigemischt wird, verbreitet es einen Duft, nach dem es dann genannt wird. Wichtig ist hier, daß der Rauch des Feuers verschieden duften kann. Das bedeutet, daß der Rauch selbst in sich eine Mannigfalt von Unterschieden hat, so daß er als dieser und jener bestimmte mit der Nase erkannt werden kann.

FINK: Ich verstehe den Rauch als ein Phänomen, das die Unterschiede der πάντα verhüllt, ohne daß sie gänzlich verschwinden. Denn die Nase ist es, die im Durchstoß durch die Verhüllung die πάντα unterscheidend erkennt.

HEIDEGGER: Sie nehmen also das διά als „durch den Rauch hindurch". Ich dagegen verstehe das διά als „dem Rauch entlang". Das διαγιγνώσκειν meint hier, daß die dem Rauch immanente mögliche Mannigfalt durchgehbar und erkennbar ist.

FINK: Während nach meiner vorläufigen Interpretation der Rauch eine Mannigfalt verhüllt, ist nach Ihrer Auslegung der Rauch selber eine Dimension von Mannigfalt. Von der Art, wie wir den Rauch verstehen, hängt dann die Frage nach τὰ ὄντα ab. Das διαγιγνώσκειν im Sinne des Unterscheidens und Entscheidens setzt das διά in der Bedeutung des „hindurch" (durchgedreht) voraus.

TEILNEHMER: Wenn alle Dinge zu Rauch würden, ist dann nicht alles eins ohne Unterschiede?

HEIDEGGER: Dann hätten die Nasen nichts mehr zu tun, und es gäbe kein διά. Das Fragment 7 sagt gerade nicht, daß alles Seiende homogen zu Rauch würde. Wäre das die Aussage dieses Fragments, dann dürfte kein διαγνοῖεν folgen. Wir haben gerade das Fragment 67 herangezogen, weil es einen Hinweis darauf enthält, daß der Rauch in sich eine Mannigfalt besitzt.

FINK: Unser Interpretationsversuch der Fragmente Heraklits setzte ein mit dem Fragment 64. Wenn wir uns auch schon einer Reihe anderer Fragmente zugewandt haben, so geschah das vor allem deshalb, um zu erfahren, in welchen Hinsichten τὰ πάντα angesprochen werden. Vom Fragment 64, mit dem wir unsere eigene Reihung beginnen ließen, gehen wir über zum Fragment 11. Es lautet: πᾶν γὰρ ἑρπετὸν πληγῇ νέμεται. Diels übersetzt: „Alles, was da kreucht, wird mit (Gottes) (Geißel)schlag gehütet." Was kann den Ansatz motivieren, hinter das Κεραυνός-Fragment dieses Fragment zu stellen, das aussagt, daß alles Kriechende mit dem Schlag geweidet wird? Wird auch hier von einer anderen Sicht herkommend ausgesagt, wie der Blitz steuert und wie er die πάντα lenkt, oder wird in ihm etwas völlig anderes angezielt? Gehen wir bei der Auslegung dieses Fragments von dem Wort πληγῇ aus. Diels übersetzt: mit Gottes Geißelschlag. Wohl ist im Kontext die Rede von Gott, nicht aber im Fragment selbst. Wir versuchen eine Auslegung des Spruches, ohne ihn dabei in den Kontext hineinzustellen.

HEIDEGGER: Sie wollen den Gott nicht mit hineinnehmen. Aber bei Aischylos und Sophokles finden wir die πληγή in Verbindung mit dem Gott (Agamemnon 367, Aias 137).

Fragment 11; der Geißelschlag 57

FINK: In πληγή sehe ich ein anderes Grundwort für den Blitz. Es meint dann den Blitzschlag. Von hier aus ist es motiviert, vom Κεραυνός-Fragment zum Fragment 11 überzugehen. Um aber vorerst bei der unmittelbaren Rede des Herakliteischen Spruches zu bleiben: alles, was kriechend ist, wird durch den Schlag gehütet und geweidet. Der Geißelschlag treibt eine Herde an und hütet sie, während sie weidet. Offenbar wird in der unmittelbaren Rede eine weidende Herde angesprochen, die angetrieben und gehütet wird durch den Schlag der Geißel. Wenn wir nun aber den Schlag auf den Blitzschlag beziehen, dann ist der Schlag auch der Donner, der das Weite durchhallt, die Stimme des Blitzes, die alles Kriechende antreibt und lenkt. νέμειν meint einmal auf die Weide treiben, hüten und füttern, zum anderen aber auch austeilen und zuteilen. Dann können wir sagen: allem, was kriecht, wird durch den Schlag als die Stimme des Blitzes zugeteilt.

HEIDEGGER: νέμεται verweist auch auf Νέμεσις.

FINK: Die Νέμεσις hat aber nicht nur die Bedeutung des Zu- und Verteilens.

TEILNEHMER: Ebenso verweist νέμεται auf νόμος.

FINK: Der νόμος regelt für alle Bürger der Stadt die Zuteilung dessen, was ihnen das Schickliche ist. — Das anschauliche Bild, das aber keine Allegorie ist, besagt, daß alles Kriechende mit dem Schlag geweidet wird, indem ihm zugeteilt wird. In νέμεται verbinden sich das Gewaltsame eines Widerfahrnisses (das Angetriebenwerden durch den Schlag) und das Friedliche des Weidens. Wir müssen in νέμεται mannigfaches, das in ihm mitklingt, hören: das Lenken, Jagen und Steuern des Schlages und das Geweidetwerden. Letzteres ist sowohl ein Behütetsein als auch ein Gesteuertwerden. Zum friedlichen Sinn des Weidens gehört auch das Zuteilen. Das Weiden als Zuteilen ist Behütung sowohl als auch ein Gesteuertwerden im Sinne des Gewaltanwendens.

HEIDEGGER: Hierzu möchte ich aus dem Gedicht Hölderlins „Der Frieden" ein paar Verse vorlesen:

> O du die unerbittlich und unbesiegt
> Den Feigern und den Übergewaltgen trift,
> Daß bis ins letzte Glied hinab vom
> Schlage sein armes Geschlecht erzittert,
> Die du geheim den Stachel und Zügel hältst
> zu hemmen und zu fördern, o Nemesis,
> (Stuttgarter Ausgabe, Bd. 2,1 S. 6, Vers 13—18)

FINK: Hierher gehört auch eine Strophe aus Hölderlins Gedicht „Stimme des Volks" (erste Fassung):

> Und wie des Adlers Jungen, er wirft sie selbst
> Der Vater aus dem Neste, damit sie sich
> Im Felde Beute suchen, so auch
> Treiben uns lächelnd hinaus die Götter.
> (Stuttgarter Ausgabe, Bd. 2,1 S. 50, Vers 33—36)

Das lächelnde Treiben der Götter vereinigt in sich die Huld und Gewalt, was wir in νέμεται in Fragment 11 heraushören müssen. Damit haben wir eine vorläufige Orientierung über das, was πληγῇ und νεμεται meinen. Aber bezieht sich denn der Schlag, durch den gelenkt und zugeteilt wird, überhaupt auf τὰ πάντα? Im Spruch selbst ist nicht von τὰ πάντα die Rede. Stattdessen heißt es: πᾶν ἑρπετόν. Es sieht so aus, als würde aus τὰ πάντα ein bestimmter Bereich herausgegrenzt. πᾶν ἑρπετόν meint jegliches, was kreucht. Hier handelt es sich nicht um einen einfachen Singular, sondern um einen Singular, der eine Vielzahl meint: alles Kriechende. Wird hier der Bereich der kriechenden Landtiere ausgegrenzt gegenüber den Luft und Wasser bewohnenden Tieren? Wird die Bewegungsweise der Landtiere als ein Kriechen charakterisiert im Gegenhalt zu dem schnelleren Flug der Vögel oder dem schnelleren Schwimmen der Wassertiere? Diese Frage möchte ich verneinen. Meine Vermutung geht dahin, daß es sich bei πᾶν ἑρπετόν nicht um einen begrenzten Bereich, sondern um den Gesamtbereich der τὰ πάντα handelt, und zwar aus einer bestimmten Sicht, die die πάντα insgesamt als kriechend bestimmt. πᾶν ἑρπετόν muß dann gelesen werden: τὰ πάντα ὡς ἑρπετά. Fragment 11 spricht dann von den πάντα, sofern sie kriechend sind. Inwiefern? Das Kriechen ist eine auffällig langsame Bewegung, deren Langsamkeit sich an einer schnelleren Bewegung bemißt. Um welche schnellere Bewegung mag es sich hier handeln? Wenn wir πᾶν ἑρπετόν bzw. πάντα ὡς ἑρπετά in Zusammenhang bringen mit der πληγή, so ist es die unüberholbar schnelle Bewegung des Blitzschlages, an der gemessen die Bewegung der πάντα als kriechend bestimmt werden muß.

HEIDEGGER: Wenn wir jetzt den Blitzschlag nicht mehr nur phänomenal, sondern in einem tieferen Sinne verstehen, dann dürfen wir von seiner Bewegung nicht mehr sagen, daß sie schnell bzw. schneller als die Bewegung der πάντα ist. Denn „schnell" ist ein Geschwindigkeitscharakter, der nur der Bewegung der πάντα zukommt.

FINK: Die Rede von „schnell" in bezug auf den Blitzschlag ist unangemessen. Gemessen an der Plötzlichkeit des Blitzes ist alles, was im Bereich der Blitz-Helle zum Vorschein kommt und seinen Gang und Wandel hat, kriechend. So gesehen ist πᾶν ἑρπετόν auch eine Aussage über τὰ πάντα. Jetzt aber werden sie im Rückblick vom Blitz her gesehen. Das Kriechen der πάντα ist ein Zug, den wir an ihnen nicht unmittelbar wie eine eigenschaftliche Bestimmung aufnehmen können. Die mannigfachen Bewegungen, die die πάντα insgesamt durchmachen, sind wie eine lahme Bewegung gemessen an der den Lichtraum aufreißenden Bewegung des Blitzschlags.

HEIDEGGER: Um uns den Gang der soeben vorgelegten Interpretation des Fragments 11 noch einmal zu vergegenwärtigen, fragen wir uns, wie dabei das Fragment gelesen worden ist.

TEILNEHMER: Die Auslegung, deren Absicht es war, das πᾶν ἑρπετόν auf die τὰ πάντα zu beziehen, setzte nicht bei dem πᾶν ἑρπετόν, sondern bei πληγῇ und dem νέμεται an.

HEIDEGGER: Das bedeutet also, daß der Spruch von hinten gelesen worden ist. Von πληγῇ und νέμεται aus wurde entwickelt, wie es möglich ist, daß wir πᾶν ἑρπετόν als πάντα ὡς ἑρπετά lesen können. Aus πᾶν ἑρπετόν für sich genommen läßt sich nicht ersehen, inwiefern mit ihm die πάντα angesprochen werden. Aber durch πληγῇ und νέμεται, das auf das Blitz-Fragment zurückverweist, wird verständlich, inwiefern πᾶν ἑρπετόν als τὰ πάντα verstanden werden muß.

TEILNEHMER: Ich möchte eine dumme Frage stellen. Kann man πᾶν ἑρπετόν wirklich als τὰ πάντα verstehen? Denn im πᾶν ἑρπετόν ist doch nur das Lebendige angesprochen, τὰ πάντα umfaßt aber auch das Unlebendige.

HEIDEGGER: Die Auslegung des Fragments 11 begann mit dem Wort πληγῇ, das bezogen wurde auf den Blitzschlag, der τὰ πάντα steuert, wie es in Fragment 64 heißt. Der Blick der Auslegung war auf das ἕν gerichtet. Im Ausgang vom ἕν in der bestimmten Form des Blitzschlags wurde dargelegt, daß und wie πᾶν ἑρπετόν als τὰ πάντα aufzufassen ist. Ihre Frage nach dem Unlebendigen, das doch auch zu den πάντα gehöre, ist in der Tat eine dumme, weil damit ein bestimmter Bereich gegen einen anderen Bereich abgegrenzt wird, die vorgelegte Auslegung des Fragments 11 aber entwickelt hat, daß es sich beim πᾶν ἑρπετόν nicht um einen herausgegrenzten Bereich, sondern um etwas Durchgängiges handelt.

FINK: Wir müssen πᾶν ἑρπετόν lesen als πάντα ὡς ἑρπετά. Das Kriechen meint hier nicht eine Eigenschaft von bestimmten Dingen, nämlich den Lebewesen auf der Erde, sondern einen Charakter an den πάντα insgesamt, der sich nicht unmittelbar zeigt, sondern erst im Hinblick auf die Plötzlichkeit des Blitzschlags, der in seiner Helle τὰ πάντα zum Vorschein kommen läßt. Im Vergleich zur Plötzlichkeit des Licht aufreißenden Blitzschlags ist die Bewegung der in der Helle des Blitzes versammelten πάντα eine kriechende. Zwischen der Plötzlichkeit des Blitzes und dem Kriechen der πάντα besteht kein Verhältnis des Außerzeitlichen zum Innerzeitlichen. Andererseits handelt es sich auch nicht um das Verhältnis des Achill und der Schildkröte. Alles, was in der Helligkeitsdimension des Blitzes umtreibt, wird getrieben durch den Schlag. In diesem Getriebensein gewinnen die πάντα im Rückblick auf den Blitz den Charakter des Kriechenden. Von einem Hirten, der weidend zuteilt und lenkt, ist in Fragment 11 nicht die Rede. Es sagt nichts über einen Lenker, sondern spricht die πάντα im Charakter ihres Betroffen- und Unterworfenseins gegenüber dem Blitzschlag an. Fragment 11 verhält sich nicht zu Fragment 64 wie ein Teilbereich zur Gesamtheit der πάντα. Vielmehr sagt es etwas aus über das Verhältnis der πάντα zu der offengelassenen Macht, die treibt und lenkt.

HEIDEGGER: Die Auslegung von Fragment 11 stellt uns vor die Frage, ob πληγῇ und νέμεται tatsächlich einen Bezug auf den Blitzschlag erlaubt, so daß πᾶν ἑρπετόν nicht regional als ein Einzelbereich innerhalb der Gesamtheit der πάντα, sondern als die Gesamtheit der πάντα selbst zu verstehen ist.

FINK: Wir gehen über zu Fragment 100: ὥρας αἳ πάντα φέρουσι. Diels übersetzt: „die Horen, die alles bringen". Im Kontext ist die Rede vom Ἥλιος, der ein anderer Name ist für das Feuer ebenso wie der Blitz. In diesem Fragment besteht ein Zusammenhang zwischen Ἥλιος, Licht und Zeit. Wir können uns fragen, ob nicht der Blitz nur ein momentanes Feuer ist im Gegensatz zum Ἥλιος, der ein Feuer von größerer Beständigkeit ist, wenn auch nicht immerwährend, sondern erglimmend und erlöschend. Wenn jetzt in die Stelle des Blitzes Ἥλιος im Sinne des lang andauernden Blitzschlages einrückt, dann gilt es mitzudenken, daß dieses Feuer nicht nur erhellt, sondern auch die Zeiten bemißt. Ἥλιος ist die Uhr der Welt, die Weltuhr, nicht ein Instrument, das Zeiten anzeigt, sondern das die Horen ermöglicht, die alles bringen. Die Horen dürfen wir nicht verstehen im Sinne von fixen Zeitlängen und auch nicht als Erstreckungen in der homogenen Zeit, sondern als die Zeiten des Tages und des Jahres. Diese Zeiten des Jahres sind nicht die Weilen, sondern die Bringenden. Die πάντα sind nicht so versammelt, daß sie gleichzeitig sind, sondern sie sind in der Weise, wie sie sich κατ' ἔριν und κατὰ τὸν λόγον gliedern und auf- und untergehen, gesteuert durch die erbringenden, vollbringenden und herausbringenden Horen.

HEIDEGGER: Versuchen wir zu verdeutlichen, inwiefern im Fragment 100 die Rede von Zeit sein kann. Was sind die Horen? Neben den drei Hesiodischen Horen, der Εὐνομία, der Δίκη und der Εἰρήνη, gibt es auch die Θαλλώ, Αὐξώ und Καρπώ. Die Θαλλώ ist das Frühjahr, das das Sprießen und Blühen bringt. Die Αὐξώ meint den Sommer, das Reifen und das Zeitigen. Die Καρπώ nennt den Herbst, das Pflücken der gereiften Früchte. Diese drei Horen sind nicht etwa drei Zeitabschnitte, sondern wir müssen sie verstehen als die ganze Zeitigung. Wenn wir schon von Bewegung sprechen wollen, welche Arten der Aristotelischen Bewegungsformen kämen dann in Frage? Welches sind zunächst einmal die vier Formen der Bewegung bei Aristoteles?

TEILNEHMER: αὔξησις und φθίσις, γένεσις und φθορά, φορά und als vierte die ἀλλοίωσις.

HEIDEGGER: Welche Bewegungsformen wären für die Horen die geeignetsten?

TEILNEHMER: Die αὔξησις und φθίσις sowie die γένεσις und φθορά.

HEIDEGGER: Die ἀλλοίωσις ist in diesen Bewegungsformen enthalten. Frühling, Sommer und Herbst sind keine Absätze, sondern etwas Stetiges. Ihre Zeitigung hat den Charakter der Stetigkeit, in der eine ἀλλοίωσις enthalten ist.

Fink: Die Bewegung des Lebens in der Natur ist aber sowohl eine steigende als eine fallende. Der erste Teil ist eine ansteigende bis zur ἀκμή, der zweite Teil eine fallende.

Heidegger: Verstehen Sie die Frucht schon als einen Abstieg?

Fink: Das Leben der Lebewesen bildet einen steigenden und fallenden Bogen. Auch das menschliche Leben ist in seinen aufeinander folgenden Lebensaltern eine stetige, aber gewölbte Bewegung.

Heidegger: Das Alter entspricht der Frucht im Sinne eines Reifwerdens, das ich nicht als ein Absteigen, sondern als eine Art des Sicherfüllens verstehe. Wenn mit den Horen die Zeit ins Spiel kommt, dann müssen wir die gerechnete Zeit weglassen. Wir müssen aus anderen Phänomenen zu verstehen versuchen, was hier Zeit meint. Wir dürfen auch nicht den Zeitinhalt von der Zeitform trennen. Zur Zeit gehört der Charakter des Bringens. Wir sagen auch in unserer Sprache: die Zeit bringt mit sich bzw. die Zeit wird es bringen. Solange wir die Zeit als bloßes Nacheinander verstehen, hat das Bringen keinen Platz.

Fink: Um ein Verständnis für den Zeitigungscharakter der Horen zu gewinnen, müssen wir absehen von der homogenen Zeit, die als Linie und bloßes Nacheinander vorgestellt und in der vom Zeitinhalt abstrahiert wird. Eine solche Abstraktion ist bei den Horen unmöglich.

Heidegger: Das Fragment 100 stellt uns vor verschiedene Fragen: wieweit man die Horen mit den πάντα zusammennehmen darf, wie die Zeit, wenn man hier von ihr sprechen will, gedacht werden muß, zumal, wenn man von ihr sagt, daß sie bringt. Wir müssen uns sachlich darüber klar werden, in welchem Sinne die Zeit bringt.

FINK: Dazu ist erforderlich, die Zeit nicht als ein farbloses Medium zu denken, in dem irgendwelche Inhalte herumschwimmen. Vielmehr müssen wir sie zu verstehen suchen im Hinblick auf das γίγνεσθαι der πάντα.

HEIDEGGER: Wir müssen die Zeit zusammendenken mit der φύσις.

FINK: Wir stehen jetzt vor der Frage, ob uns das Fragment 100 vorerst noch weitere Hinweise auf die Sache, die wir jetzt zu denken versuchen, zu geben vermag, oder ob es nicht angemessener ist, zunächst zu Fragment 94 überzugehen.

HEIDEGGER: Die 2500 Jahre, die uns von Heraklit trennen, sind eine gefährliche Sache. Bei unserer Auslegung der Heraklitischen Fragmente bedarf es der stärksten Selbstkritik, um hier etwas zu sehen. Andererseits bedarf es auch eines Wagnisses. Man muß etwas riskieren, weil man sonst nichts in der Hand hat. So ist gegen eine spekulative Interpretation nichts einzuwenden. Wir müssen dabei voraussetzen, daß wir Heraklit nur ahnen können, wenn wir selber denken. Wohl ist es eine Frage, ob wir dem noch gewachsen sind.

IV.

Ἥλιος, Tageshelle — Nacht, μέτρα — τέρματα (beigezogene Fragmente: 94, 120, 99, 3, 6, 57, 106, 123).

FINK: In der letzten Seminarsitzung haben wir einige Fragen unbewältigt stehengelassen. Wir sind auch heute noch nicht in der Lage, das Offene der Auslegungssituation irgendwie zur Entscheidung zu bringen. Nach der Erörterung der Ἥλιος - Fragmente versuchen wir zurückzukommen auf die Fragmente 11 und 100, in denen vom πᾶν ἑρπετόν und von den ὧραι die Rede ist. — Wir haben gesehen, daß ὧραι, die Stunden und Zeiten, nicht genommen werden sollen als Zeitstrom oder als Zeitverhältnis, das der metrischen Nivellierung unterworfen, das meßbar und berechenbar ist, und auch nicht als leere Form im Unterschied zum Zeitinhalt, sondern als erfüllte Zeit, die jegliches zeitigend erbringt und vollbringt. Die ὧραι sind keine Hohlform, sondern eher die Tages- und Jahreszeiten, die offensichtlich in einem Zusammenhang stehen mit einem Feuer, das nicht wie der Blitz plötzlich aufreißt und alles ins Gepräge der Umrisse stellt, sondern das als das himmlische Feuer anhält und in der Dauer sich durch die Stunden des Tages und die Zeiten des Jahres hindurch wandelt. Das himmlische Feuer bringt das Gewächs hervor, nährt und erhält es. Das Lichtfeuer des Ἥλιος reißt — anders als der Blitz — dauernd auf, es eröffnet die Helle des Tages, in der es wachsen und Jeglichem Zeit läßt. Dieses Sonnenfeuer, die Himmelsleuchte des Ἥλιος, verweilt nicht starr an einem einzigen Ort, sondern zieht am Gewölbe des Himmels dahin und ist in diesem Gang am Himmelsgewölbe das Licht und Leben Zumessende und das Zeitmessende. Die hier angesprochene Metrik des Sonnenlaufs liegt vor jeder menschlich gemachten und berechnenden Metrik. Wenn wir uns jetzt dem Fragment 94 zuwenden, in welchem ausdrücklich von diesem Himmelsfeuer die Rede ist, dann bleiben wir in der Spur des Feuers, die wir bereits mit dem Κεραυνός-Fragment betreten haben. Es hat folgenden Wortlaut: "Ἥλιος γὰρ οὐχ ὑπερβήσεται μέτρα· εἰ δὲ μή, Ἐρινύες μιν Δίκης ἐπίκουροι ἐξευρήσουσιν. Diels übersetzt: „(Denn) Helios wird seine Maße nicht überschreiten; sonst werden ihn die Erinyen, der Dike Schergen, ausfindig machen." Wenn wir dieses Fragment ohne besondere gründliche Vorbereitung auf uns wirken lassen, was wird dann in ihm ausgesagt, gesetzt, daß wir die Sprüche Heraklits am Modell einer thematischen Aussage messen dürfen? Problematisch ist hier zunächst das Wort μέτρα. Welches Maß hat oder setzt die Sonne? Hat sie selbst Maße, in denen sie am Himmelsgewölbe dahinzieht? Und wenn sie Maße setzt, welches sind diese Maße? Können wir diesen Unterschied zwischen den Maßen, die der Sonne selbst angehören, und denen, die sie setzt, schon näher bestimmen? Zunächst können wir μέτρα verstehen in bezug auf den Gang und den Lauf der Sonne. Ἥλιος als am Himmel wandelndes Feuer hat bestimmte Maße in seinem Lauf, so etwa das Maß des Morgenlichts, der Mittagsglut und der abendlich gedämpften Helle. Wenn wir nur auf das Phänomen des Sonnenlaufs hinblicken, sehen wir, daß Ἥλιος keine gleichmäßig homogene Strahlung zeigt, sondern zeithafte Unterschiede in der Weise, das Leuchtende zu sein. Zugleich aber wird durch diese Maße, die die Sonne in ihrem Gang durchmißt, den in der Sonnenhelle befindlichen Gewächsen der Erde das nährende Feuer in verschiedener Weise zugemessen. Darin liegt die zweite Bedeutung von μέτρα: die Maße des Lichts und der Wärme, welche die Sonne den Gewächsen zumißt. Wir können unterscheiden einmal die Maße, die auf den Sonnenlauf selbst bezogen sind, und zum anderen jene Maße, welche die Sonne dem von ihr Beschienenen setzt in der Art, wie sie ihm das Feurige zumißt. μέτρα kann also in einer doppelten Weise verstanden werden: die μέτρα des Sonnenlaufs und die μέτρα, die vom Sonnenlauf herunterwirken auf das vom Sonnenlicht sich Nährende. Hat aber die Sonne auch noch in einem ganz anderen Sinn μέτρα? Ist Ἥλιος, der an die Maße seiner Bahn gebunden ist und von dort her allem im Sonnenlicht Befindlichen das nährende Feuer zumißt, in einem völlig

Fragment 94: Helios und seine Maße 67

anderen Sinne in Maße eingezwängt? Gibt es vielleicht auch μέτρα derart, daß die ganze Doppelsphäre des Lichtbereichs durch Maße bestimmt ist? Wenn Heraklit sagt: denn Ἥλιος wird nicht seine Maße überschreiten, so ist hier in keiner Weise eine naturgesetzliche Bestimmtheit des Ἥλιος anzusetzen. Es handelt sich nicht um die Einsicht, daß der Lauf der Sonne irgendwelchen unverbrüchlichen Naturgesetzen unterworfen ist; denn dann hätte der zweite Satz keinen Sinn, in welchem es heißt, daß in dem Fall, wenn Ἥλιος doch seine Maße überschreiten sollte, die Erinyen, die Helfer der Dike, ihn aufspüren und zur Rechenschaft ziehen würden. Was aber ist das für ein Maßhalten bzw. Maßeeinhalten des Ἥλιος? Ἥλιος wird seine Maße nicht überschreiten. Können wir uns überhaupt denken, daß er seine Maße überschreiten könnte? Wir haben uns zwei Weisen vergegenwärtigt, in denen er nicht den gerechten Weg am Himmelsgewölbe nähme. Man könnte sich vorstellen, daß er plötzlich anhielte, vielleicht auf den Befehl des Josua für die Zeit, in der dieser die Schlacht gegen die Amoriter schlug. Das wäre eine Überschreitung der μέτρα seiner Natur. In einem solchen Falle würde er nicht mehr seiner eigenen Natur der feurigen Macht gemäß sein. Die Sonne könnte ihr eigenes Wesen verändern, wenn sie anders als in der naturgemäßen Weise am Himmelsgewölbe dahinzöge. Sie könnte ihre Maße überschreiten, wenn sie statt von Osten nach Westen von Norden nach Süden liefe. Eine ganz andere Weise von Grenzüberschreitung wäre aber dann gegeben, wenn Ἥλιος in einen Bereich eindränge, von dem wir im Augenblick noch nichts weiter sagen können, als daß er außerhalb der Helle des Ἥλιος liegt, in der das Viele versammelt ist. Dann ginge er aus dem Sonnenreich der versammelt-unterschiedenen Dinge über in einen Bereich, in welchem in einem anderen Sinne alles eins ist. Auch das wäre ein Fehllauf der Sonne, jetzt aber nicht in der Weise eines Abweichens auf der Sonnenbahn, sondern eines Eindringens in einen nächtlichen Abgrund, der dem Ἥλιος nicht gehört. Um uns diesen Gedanken etwas näher zu bringen, nehmen wir das Fragment 120 hinzu, in dem nicht von μέτρα, wohl aber von τέρματα die Rede ist: ἠοῦς καὶ ἑσπέρας τέρματα ἡ ἄρκτος καὶ ἀντίον τῆς ἄρκτου οὖρος αἰθρίου Διός. Die Dielssche Übersetzung lautet: „Grenzen von Morgen und Abend: Die Bärin und gegenüber der Bärin der Grenzstein des strahlenden Zeus." Meine Frage ist nun, ob durch die τέρματα (die mit τερματίζειν = begrenzen zusammenhängen) der Bereich des Sonnenhaften umgrenzt wird, und zwar einmal durch Morgen und Abend und zum anderen durch die Bärin und durch den der Bärin gegenüberliegenden Grenzstein des strahlenden Zeus. Die Bärin identifiziere ich mit dem Nordstern, so daß der Grenzstein des strahlenden Zeus, welcher der Bärin gegenüberliegt, im Süden des Himmelsgewölbes läge. Das Fragment 120 besagt dann, daß Ἥλιος, der von Morgen bis Abend am Himmelsgewölbe zieht, in der Möglichkeit seiner Abweichung nach Norden und Süden durch die Bärin und den der Bärin gegenüberliegenden Grenzstein des strahlenden Zeus begrenzt wird. Den strahlenden Zeus müssen wir dabei zusammendenken mit Ἥλιος als der die Gesamtheit von τὰ πάντα erhellenden Macht des Tages. Dieser gesamte Sonnenbereich ist eingegrenzt in vier Richtungen des Himmels, wobei wir die τέρματα als Außengrenzen des Lichtbereiches im Unterschied zu den μέτρα im Sinne der bestimmten Orte auf der uns bekannten Sonnenbahn verstehen müssen.

HEIDEGGER: Wie lesen Sie den Genitiv: ἠοῦς καὶ ἑσπέρας? Diels übersetzt: Grenzen von Morgen und Abend, was zu verstehen ist als: Grenzen für Morgen und Abend. Sie aber wollen doch wohl lesen: die Grenzen, die Morgen und Abend bilden?

FINK: Ich schließe mich dem letzteren an, frage mich aber, ob durch diese Differenz, also auch durch die Leseweise: Grenzen für Morgen und Abend, der Sinn grundsätzlich verändert wird. Wenn wir die τέρματα als Grenzorte verstehen, und zwar den Morgen als Ost-, den Abend als Westgrenze, die Bärin als Nord- und den der Bärin gegenüberliegenden Grenzstein als Südgrenze, dann haben wir gleichsam die vier Ecken der Welt als das Feld

Fragment 120: Grenzen des Lichtbereichs der Sonne

des Sonnenreiches. So gesehen wären die τέρματα nicht mit den bisher aufgezählten zwei Bedeutungen der μέτρα gleichzusetzen. Das, was das Fragment 120 in bezug auf die τέρματα sagt, wäre eine dritte Bedeutung der μέτρα, die wir zu den beiden anderen hinzunehmen müßten, um den vollen Bedeutungsumfang der μέτρα aus Fragment 94 in den Blick zu nehmen, wobei — wie sich bei einer tiefergehenden Auslegung dieses Fragments zeigen wird — gerade die dritte Bedeutung eine hervorragende Rolle spielt. Die erste Bedeutung von μέτρα, die wir hervorhoben, betraf die Orte und Weilen, die die Sonne vom Morgen über Mittag bis zum Abend durchmißt. In einem zweiten Sinne bedeuteten die μέτρα die von der Sonne geschickten Maße für die Dinge. Ein Abweichen von den geschickten Maßen würde für die Gewächse und Lebewesen bedeuten, daß die Sonne zu heiß, zu nah oder zu fern ist. Die dritte Bedeutung von μέτρα, die wir uns aus Fragment 120 geholt haben, meint die τέρματα, in die der gesamte Lichtbereich der Sonne eingegrenzt ist. Würde Ἥλιος die durch die vier Ecken der Welt angegebenen Grenzen überschreiten, so würden ihn die Erinyen, die Helfer der Dike, ausfindig machen. Ein solches Überschreiten würde hier nicht nur ein Abweichen von der geläufigen Bahn, sondern das Eindringen in einen dem Sonnenbereich nicht gehörenden nächtlichen Abgrund bedeuten.

HEIDEGGER: Wenn Sie ἠοῦς καὶ ἑσπέρας als genitivus subiectivus auffassen, dann kommen Sie in die Nähe der dritten Bedeutung von μέτρα.

FINK: Zunächst will ich nichts thetisch behaupten, sondern mir geht es nur darum, drei Sinnmöglichkeiten von μέτρα aufzuzeigen, wobei die dritte das meint, was das Fragment 120 über die τέρματα sagt.

HEIDEGGER: Im gewöhnlichen Sprachgebrauch unterscheiden wir in bezug auf μέτρα zwischen dem Maß und dem Gemessenen.

Fink: Maß können wir in einem topischen und in einem chronoshaften Sinn auffassen. Die erste Bedeutung von μέτρα meint die Maße, die die Sonne nicht überschreiten wird, die Maße im Sinne der Orte und Weilen ihres Ganges am Himmelsgewölbe. Die Maße meinen hier aber nicht die Naturgesetze, sondern sie betreffen die φύσις des Ἥλιος. Das Gleichbleiben der Sonne auf ihrer täglichen und jährlichen Bahn entstammt ihrer φύσις. Ἥλιος bleibt vom eigenen Wesen in den Maßen seiner Bahn gehalten. Die zweite Bedeutung von μέτρα meint die von den Maßen der Sonnenbahn abhängigen Maße in bezug auf die Gewächse im Sonnenfeld. Hier ist eine Zu- und Abnahme möglich, vor allem wenn man an die ἐκπύρωσις-Lehre denkt, an die Überschreitung der Maße der Sonne, die alles verzehrt. Hält sich Ἥλιος in seiner naturgemäßen Bahn, so haben dadurch die von ihm beleuchteten Gewächse ihr Gedeihen und ihre rechten Zeiten. Die dritte Bedeutung von μέτρα liegt in der Begrenzung des Sonnenreiches durch die vier Ecken von Morgen, Abend, Bärin und dem der Bärin gegenüberliegenden Grenzstein. Innerhalb dieses umgrenzten Bereiches wandelt und herrscht Ἥλιος. Sein Herrschaftsbereich ist eingegrenzt durch die vier τέρματα.

Heidegger: Wir müssen dann in der Dielsschen Übersetzung des Genitiv das „von" streichen. Es darf dann nicht heißen: Grenzen von Morgen und Abend, sondern: Grenzen, die Morgen und Abend bilden.

Fink: Doch wird der Sinn dadurch nicht wesentlich berührt.

Teilnehmer: Im Anmerkungsteil der Ausgabe von Diels-Kranz wird gesagt, wie die Übersetzung zu verstehen ist. Dort heißt es: „Gewählt hier die Deutung von Kranz Berl. Sitz. Ber. 1916, 1161: Morgen- und Abendland werden getrennt durch die Verbindungslinie des Nordsterns mit dem (täglichen) Kulminationspunkt der Sonnenbahn, den Helios (~ Ζεὺς αἴθριος vgl. 22 C 1 Z. 4, Pherekyd. A 9, Emped. B 6, 2 u. ö.) nicht überschreiten darf (B 94)."

Fragment 120: Grenzen des Lichtbereichs der Sonne 71

FINK: Dann aber hätte τέρματα nicht mehr den Sinn der Grenzen, die Morgen und Abend bilden. Morgen und Abend werden in einer solchen Sicht beinahe zur Gegendbestimmung, was mir als fraglich erscheint.

TEILNEHMER: Die Übersetzung ist auf die Vorstellung von Morgen- und Abendland angelegt, die durch die Verbindungslinie des Nordsterns mit dem täglichen Kulminationspunkt der Sonnenbahn getrennt werden. Ich selber möchte mich dieser Interpretation auch nicht anschließen, da es die Vorstellung vom Morgen- und Abendland für Heraklit noch nicht gab, sondern erst für Herodot anzusetzen ist.

FINK: Die Interpretation von Kranz beseitigt den Grenzcharakter von Morgen und Abend. Wenn man von der einen Linie zwischen dem Nordstern und dem täglichen Kulminationspunkt der Sonnenbahn spricht, dann ist auch der Plural τέρματα nicht mehr recht verständlich. Wohl ist die von Kranz gegebene Auslegung eine mögliche Antwort auf die Schwierigkeit, die das Fragment 120 bietet, aber mir scheint, als ob dadurch die lectio difficilior ausgeschlossen ist. — Wir haben uns im Hinblick auf Fragment 94 und 120 die Mehrdeutigkeit der μέτρα des Ἥλιος vergegenwärtigt. Das ist zunächst nur ein Versuch gewesen. Wir müssen nun auch noch die anderen Sonnenfragmente, sowie die Fragmente über Tag und Nacht berücksichtigen.

HEIDEGGER: In der Durchsprache der drei Bedeutungen der μέτρα des Ἥλιος wollen Sie vor allem auf die dritte Sinnmöglichkeit hinaus, die Sie im Ausgang vom Fragment 120 angedeutet haben. Im Fragment 94 ist diese dritte Bedeutung gegeben durch den zweiten Satz, der eingeleitet wird durch: εἰ δὲ μή, und in welchem von der Dike und den Erinyen die Rede ist.

FINK: Vielleicht ist Ἥλιος, der alles zumißt, selbst von einer anderen Macht begrenzt. Die Instanz, die ihn im Falle einer

Grenzüberschreitung ausfindig machen und zur Rechenschaft ziehen würde, ist die Dike mit ihren Helfern. Die Dike ist die Gottheit des Gerechten, die auf der Grenze zwischen dem Bereich der Sonnenhelle und des in ihr Befindlichen und einem uns entzogenen Bereich des nächtlichen Abgrundes wacht. Die Hüter dieser Grenze sind ihre Gehilfinnen. Sie wachen darüber, daß Ἥλιος nicht die Grenze seines eigenen Machtbereichs überschreitet und in den dunklen Abgrund einzudringen versucht.

HEIDEGGER: Auf diese dritte Sinnmöglichkeit von μέτρα weisen Sie über das Fragment 120 als Stütze hin.

FINK: Wenn wir jetzt auf die Phänomene zurückgehen, so haben wir an der Tageshelle das Merkwürdige, daß sie ins Unermeßliche ausläuft. An der Tageshelle haben wir keine Grenze. Sprechen wir vom Himmelsgewölbe, so meinen wir damit keine Kuppel, die abschließt, sondern den Sonnenbereich der Tageshelle, der ins Endlos-Offene ausläuft. Wir kennen aber auch das Phänomen der Verschließung des offenen Himmels, den wolkenverhangenen Himmel. Es gibt aber noch eine andere Grenze des Lichtreiches, und das ist der Erdboden, auf dem wir gehen. Das Licht als das Element des Feurigen ist mit dem Element des Luftmäßigen der Erde und in gewisser Weise auch dem Okeanos aufgelagert. Auch der Okeanos bildet eine Grenze für das Lichtreich, obwohl er bis in eine bestimmte Tiefe das Licht hineinläßt. Seine Durchsichtigkeit ist begrenzt. Die Undurchsichtigkeit der Erde, die zur Begrenztheit des offenen Lichtbereichs führt, ist ein eigentümliches Phänomen, das uns zumeist gar nicht auffällt. Wir befinden uns auf der undurchsichtigen Erde, an der der Lichtbereich seine Grenze hat. Über uns aber dehnt sich der Machtbereich des Lichts ins Offen-Endlose. Die Undurchsichtigkeit der Erde hat eine Bedeutung für die Bahn der Sonne. Dem unmittelbaren Phänomen nach hebt sich Ἥλιος am Morgen aus dem Schoß der Erde, tagsüber zieht er am Himmelsgewölbe entlang und versinkt am Abend wieder in den verschlossenen Grund der Erde. Das ist ohne geheime Symbo-

Fragment 99: Sonne und Nacht

lik als schlichte Beschreibung des unmittelbaren Phänomens gesagt. Wir wenden uns nun dem Fragment 99 zu, das die allgemeine Struktur verdeutlicht: εἰ μὴ ἥλιος ἦν, ἕνεκα τῶν ἄλλων ἄστρων εὐφρόνη ἂν ἦν. Diels übersetzt: „Gäbe es keine Sonne, trotz der übrigen Gestirne wäre es Nacht." Ἥλιος ist das Gestirn, das allein die Helle vollbringt. Jetzt aber wird er nicht nur in seiner Macht gezeigt, in seiner Überlegenheit über die anderen Gestirne, sondern an den anderen Gestirnen wird die Struktur deutlich, die wir an Ἥλιος selbst nicht sehen. Die anderen Sterne sind Lichter in der Nacht. Hier haben wir das Merkwürdige, daß das Lichthafte in seinem ausgeschickten Lichtraum sich erschöpft und von der Nachtdunkelheit umwandet wird. Die anderen Sterne sind Glanzpunkte am Nachthimmel. Auch der Mond kann in stärkerer Weise als die Sterne die Nacht aufhellen, nicht aber tilgen wie Ἥλιος allein. Wir können nun von den anderen Sternen in der Nacht her motiviert folgende Frage stellen. Wenn sich Ἥλιος auf dem undurchsichtigen Grund als aufgelagertes Lichtreich zeigt, das ins Offen-Endlose zu gehen scheint, können wir dann nicht vom Verständnis der anderen Sterne aus als Lichter in der Dunkelheit der Nacht das Gefüge von Ἥλιος und τὰ πάντα, d. h. die ganze Sonnenwelt auch als ein Licht in der Nacht verstehen, was allerdings nicht im Phänomen bezeugt wird? Wir müßten dann sagen: wie die Sterne ein Licht in der Nacht sind, und wie der Lichtbereich der Sonne an der Verschlossenheit der Erde seine Grenze hat, so wird in einem tieferen Sinne die ganze Welt des Ἥλιος, zu der auch die Gesamtheit der πάντα gehört, umgrenzt von einem nächtlichen Abgrund, der den Machtbereich des Ἥλιος begrenzt. Auf der Grenze zwischen dem Lichtbereich des Ἥλιος und dem dunklen Abgrund wachen die Gehilfinnen der Dike. Die Sonne selbst sehen wir nicht wie die Sterne in der Nacht, sondern nur in ihrer eigenen Helligkeit. Davon spricht das Fragment 3: εὖρος ποδὸς ἀνθρωπείου. Die Sonne hat die Breite des menschlichen Fußes vom Phänomen her gesehen.

HEIDEGGER: Wenn Sie vom „Phänomen" sprechen, so meinen Sie damit das, was sich unmittelbar zeigt, und nicht das Phänomenologische.

FINK: Auch das Fragment 3 spricht in einer Art Gleichnisrede. Es sagt zunächst aus, daß der Sonne als der Quelle des Lichts in ihrer eigenen Helle nur ein winziger, unbedeutsamer Ort zukommt, so daß die eröffnende Macht des Ἥλιος im eröffneten Sonnenlichtraum selbst nur eine geringfügige Sache zu sein scheint. Das Eröffnende verdeckt sich in einer gewissen Weise in dem von ihm Eröffneten und stellt sich unter die von ihm als der Lichtmacht umgrenzten Dinge. Sofern die Sonne in der Breite des menschlichen Fußes am Firmament auftaucht, steigt, sinkt und verschwindet, ist sie neu an jedem Tag, wie es das Fragment 6 sagt: νέος ἐφ' ἡμέρῃ ἐστίν. Heraklit gibt keine naturkundliche Bestimmung, daß jeden Tag die Sonne neu aufgeht. Das Neusein der Sonne an jedem Tag widerspricht nicht dem, daß sie jeden Tag dieselbe Sonne ist. Sie ist dieselbe, aber immer neu. Diesen Gedanken müssen wir festhalten für die Frage nach der Sonne als einer Gestalt des πῦρ ἀείζωον, das immer ist, aber — wie das Fragment 30 sagt — erglimmend und verlöschend nach Maßen, worin das immer Neusein desselben zum Ausdruck kommt. Wenn wir zu Fragment 30 kommen werden, wird sich der Begriff der μέτρα noch genauer bestimmen lassen. — Vom Fragment 6 leiten wir über zum Fragment 57: διδάσκαλος δὲ πλείστων Ἡσίοδος· τοῦτον ἐπίστανται πλεῖστα εἰδέναι, ὅστις ἡμέρην καὶ εὐφρόνην οὐκ ἐγίνωσκεν· ἔστι γὰρ ἕν. Die Dielssche Übersetzung lautet: „Lehrer aber der meisten ist Hesiod. Von ihm sind sie überzeugt, er wisse am meisten, er, der doch Tag und Nacht nicht erkannte. Ist ja doch eins!" Worin besteht das vermeintliche Wissen des Hesiod? Inwiefern hat der, der über Tage und Werke geschrieben hat, Tag und Nacht nicht erkannt? Tag und Nacht sind abwechselnde Zustände des Sonnenlandes, in dem es in rhythmischem Wechsel hell und dunkel ist. Die Dunkelheit der Nacht im Bereich der Sonne ist etwas anderes als die Verschlossenheit des

Fragmente 3, 6, 57; Tag und Nacht 75

Erdbodens, in den kein Licht einzudringen vermag. Das Dunkel der Nacht ist von glimmenden Sternen erleuchtet. Es hat im Unterschied zur Verschlossenheit der Erde die grundsätzliche Erleuchtbarkeit bei sich. Mit den Sonnenfragmenten müssen wir die Fragmente zusammendenken, die von Tag und Nacht handeln. Zu diesen gehört das Fragment 57. Die schwierigste Wortfügung in ihm ist: ἔστι γὰρ ἕν. Wenn Tag und Nacht eins sein sollen, müßte dann nicht statt des Singulars ἔστι der Plural εἰσί stehen? Ist hier die Ununterschiedenheit von Tag und Nacht oder aber etwas ganz anderes gemeint, was sich gar nicht auf den ersten Blick hin zeigt? Unsere Frage lautet: enthält Fragment 57 vom ἕν her gesprochen eine Aussage über Tag und Nacht? Sind Tag und Nacht im ἕν oder aber sind sie das ἕν? Hesiod hat offenbar von Tag und Nacht am meisten verstanden, und dennoch wird er von Heraklit getadelt, weil er Tag und Nacht für zweierlei hielt. In seiner Theogonie meint der Gegensatz von Tag und Nacht etwas anderes als nur den Gegensatz zweier Zustände des durchsichtigen Raumes, in welchem das Licht an- und abwesen kann. Vielleicht ist es zu kühn, wenn wir in diesem Zusammenhang an den Streit der olympischen Götter mit den Titanen denken. Hier geht ein Grundriß durch die Gesamtheit, der sich für Heraklit schließt, wenn auch nicht in der offenbaren, so doch in der unsichtbaren Harmonie. In diesem Sinne kann man das ἔστι γὰρ ἕν lesen. Tag und Nacht bilden keinen beliebigen Unterschied, sondern die Urgestalt des Unterschiedes. Auch bei Parmenides spielt der Gegensatz von Tag und Nacht eine Rolle (μορφὰς γὰρ κατέθεντο δύο γνώμας ὀνομάζειν.), allerdings in der Meinung der Sterblichen. Wenn man das ἔστι γὰρ ἕν in dem Sinne versteht, daß Tag und Nacht im ἕν eins sind, müßte dann nicht statt ἔστι der Plural εἰσί stehen? Ist sprachlich gesehen ein Plural hier überhaupt möglich? Für mich ist die Frage, ob man nicht statt: Tag und Nacht sind ein ἕν bzw. sind im ἕν lesen muß: es gibt das ἕν. In diesem Falle würde das Zusammenfallen des Unterschiedenen einen anderen Sinn bekommen. Hesiod kannte sich überall aus, aber er wußte nicht vom ἕν, daß es ist. Denn es gibt das ἕν: so gelesen ist ἕν nicht prädikativ, sondern als Subjekt des Satzes aufzufassen.

HEIDEGGER: Das ἔστι γὰρ ἕν ist dann absolut zu nehmen. Es anders aufzufassen und zu meinen, daß Hesiod Tag und Nacht nicht erkannt habe, wäre eine Zumutung.

FINK: Wenn Heraklit sagt, Hesiod habe Tag und Nacht nicht erkannt, so ist das ein absichtlich provokativer Satz.

HEIDEGGER: Man braucht nicht Hesiod zu sein, um zwischen Tag und Nacht zu unterscheiden. Wenn er von Tag und Nacht gehandelt hat, dann in einem tieferen Sinne als in der Weise der bloßen Unterscheidung, die jeder von uns vollzieht. Heraklit kann also nicht sagen wollen, daß Hesiod Tag und Nacht unterschieden habe, daß er sich aber darin geirrt habe, da Tag und Nacht eins sind. Die Dielssche Übersetzung: Ist ja doch eins, können wir nicht annehmen.

FINK: Ist ja doch eins, das klingt wie: ist ja doch einerlei. Mit dieser Übersetzung vermag ich keinen Sinn zu verbinden. Tag und Nacht sind uns vertraut als die wechselnden Zustände, als Urrhythmik des Lebens, als Anwesend- und Abwesendsein der Sonne und ihres Lichtes im Bereich des Offenen. Der Bereich des Offenen kann taghell und nachtdunkel sein. Dieser Unterschied ist uns vertraut in seiner rhythmischen Wiederkehr. In der Art, wie die Wiederkehr eingehalten wird, zeigt Ἥλιος das Einhalten von Maßen, die er hat und die von außen beschirmt werden durch Dike. Wenn Heraklit nun sagt, daß Hesiod Tag und Nacht verkannte, so will er damit nicht behaupten, Hesiod habe übersehen, daß Tag und Nacht gar keinen Unterschied bilden, sondern im Zurückdenken auf das ἕν eins sind und innerhalb des ἕν als Gegenbezug auseinandergelegt sind, wie es im Fragment 67 heißt, daß Gott Tag Nacht, Winter Sommer, Krieg Frieden, Sattheit Hunger ist. Vielmehr geht es ihm hier um ein ἕν ganz anderer Art.

Fragmente 57, 106; Hesiods Tag und Nacht

TEILNEHMER: Müssen wir nicht zu Fragment 57 auch das Fragment 106 beiziehen, in dem von μία φύσις ἡμέρας die Rede ist?

HEIDEGGER: Wie wollen Sie beide Fragmente in Verbindung bringen?

TEILNEHMER: Ich würde μία φύσις mit dem ἔστι γὰρ ἕν zusammendenken.

FINK: Die μία φύσις des Tages ist aber gegen die Ansetzung von guten und schlechten, d. h. von günstigen und ungünstigen Tagen gehalten. Gegen ein solches Unterschiedensein der Tage steht die Einsheit der Natur des Tages. Diese ist aber nicht gleichzusetzen mit dem ἔστι γὰρ ἕν in bezug auf Tag und Nacht. Der Unterschied von guten und schlechten Tagen hat nicht das gleiche Gewicht wie der von Tag und Nacht. Demzufolge ist das ἕν jeweils ein anderes.

HEIDEGGER: Und dennoch haben Sie mit Ihrer Zusammenstellung der Fragmente 57 und 106 ein gewisses Recht. In beiden Fragmenten ist die Rede von einem Nichtwissen in bezug auf Hesiod. Das eine Mal verkennt er das ἕν im Hinblick auf Tag und Nacht, das andere Mal die eine und selbe φύσις jedes Tages. Insofern hängen das ἕν und μία φύσις doch zusammen.

FINK: Das Fragment 106 ist eher nur eine Parallele zum Fragment 57. In letzterem wird Hesiod als Lehrer der meisten unglaubwürdig gemacht. Er, der sich auskennt in dem Grundunterschied von Tag und Nacht, hat nicht beachtet, daß es das ἕν gibt.

HEIDEGGER: Die meisten sind für Heraklit die, welche nicht wissen, worauf es ankommt. Die πλεῖστοι sind dieselben wie die πολλοί. φύσις im Fragment 106 können wir nicht mit „Wesen" übersetzen.

FINK: Wenn wir „Wesen" sagen, dann nicht im Sinne von essentia.

HEIDEGGER: Wenn wir Fragment 123 dazunehmen: φύσις κρύπτεσθαι φιλεῖ, wie ist dann hier φύσις zu verstehen?

TEILNEHMER: Im Sinne des Aufgehens.

HEIDEGGER: Der Zusammenhang von φύσις und ἕν wird uns später noch eingehend beschäftigen.

FINK: Im Fragment 57 ist für mich das Rätselwort: ἔστι γὰρ ἕν. Wir haben übersetzt: denn es gibt das ἕν. Aber um was für ein ἕν handelt es sich hier? Ist es das ἕν im Sinne des Gegenwortes zu τὰ πάντα, also das ἕν des Blitzes, des Schlages, der Sonne und des Feuers, oder ist hier noch ein anderes ἕν gemeint? Meine Vermutung geht dahin, daß es sich hier um das ἕν im Sinne der Einsheit der beiden Bereiche des Ἥλιος und der von der Dike und ihren Gehilfinnen gehüteten Nacht handelt. Dieser neue Sinn von ἕν wird für uns erst dann klarer werden, wenn wir die Leben- und Tod-Fragmente hinzunehmen. Die hier gemeinte Nacht ist jener nächtliche Abgrund, von dem der Sonnenbereich an den vier τέρματα, wie sie im Fragment 120 genannt werden, umgrenzt wird. Von dieser Interpretation abgesehen, könnte man auch wie folgt argumentieren. Wenn in Fragment 57 vom ἕν in bezug auf Tag und Nacht die Rede ist, so handelt es sich dabei um das ἕν des Sonnenlandes, in dem die Sonne im rhythmischen Wechsel an- und abwest, und zwar derart, daß im Wechsel von Tag und Nacht der Bereich, in welchem die Sonne an- und abwest, bleibt. Sofern die Struktur des Gewölbes, an dem die Sonne dahinzieht, und der Gegenbezug zu dem darunter liegenden Land, bleiben, auch wenn die Sonne zeitweilig abwest und neu an jedem Tag ist, gibt es das ἕν. So gesehen wäre das ἕν das Himmelsgewölbe. Mir selbst aber sagt diese Auslegung nicht zu. In diesem Sinne verstehe ich das „es gibt das ἕν" nicht.

Das Eine von Tag und Nacht 79

HEIDEGGER: Warum lehnen Sie diese Interpretation ab?

FINK: Weil für mich das Geeintsein von Tag und Nacht unter dem Himmelsgewölbe eine zu leichte Lesart ist. Wenn Heraklit in bezug auf Tag und Nacht sagt: es gibt das ἕν, so ist mit dem Tag das Sonnenland und mit der Nacht der dunkle Abgrund gemeint, der das Sonnenland umgrenzt und eingrenzt. Sonnenbereich und nächtlicher Abgrund bilden zusammen das ἕν.

HEIDEGGER: Ist das ἕν, das Sie jetzt im Blick haben, so etwas wie ein Über-Sein, das noch über das Sein hinausgeht? Ich vermute, daß Sie mit Ihrer Interpretation des ἕν, die jetzt von dem bisher erläuterten ἕν des Blitzes abweicht, noch über das Sein hinaus wollen.

TEILNEHMER: Ich glaube nicht, daß das ἕν als der Doppelbereich von Sonnenland und nächtlichem Abgrund über das Sein hinausgeht. Wenn die bisherige Interpretation im Ausgang vom Κεραυνός-Fragment vor allem das Strukturmoment des Lichthaften im Sein, die Entbergung, in den Blick genommen hat, dann blickt sie jetzt, wenn vom nächtlichen Abgrund die Rede ist, auch auf das Strukturmoment der Verschlossenheit im Sein, auf die Verborgenheit, die wesenhaft zur Entbergung gehört. Damit geht die Auslegung nicht über das Sein hinaus, sondern tiefer als in den vorausgegangenen Besinnungen in das Sein hinein, indem sie die volle Dimensionalität des Seins in den Blick nimmt.

FINK: Unsere Heraklit-Auslegung begann damit, daß wir den Bezug von Blitz und τὰ πάντα erläuterten. Der Blitz reißt die Helle auf, läßt τὰ πάντα zum Vorschein kommen und stellt jegliches in seinen festen Umriß ein. Ein anderer Name für das ἕν ist die Sonne. Das Sonnenlicht, das über uns ins Offen-Endlose ausläuft, findet an der Verschlossenheit des Erdbodens seine Grenze. Im eigenen Lichtfeld hat Ἥλιος nur die Breite des menschlichen Fußes. Er zieht in festen Maßen am Himmelsgewölbe entlang. Durch seine eigenen Maße haben auch die von ihm beschienenen Gewächse und Lebewesen ihre bestimmten Maße. Innerhalb des Sonnenbereiches gibt es einen Hauptunterschied, den zwischen Tag und Nacht, der mit dem An- und Abwesen der Sonne gesetzt ist. Der Bereich, der durch die vier τέρματα umgrenzt ist, bleibt auch dann, wenn die Sonne wegzusinken scheint. Die Struktur des ἕν verlagert sich dann von der zeitweiligen Anwesung der Sonne auf den οὐρανός. Man kann dann sagen: weil unterhalb des οὐρανός Tag und Nacht wechseln und das Verhältnis des einen Himmelsgewölbes zu dem Vielen darunter bleibt, ist der Unterschied von Tag und Nacht nicht so wichtig zu nehmen. Hesiod hat Tag und Nacht unterschieden und dabei nicht bedacht, daß Tag und Nacht nur ein Unterschied ist innerhalb des einen οὐρανός. Diese Interpretation sagt mir jedoch nicht zu. Gerade wenn wir die Fragmente über Tod und Leben heranziehen, wird sich uns außer der uns schon bekannten Dimension des Lichthaften und Offenen die andere Dimension des Verschlossenen zeigen. Das ἕν, das Heraklit im Fragment 57 zu denken versucht, ist die Einheit des Doppelbereiches.

HEIDEGGER: Wie aber hängen beide Bereiche zusammen?

FINK: Der Lichtraum des Blitzes bzw. des Ἥλιος, in dem die πάντα zum Vorschein kommen und in ihren Umriß einrücken, wird umgrenzt von einem dunklen Abgrund. Ἥλιος darf nicht die ihm gesetzte Grenze seines Machtbereichs überschreiten und in den nächtlichen Grund gehen, weil er sonst von den Erinyen, die die Grenze des Doppelbereiches bewachen, zur Rechenschaft gezogen wird.

HEIDEGGER: Handelt es sich hier um zwei Bereiche oder um einen und denselben, der in sich unterschieden ist? Doch lassen wir vorerst diese Frage ruhen. Wir werden später wieder auf sie zurückkommen. Ich möchte noch einmal auf das ἔστι γὰρ ἕν eingehen. Kann man hier überhaupt den Plural εἰσί setzen?

Das Eine von Tag und Nacht 81

Diels setzt vor ἔστι γὰρ ἕν ein Semikolon. Rein stilistisch gesehen müßte der Sprache Heraklits entsprechend nicht ein Semikolon, sondern ein Punkt gesetzt werden. Vielleicht ist Diels durch das darauffolgende γάρ zu dem Semikolon verleitet worden. Ein Punkt ist deshalb erforderlich, weil in dem ἔστι γὰρ ἕν etwas Ungewöhnliches folgt, das von dem Vorhergehenden stärker abgehoben werden muß.

FINK: Die meisten sind mit dem Unterschied von Tag und Nacht vertraut. Zu ihnen gehört auch Hesiod, der von Tag und Nacht gehandelt hat. Aber er hat Tag und Nacht nicht erkannt, weil er das ξυνόν nicht kannte. Das ἔστι γὰρ ἕν wirkt wie ein Schlag. Es ist bewußt thetisch und wie ein Diktat gesagt.

HEIDEGGER: Weil Hesiod das ξυνόν nicht kannte, kann Heraklit sich gar nicht mit ihm einlassen. Sie sprechen beide eine verschiedene Sprache.

FINK: Heraklit denkt in dem ἔστι γὰρ ἕν nicht das Zusammenfallen von Unterschiedenem, sondern das ἕν des Doppelbereiches. Es gibt das ἕν: hier ist das ἕν das Subjekt des Satzes. In die Dimension des ἕν als des Doppelbereiches muß man kommen, um über die πολλοί hinauszugehen. Heraklit will nicht sagen, Hesiod sei ein Dummkopf. Wenn er ihn tadelt, dann nur deshalb, weil er ein spekulativer Dummkopf ist. Das ἔστι γὰρ ἕν ist begründend für das οὐκ ἐγίνωσκεν.

HEIDEGGER: Heraklit gibt aber nicht den Grund an, sondern sagt nur, daß Hesiod den Grund nicht kenne.

FINK: Die Unwissenheit von Hesiod wird durch das ἔστι γὰρ ἕν demaskiert.

TEILNEHMER: Für mich bleibt es immer noch eine Schwierigkeit, inwiefern das ἔστι γὰρ ἕν erläutern soll, worin das Nichtwissen von Hesiod besteht, das sich im Denken über Tag und Nacht zeigt. Es muß daher von uns bestimmt werden, in welchem Verhältnis das ἔστι γὰρ ἕν zu dem Wissen des Hesiod von Tag und Nacht steht.

FINK: Sie beziehen das γάρ zu direkt auf das Mißverstehen des Hesiod in bezug auf Tag und Nacht. Hesiod hat das Phänomen von Tag und Nacht nicht etwa nur anders interpretiert als Heraklit. Es tritt nicht an die Stelle des Hesiodischen Unterschieds von Tag und Nacht eine andere Sicht auf Tag und Nacht. Vielmehr spricht Heraklit aus dem Wissen um das ἕν, wenn er sagt, daß die Aufteilung von Tag und Nacht dem Grundcharakter des Seins widerspricht.

HEIDEGGER: Hesiod gehört zu den Leuten, die im Fragment 72 genannt werden: καὶ οἷς καθ' ἡμέραν ἐγκυροῦσι, ταῦτα αὐτοῖς ξένα φαίναται: „und dasjenige, auf das sie täglich stoßen, scheint ihnen fremd". Hesiod stieß täglich auf den Unterschied von Tag und Nacht.

FINK: Tag und Nacht sind für ihn das Alltäglichste und das Allnächtlichste,

HEIDEGGER: aber es bleibt ihm fremd in dem, was es eigens ist, vom ἕν her gedacht.

FINK: Wenn wir abschließend die Helios= und Tag-Nacht= Fragmente zusammen in den Blick nehmen, so können wir folgendes sagen. Das Himmelsfeuer der Sonne verhält sich ähnlich zu allem, was durch den Sonnengang Bestand hat, wie der Blitz zu den πάντα. Die Sonne gibt Licht, Umriß und Gedeihen und bringt die Zeit für alles, was wächst. Sie ist in ihrem Gang durch μέτρα bestimmt, die sie einzuhalten hat, weil sie sonst durch die Gehilfinnen der Dike zur Rechenschaft gezogen wird. Sie bestimmt auch die μέτρα für das Wachstum und Gedeihen der Dinge. Sie wird die μέτρα nicht überschreiten, sondern innerhalb ihres Machtbereiches verbleiben, der durch die vier τέρματα begrenzt wird. Die tiefere Bedeutung der Dike ist uns vorerst noch dunkel geblieben. Deutlich ist sie bisher nur als eine Macht, die der Macht des Ἥλιος überlegen ist. Obwohl Ἥλιος und Zeus die höchste Macht auf Erden sind, hat Ἥλιος an der Erde eine Macht, die die Helle übermachtet. Die μέτρα des Ἥλιος haben sich uns in einem dreifachen Sinn auseinandergelegt. Einmal unterschieden wir die μέτρα des Sonnenlaufs, zum anderen die μέτρα der Dinge unter dem Sonnenlauf und drittens die μέτρα, die den Gesamtbereich der Sonnenhelle umgrenzen. Der Hinblick auf das Fragment 3 hat uns die Struktur des Eingestelltseins des Ἥλιος in die ihm eigene Helle gezeigt. Das Fragment 6 denkt das tägliche Neusein und das Immer-das-Gleiche-sein zusammen. Die eine φύσις des Tages ist dieselbe φύσις auch gegenüber dem uns bekannten Unterschied von guten und schlechten, günstigen und ungünstigen Tagen. Wir müssen alle diese Gedankenmotive zusammennehmen, ohne sie vorschnell zu identifizieren. Doch wird es für uns immer schwerer, die Mannigfalt der Bezüge im Blick zu halten. Diese Schwierigkeit zeigt sich schon im Hinblick auf die Verschiedenheit der unmittelbar aufgenommenen Phänomene und der damit bestimmten Blickbahnen.

V.

Problem einer spekulativen Auslegung. — πῦρ ἀείζωον und Zeit? (Fragment 30).

HEIDEGGER: Gelegentlich des Fragments 11 habe ich, als Herr Professor Fink das πᾶν ἑρπετόν interpretiert hat, gefragt, was er eigentlich macht. Ich wollte hinaus auf die Frage, in welcher Weise dieser Versuch, mit Heraklit mitzudenken, sich vollzieht. Es ist dann die Bemerkung vom spekulativen Sprung gefallen, was sich in gewisser Weise nahelegt, sofern wir beim Lesen des Textes von dem unmittelbar ausgesprochenen Gehalt ausgehen und im Verlauf des Durchdenkens zu einem Sagen kommen, das sich durch unmittelbare Anschauung nicht belegen läßt. Wenn man schematisch denkt, könnte man sagen, daß wir von einer wahrnehmungsmäßigen zu einer nichtsinnlichen Aussage übergehen. Was aber heißt „spekulativ"?

TEILNEHMER: „spekulativ" ist abgeleitet von speculum (Spiegel) und speculari (durch oder in den Spiegel schauen). Das Spekulative ist dann offenbar ein Verhältnis des Spiegelns.

HEIDEGGER: Der Spiegel spielt vermutlich eine Rolle. Was aber meint das Wort „spekulativ" im gewöhnlichen terminologischen Gebrauch? Wo wird in der Philosophie lateinisch geschrieben und gesprochen?

TEILNEHMER: Im Mittelalter.

HEIDEGGER: Dort ist die Rede von existimatio speculativa im Unterschied zur existimatio practica oder auch operativa. Existimatio speculativa ist gleichbedeutend mit existimatio theoretica, die auf die species gerichtet ist. Species ist die lateinische Übersetzung von εἶδος. Gemeint ist also ein Sehen, ein θεωρεῖν, d. h. ein theoretisches Betrachten. Auch Kant spricht von der spekulativen im Sinne der theoretischen Vernunft. Wie aber ist es bei Hegel? Was heißt für Hegel Spekulation und Dialektik?

TEILNEHMER: Das Spekulative und die Dialektik bezeichnen Hegels Methode des Denkens.

TEILNEHMER: Mit der Spekulation versucht Hegel, über das Endliche ins Unendliche zu gelangen.

HEIDEGGER: Hegel setzt nicht erst im Endlichen an, um dann ins Unendliche zu gelangen, sondern er fängt bereits im Unendlichen an. Er ist schon von vornherein im Unendlichen. Mit meiner Frage nach dem Spekulativen wollte ich nur klar machen, daß es hier bei dem Versuch, Heraklit nachzudenken, nicht um das Spekulative im ausgebildeten Sinne Hegels oder im Sinne des Theoretischen geht. Wir müssen überhaupt verzichten, in irgendeiner Weise von Methode zu sprechen, nach der Heraklit denkt. Andererseits können wir nicht darauf verzichten — so wie Herr Professor Fink es bisher vollzogen hat —, eigens etwas zu verdeutlichen in der Absicht, daß die Seminarteilnehmer eher imstande sind, die Schritte, die wir beim Lesen und Sagen gemacht haben und weiterhin machen werden, deutlicher und abgemessener nachzuvollziehen. Welches Problem dahinter steht, können wir uns verdeutlichen, wenn Herr Professor Fink ein Beispiel macht.

FINK: Die Art unseres Lesens und Vorgehens ist dadurch charakterisiert, daß wir von der Vergegenwärtigung der in den Sprüchen Heraklits genannten Sachen ausgehen, als ob sie uns unmittelbar vor Augen liegen würden. Heraklit spricht in seinen Fragmenten in keiner Weise verhüllt, wie vielleicht der Gott in Delphi, von dem er sagt: οὔτε λέγει οὔτε κρύπτει ἀλλὰ σημαίνει *. Seine Art des Sprechens kann nicht mit der des

---

* Diels übersetzt: er „sagt nichts und birgt nichts, sondern er bedeutet". (Fr. 93).

Gottes in Delphi gleichgesetzt werden. Im Lesen der Fragmente nehmen wir zunächst die phänomenalen Befunde auf und versuchen ihre Verdeutlichung. Die phänomenalen Befunde machen wir uns jedoch nicht in ihrer vollen Extension klar, sondern unsere Verdeutlichung ist bereits schon selektiv gesteuert.

Heidegger: Wodurch ist sie selektiv bestimmt?

Fink: Die Selektion ist dadurch bestimmt, daß wir immer schon vom Spruch des Heraklit zurückkommen und in den unmittelbaren Phänomenen jene Züge suchen, die durch das Fragment angesprochen werden. Eine empirische Phänomenologie der Sonne würde eine Fülle von phänomenalen Zügen beibringen, die für den Sinn der Sonnenfragmente gar nicht bedeutsam sind. Wir lesen zunächst die Fragmente in einer gewissen Naivität und versuchen im Hinblick auf die Sachen, die selbst noch Korrelate unseres sinnlichen Wahrnehmens sind, einige Züge herauszuheben, um dann in einem zweiten Schritt an die so herausgenommenen Züge und Verweisungen die Frage zu stellen, wie sie in einem tieferen Sinne gedacht werden können. Vom unmittelbaren Sehen der sinnlichen Phänomene gehen wir über in einen unsinnlichen, nicht aber in einen übersinnlichen Bereich. Wir dürfen hier nicht das in der Metaphysik beheimatete Schema der phänomenalen bzw. sensiblen und der intelligiblen Welt verwenden und mit einer Zwei-Welten-Lehre der Metaphysik operieren. Die Rede von einem sensiblen und intelligiblen Bereich ist höchst gefährlich und bedenklich.

Heidegger: Angemessener wäre es, wenn wir den phänomenalen Bereich als ontisch bezeichnen

Fink: und den unsinnlichen Bereich dem Sein zuordnen. Das Erstaunliche ist aber, daß wir die Fragmente Heraklits auch in einer naiven Weise auffassen können und dann immer noch einen tiefen Sinn mit ihnen verbinden, so daß wir den eigentlich philosophischen Sinn nicht einmal als Tiefsinn ansprechen können.

HEIDEGGER: Kann man überhaupt von einem philosophischen Sinn sprechen?

FINK: Sicherlich dürfen wir nicht von der Bedeutung der Sprüche Heraklits sprechen. Da wir die Sprache der Metaphysik hinter uns haben, müssen wir versuchen, die Verführung, die in den ausgearbeiteten Denkbahnen der Metaphysik liegt, zu vermeiden. Um nun die Weise unseres Vorgehens zu zeigen, gehen wir noch einmal auf das Fragment 11 ein. Es lautet übersetzt: Alles Kriechende wird mit dem Schlag zur Weide getrieben bzw. gehütet. Damit ist ein Bild genannt, das wir aus der phänomenalen Umwelt kennen und das wir uns leicht vergegenwärtigen können. In einer ländlichen Gegend oder in einem Agrarstaat wird Vieh mit dem Geißelschlag zur Weide getrieben. Wir können dann πᾶν ἑρπετόν als Weidetiere lesen. Das von Heraklit benannte Bild besagt, daß die Weidetiere vom Hirten mit dem Geißelschlag auf die Weide getrieben werden, und zwar so, daß sie von Zeit zu Zeit die Weidegründe wechseln.

HEIDEGGER: Das Hüten ist sowohl ein Treiben als auch ein Leiten.

FINK: Die für unsere Auslegung des νέμεται bedeutsamen Sinnmomente sind das Treiben und das Leiten. Wenn wir nun in νέμεται auch die Νέμεσις hören als die Macht, die zuteilt und schicksalhaft bestimmt, dann haben wir bereits schon das unmittelbare Phänomen des Hütens verlassen und den nichtsinnlichen Bereich denkend betreten. Verstehen wir νέμεται nicht mehr als das Treiben und Leiten des Hirten im Sinne des Zuteilens des Zugehörigen an die jeweiligen Weidetiere, sondern als ein zuteilendes und verteilendes Durchwalten, dann legt sich die Frage nahe, ob das, was im Fragment im Kleinen gesagt ist, nicht auch im Großen gesagt werden kann. Als unverfänglichster Ausdruck legt sich vielleicht das Mikro- und Makrokosmosverhältnis nahe. Die gedankliche Umsetzung phänomenaler Strukturen in eine andere Dimension bringt aber zugleich auch eine Verwandlung der Strukturen mit sich, von denen wir zunächst ausgehen.

HEIDEGGER: Doch schließt die gedankliche Umsetzung eine bestimmte Art des Denkens ein, von der wir noch nicht wissen, wie sie aussieht.

FINK: Wenn ich von der gedanklichen Umsetzung in eine andere Dimension spreche, so ist das zunächst nur ein Versuch, die Art unseres Vorgehens zu umschreiben, weil wir noch nicht wissen, was es bedeutet, in eine andere Dimension überzugehen. Wenn wir in diesem Zusammenhang von einer Analogie sprechen wollen, dann müssen wir sie in einer bestimmten Weise denken. In dieser Analogie ist uns dann nur eine Seite, nämlich die phänomenale, gegeben. Indem wir bestimmte phänomenale Strukturen selektiv festhalten, übersetzen wir sie in einem abenteuerlichen Versuch ins Große. Im Fragment 11 übersetzen wir die Art und Weise, wie die Herde mit dem Schlag geweidet wird, ins Große der Gesamtwirklichkeit, in der ein hütendes und zuteilendes Durchwalten der Dinge und Elemente geschieht. Die Vergrößerung von einem besonderen Einzelphänomen in das Ganze wäre vielleicht eine Form, unter der wir die Weise unseres Versuchs, mit Heraklit mitzudenken, ansprechen könnten.

HEIDEGGER: Diese Formulierung Ihres Vorgehens halte ich für gefährlich. Vielleicht können wir sagen, daß Heraklit nicht etwa vom Kleinen her das Große, sondern umgekehrt vom Großen her das Kleine sieht. Wir müssen unterscheiden einmal unseren Versuch, den Fragmenten Heraklits nachzudenken, und zum anderen die Art, wie Heraklit selbst gedacht hat.

FINK: Heraklit kann aber auch nur das, was er groß denkt, klein sagen.

HEIDEGGER: Mit dem Denken und Sagen hat es seine besondere Schwierigkeit. Handelt es sich dabei um zwei verschiedene Sachen? Ist das Sagen nur der Ausdruck des Denkens?

FINK: Die Unterscheidung zwischen dem inneren Denken und der Verlautbarung des Denkens in der Sprache ist eine Vorstellung, die wir aus der Philosophiegeschichte haben. Es gibt die Auffassung, daß das philosophische Denken gar nicht alles sagen kann, was es denkt, so daß es in gewisser Weise hinter dem sprachlichen Ausdruck zurückbleibt. Die tiefsten Gedanken sind dann ein ἄρρητον. Dieses Modell trifft nicht auf Heraklit zu. Seine Sprüche sind kein hierophantisches, versagendes Sprechen von dem sprachlich unbezwingbaren Geheimnis. Heraklit kennt nicht den Gegensatz des sprachlich Eröffneten und des undurchdringlichen Geheimnisses, das gedacht wird als refugium bzw. asylum ignorantiae. Etwas anderes ist es, wenn wir das Geheimnis in einer ganz anderen Weise denken. Heraklit spricht in einer Sprache, die die ganze Differenz des inneren Denkens und des äußeren Sagens nicht kennt.

HEIDEGGER: Wie aber verhält es sich mit dem Denken und Sagen? Auch für Heraklit werden wir sagen müssen, daß zum Sagen immer sein Ungesagtes gehört und nicht das Unsagbare. Das Ungesagte ist aber kein Mangel und keine Barriere für das Sagen.

FINK: Bei Heraklit müssen wir immer das mehrdimensionale Sprechen in den Blick nehmen, das wir nicht auf eine Dimension festlegen können. Im πᾶν ἑρπετόν sind zunächst von der unmittelbaren Aussage her gesehen nur die Weidetiere in ihrer Bewegungsart genannt. Nun haben wir aber das πᾶν ἑρπετόν zu lesen und damit zu interpretieren versucht als πάντα ὡς ἑρπετά und πληγή auf den Blitzschlag bezogen. Darin hat der Absprung in den nichtphänomenalen Bereich bestanden. Gemessen an der ungeheuerlichen, plötzlichen Bewegung des Blitzes hat alles, was unter dem Blitz in seinem Lichtschein steht und in sein Gepräge gebracht ist, den Charakter einer tierischen, d.h. langsamen Bewegung. Es ist aber zu fragen, ob es sich um zwei Ebenen handelt, so daß wir sagen können: wie im sinnlichen Bereich die Tierherden durch den Geißelschlag geweidet werden, so werden im Ganzen alle Dinge durch den Blitz gesteuert. Ich möchte meinen, daß wir diese beiden Ebenen nicht so scharf voneinander abheben dürfen. Sprechen wir von zwei Stufen, dann besteht die Gefahr, daß wir ausgehend von der phänomenalen Ebene irgendwelche Vergleiche ziehen und uns in ungezügelten Analogien bewegen. Wenn wir glauben, die zwei Ebenen scharf unterscheidend zu kennen, so verfehlen wir gerade ihr Ineinanderspielen. Heraklit kennt keine festliegenden Ebenen, sondern wir müssen bei der Interpretation seiner Fragmente gerade beachten, daß und wie sie ineinanderspielen. Die Kraft seiner Sprüche besteht darin, daß Heraklit vom Großen kommend es auch im Hinblick auf das Alltägliche sagen kann.

HEIDEGGER: Vielleicht haben Sie damit schon zu viel gesagt.

FINK: Wovon wir aber bei der Auslegung der Fragmente ausgehen müssen, sind die mehr oder weniger bekannten Züge an den Phänomenen. Ich versuche das noch an einem anderen Fragment zu verdeutlichen, das uns ebenfalls schon beschäftigt hat. Das Fragment 99 lautet übersetzt: „Wenn die Sonne nicht wäre, so wäre es wegen der anderen Sterne Nacht." Hier wird nicht nur ein Lobpreis der Mächtigkeit der Kraft des Ἥλιος ausgesprochen, der das Dunkel verjagt, sondern an den anderen Sternen sehen wir die Möglichkeit, daß Lichter im Dunkeln sind. Das Licht leuchtet in der Finsternis. Das bedeutet, daß der Umkreis des Lichtes umgeben ist von der Nacht. Die Sterne und der Mond zeigen die Möglichkeit des Eingebettetseins von Lichtern im Dunkel der Nacht. Hier liegt der Absprung für unsere Frage: könnte es nicht sein, daß so, wie die Sterne in der Nacht eingebettet sind, auch der offen-endlose Sonnenbereich in eine nichtphänomenale Nacht eingebettet ist?

HEIDEGGER: Wenn Sie von „endlos" sprechen, so ist das keine griechische Vorstellung.

FINK: Mit dem Ausdruck „offen-endlos" meine ich nur den phänomenalen Zug, daß wir im Hinaufschauen keine Wandung sehen, sondern nur den Charakter des Auslaufens und Nichtankommens. Der in Fragment 99 angesprochene phänomenale Sachverhalt, daß Lichter vom Dunkel der Nacht eingebettet sein können, hat uns vor die Frage gestellt, ob nicht der Sonnenbereich, also Ἥλιος in seinem Bezug zu τὰ πάντα, seinerseits μέτρα haben kann, die wir nicht unmittelbar sehen können. Im Absprung von der phänomenalen Einbettung der Gestirne in der Nacht haben wir versucht, die nichtphänomenale Umgrenztheit des Sonnenbereichs durch eine nichtphänomenale Nacht in den Blick zu nehmen. Was die μέτρα der Sonne anbetrifft, so haben wir sie dreifach zu deuten versucht: einmal als die μέτρα der Sonne in ihrem Sonnenlauf, zum anderen als die μέτρα, die durch die Sonne allen unter ihr liegenden Dingen zugemessen werden, und schließlich als die μέτρα im Sinne der im Fragment 120 genannten τέρματα, die den Sonnenbereich, den Bereich der Sonnenhelle und der in ihr befindlichen πάντα, umgrenzen.

HEIDEGGER: In diesem Zusammenhang haben Sie von der Nacht gesprochen. Wie aber verstehen Sie die Nacht?

FINK: Die vier τέρματα begrenzen die besonnte Welt an ihren vier Enden. Dieser umgrenzte Bereich ist bestimmt durch das zeitweilige An- und Abwesen der Sonne, so daß von dorther das Problem von Tag und Nacht aufkommt. Vom Phänomen her gesehen sind wir alle der Meinung Hesiods. Im unmittelbaren Sehen zeigt sich, daß Tag und Nacht sich abwechseln. Demgegenüber formuliert Heraklit den provokativen Satz und sagt: Obwohl Hesiod am meisten von den Werken und Tagen der Menschen zu verstehen scheint, hat er nicht gewußt, daß Tag und Nacht eins sind. Wir haben unsererseits die Frage gestellt, ob das Einssein so zu lesen ist, wie es unmittelbar gesagt ist, oder ob wir nicht eine schwierigere Lesart beiziehen müssen. Im letzteren Fall müssen wir sagen: Hesiod hat Tag und Nacht unterschieden gehalten, aber es gibt das ἕν. So verstanden fallen Tag und Nacht nicht zusammen, sondern vom Wissen des ἕν her kann auch die auffälligste Verschiedenheit von Tag und Nacht letztlich nicht anerkannt werden. Es gibt das Eine, und wenn es gelingt, ins Wissen des Einen zu kommen (ὁμολογεῖν), dann wird das, was in feste Gegenbezüge auseinandergerissen ist, unterlaufen von der einzigen Einheit des ἕν. Sofern Heraklit vom ἕν her denkt, kann er die Demarkation des wissendsten Lehrers nicht gelten lassen.

HEIDEGGER: Sie unterscheiden also ein mehrfaches Wesen von Nacht. Einmal unterscheiden Sie die Nacht gegen den täglichen Tag, dann verstehen Sie die Nacht auch als die Verschlossenheit der Erde,

FINK: wobei die Verschlossenheit der Erde die Grenze des Sonnenbereiches ist. Das Reich der Sonne in ihrem Bezug zu τὰ πάντα ist der Bereich des Offenen, in welchem Tag und Nacht im Wechseltausch sind,

HEIDEGGER: und Tag und Nacht in ihrem Wechseltausch sind noch in einer anderen Nacht?

FINK: Vielleicht.

HEIDEGGER: Ich möchte mit meinen Fragen nur darauf hinaus, von wo aus Sie von der anderen Nacht sprechen.

FINK: Wenn ich von einer anderen, ursprünglicheren Nacht, von dem nächtlichen Abgrund im Zuge der Auslegung der Sonnen-Fragmente gesprochen habe, so ist das im Vorblick auf die Tod-Leben-Fragmente geschehen. Von dorther habe ich auch den tieferen Sinn des Phänomens der Verschlossenheit der Erde und in gewisser Weise auch des Meeres als Grenze des Sonnenbereiches in den Blick genommen. Erst wenn wir das Verhältnis von Leben und Tod bedenken, werden wir sehen, wie das Reich des Lebens der Sonnenbereich ist und wie mit dem Bezug zum Tode eine neue Dimension aufbricht, die nicht der Bereich des Offenen und auch nicht nur die Verschlossenheit der Erde ist, obwohl die Erde gerade ein ausgezeichnetes Symbol ist für die Dimension der ursprünglicheren Nacht. Hegel spricht von der Erde als dem elementarischen Individuum, in das der Tote zurückgeht. Die Dimension der ursprünglicheren Nacht wird durch den Tod angezeigt. Sie ist das Totenreich, das aber kein Land ist und keine Ausdehnung hat, das Niemandsland,

HEIDEGGER: das nicht durchmessen werden kann und also auch keine Dimension ist. Die Schwierigkeit liegt darin, den durch den Tod angezeigten Bereich anzusprechen.

FINK: Die Sprache ist in ihrer Artikulation vielleicht beheimatet in dem Bereich, der selber artikuliert ist, in dem Bereich der Sonne, in welchem das eine vom anderen getrennt und gegeneinander abgehoben ist und das Einzelne bestimmte Umrisse hat. Wenn wir nun aber das ἕν nicht nur im Sinne der Dimension des Offenen, der Helle des Blitzes und der in ihr befindlichen πάντα verstehen, sondern auch als die ursprünglichere Nacht, als das Gebirg des Seins, das keine Landschaft ist, keinen Namen hat und unsäglich ist — wenn auch nicht im Sinne einer Sprachgrenze —, dann müssen wir im ἕν neben der Dimension des Sonnenbereiches auch eine zweite Dimension in den Blick nehmen, in die die Dimension der Helle eingebettet ist und auf die der Tod hinzeigt. Doch ist das, worauf der Tod hinzeigt, ein Bereich, den keiner zu Lebzeiten ausmachen kann. Je mehr Fragmente wir lesen, desto mehr häufen sich für uns die Fragezeichen.

HEIDEGGER: Im Zusammenhang dessen, was über die Sprache gesagt worden ist, möchte ich hinweisen auf den Vortrag „Sprache als Rhythmus" von Thrasybulos Georgiades, den er innerhalb der Vortragsreihe „Die Sprache" der Bayerischen Akademie der Schönen Künste und der Akademie der Künste in Berlin gehalten hat, sowie auf sein Buch „Musik und Rhythmus bei den Griechen". In beiden Arbeiten hat er Großartiges über die Sprache gesagt. Unter anderem stellt er die Frage nach dem Rhythmus und zeigt, daß ῥυσμός nichts zu tun hat mit ῥέω (fließen), sondern als Gepräge zu verstehen ist. Im Rückgriff auf Werner Jäger beruft er sich dabei auf einen Vers des Archilochos-Fragments 67a, wo der ῥυσμός diese Bedeutung hat. Der Vers lautet: γίγνωσκε δ' οἷος ῥυσμὸς ἀνθρώπους ἔχει, erkenne, welcher Rhythmus die Menschen hält. Außerdem führt er eine Stelle aus Aischylos' „Prometheus" an, auf die ebenfalls Werner Jäger schon hingewiesen hatte und in der ῥυσμός bzw. ῥυθμίζω dieselbe Bedeutung wie im Archilochos-Fragment hat: ὧδ' ἐρρύθμισμαι (Prom. 241). Hier sagt Prometheus von sich selbst: in diesem Rhythmus bin ich festgebannt. Er, der in dem Eisengeflecht seiner Fesseln regungslos festgehalten ist, ist an den Felsen rhythmisiert, d.h. gefügt. Georgiades weist darauf hin, daß nicht die Menschen den Rhythmus machen, sondern daß für die Griechen der ῥυθμός das Substrat der Sprache ist, der Sprache, die auf uns zukommt. In dieser Richtung versteht Georgiades die archaische Sprache. Wir müssen also die alte Sprache bis ins 5. Jahrhundert hinein im Blick haben, um Heraklit annähernd zu verstehen. Diese Sprache kennt keine Sätze,

FINK: die eine bestimmte Bedeutung haben.

HEIDEGGER: In den Sätzen der archaischen Sprache spricht die Sache und nicht die Bedeutung.

FINK: Wir haben unsere Auslegung Heraklits begonnen mit dem Blitzfragment, sind von dort aus zum Fragment 11 übergegangen, in dem gesagt wird, daß alles Kriechende mit dem Schlag gehütet wird, wobei wir den Schlag mit dem Blitzschlag in Verbindung gebracht haben, und haben dann anschließend die Sonnen- und die Tag-Nacht-Fragmente in den Blick genommen. Hier war es vor allem der dreifache Sinn von μέτρα, der Bezug von Sonne und Zeit und die Eingebettetheit des Sonnenbereiches in eine ursprüngliche Nacht. Die Grenzen zwischen dem Sonnenbereich und dem nächtlichen Abgrund sind die vier τέρματα. In der Sonne haben wir eine zeitbestimmende Macht gesehen, die die Maße der Zeit bemißt. Das nächste Fragment in unserer Reihung ist das Fragment 30: κόσμον τόνδε, τὸν αὐτὸν ἁπάντων, οὔτε τις θεῶν οὔτε ἀνθρώπων ἐποίησεν, ἀλλ' ἦν ἀεὶ καὶ ἔστιν καὶ ἔσται πῦρ ἀείζωον, ἁπτόμενον μέτρα καὶ ἀποσβεννύμενον μέτρα. Diels übersetzt: „Diese Weltordnung, dieselbige für alle Wesen, schuf weder einer der Götter noch der Menschen, sondern sie war immerdar und ist und wird sein ewig lebendiges Feuer, erglimmend nach Maßen und erlöschend nach Maßen." Zunächst interpretieren wir nur die zweite Hälfte des Fragments. Der Blitz, so können wir sagen, ist das plötzliche Feuer, die Sonne ist das Feuer im Regelgang des Zeitlaufes, das πῦρ ἀείζωον aber ist etwas, was wir nicht wie den Blitz und die Sonne im Phänomen vorfinden.

HEIDEGGER: Wie wollen Sie κόσμος übersetzen?

FINK: Ich möchte die erste Hälfte des Fragments 30 zunächst übergehen und nur die zweite Hälfte zu interpretieren versuchen. Wenn wir κόσμος mit Weltordnung oder Schmuck übersetzen, dann müssen wir das mit dem Fragment 124 in Verbindung bringen, wo vom schönsten κόσμος als einem Kehrichthaufen die Rede ist. Wenn wir nun das Fragment 30 von hinten her zu lesen und zu interpretieren versuchen, so müssen wir auch jetzt wieder zunächst in die Naivität zurückgehen. Ein phänomenales Feuer dauert an im Brennen. Der Brand des Feuers ist ein Vorgang in der Zeit. Das Feuer war gestern, ist heute und wird morgen sein. Nun aber lautet meine Frage: sind ἦν ἀεί, ἔστιν und ἔσται im Hinblick auf das πῦρ ἀείζωον Bestimmungen der Weisen des In-der-Zeit-seins des Feuers? Wird das ἀείζωον des Feuers durch das Immergewesensein, das Jetztsein und Künftigsein gedacht? Müssen wir von der bekannten Weise, wie wir das Andauern bestimmen, das hier genannte Feuer denken, nur mit dem Unterschied zum sonstigen Feuer, das angezündet wird, eine Weile dauert und wieder erlischt, also nicht immer gewesen ist, nicht immer ist und nicht immer sein wird? Wie ist das ἀείζωον zu verstehen? Meint es das Durchstehen des Feuers durch die ganze Zeit? Denken wir dann aber das hier von Heraklit gemeinte Feuer nicht zu naiv, wenn wir meinen, seine Auszeichnung bestünde darin, daß es immer gewesen ist, gegenwärtig ist und künftig sein wird? Ich möchte meinen, daß wir eher umgekehrt denken müssen. Nicht ist das Feuer immer gewesen, gegenwärtig und künftig, sondern das Feuer ist es, das erst das Gewesensein, Jetztsein und Künftigsein aufreißt.

HEIDEGGER: Was aber ist nach Ihrer Interpretation das Subjekt in der zweiten Satzhälfte? Für Diels ist es κόσμος, von dem er sagt, daß er weder von einem der Götter noch der Menschen hervorgebracht worden ist, sondern daß er immer war, ist und sein wird ewiglebendiges Feuer.

FINK: Diese Übersetzung lehne ich ab. Ich verstehe πῦρ als Subjekt der zweiten Satzhälfte.

HEIDEGGER: Machen Sie vor ἀλλ' einen Schnitt, so daß das Folgende mit dem Vorhergehenden nichts zu tun hat?

FINK: Der κόσμος als die schöne Fügung der πάντα ist das, was im Feuerschein aufscheint. Insofern haben also die erste und die zweite Satzhälfte sehr viel miteinander zu tun. Das Feuer ist die poietische, hervorbringende Macht. Auch die Götter und Menschen sind zum Aufschein bringende, entbergende Wesen, jedoch nur deshalb, weil es das Feuer gibt, zu dem sie in einem ausgezeichneten Bezug stehen.

HEIDEGGER: Wir müssen dann also statt der Dielsschen Übersetzung „sie" (d. h. die Weltordnung) „das ewiglebendige Feuer" als Subjekt der zweiten Satzhälfte setzen.

FINK: Wenn nun Heraklit von dem ewiglebendigen Feuer sagt, daß es nach Maßen erglimmt und nach Maßen erlischt, so scheint

Kosmos (Weltordnung) und Feuer 97

das dem ἀεί zu widersprechen und mutet uns als eine schockierende Bestimmung an.

HEIDEGGER: Lassen wir diese Frage vorerst noch beiseite. Um bei dem zu bleiben, was Sie zunächst gesagt haben: Sie lehnen es also ab zu sagen, daß die Weltordnung das Feuer ist?

FINK: Die Weltordnung ist kein Werk der Götter und Menschen, sondern das Werk des ewiglebendigen Feuers, nicht aber des Feuers, das immer war und ist und sein wird, weil das ewiglebendige Feuer die drei Zeitdimensionen des Gewesenseins, des Jetzt- und des Künftigseins erst aufreißt. Heraklit spricht im Fragment 30 zunächst aus der Abwehr: der κόσμος ist nicht hervorgebracht (die Dielssche Übersetzung „schuf" ist unangebracht) von einem der Götter oder der Menschen. Wir können auch sagen: er ist nicht von einem der Götter oder der Menschen zum Vorschein gebracht. Darin hören wir schon das Feurige des Feuers. Der κόσμος als die schöne Fügung der πάντα kommt im Feuerschein zum Vorschein. Daß der κόσμος als die schön gefügte Ordnung nicht zum Vorschein gebracht ist von einem der Götter oder der Menschen, ist zunächst nur so zu verstehen, daß die Götter und Menschen unter allen Wesen des κόσμος an der Macht des Feuers teilhaben und poietisch sind, aber nicht in der Weise der ursprünglichsten ποίησις, die das πῦρ ἀείζωον vollbringt. In der Auslegung des Fragments 30 kommt es mir aber vorerst darauf an, in Frage zu stellen, daß über das πῦρ ἀείζωον Zeitcharaktere ausgesagt werden. Das πῦρ ἀείζωον ist weder wie ein innerzeitlicher Vorgang in der Zeit, noch ist es vergleichbar mit dem, was Kant die Weltmaterie als das Substrat der immer bestehenden Zeit nennt. Das von Heraklit angesprochene Feuer ist nicht in der Zeit, sondern die zeitlassende Zeit selbst, die das ἦν, das ἔστι und das ἔσται allererst aufbrechen läßt und nicht selber darunter steht. Wenn wir das πῦρ ἀείζωον versuchsweise ansetzen als das zeitlassende, zeiteröffnende, dann steht das ἀεί in einem Spannungsverhältnis zum ἦν, ἔστι und ἔσται und außerdem, was den Nachsatz des Fragments 30 anbetrifft, in einem bestimmten Spannungsverhältnis zu dem nach Maßen Erglimmen und nach Maßen Erlöschen.

HEIDEGGER: Für mich ist jetzt die Kernfrage, wo Sie ansetzen. Gehen Sie aus vom ἦν, ἔστι und ἔσται oder aber vom πῦρ ἀείζωον?

FINK: Ich setze an beim πῦρ ἀείζωον und gehe von ihm aus zum ἦν, ἔστι und ἔσται über. Wenn man wortwörtlich liest, so ist vom ἀείζωον die Dreifalt der Zeit gesagt.

HEIDEGGER: Das heißt, daß von einem Immerseienden gesagt wird, daß es war, ist und sein wird.

FINK: Dieser Gedanke ist hart nachzuvollziehen. Solange wir das Fragment naiv lesen, müssen wir sagen, daß von einem immerlebendigen Feuer die Rede ist, das immer war und ist und sein wird.

HEIDEGGER: Das ἦν und ἔσται hat in bezug auf das ἀείζωον keinen Sinn.

FINK: Das ἦν meint das Vorbeisein, das ἔσται das Nochnichtsein. Nicht das Feuer ist vergangen und wird sein, sondern es öffnet allererst die Bahn für den innerzeitlichen Aufgang, das innerzeitliche Weilen und den innerzeitlichen Untergang. Das Feuer als die zeitlassende Zeit bricht allererst die drei Zeitekstasen der Vergangenheit, Gegenwart und Zukunft auf.

HEIDEGGER: Es gibt die Möglichkeit für den Vergang, so daß es selbst nicht immer gewesen sein kann. Wenn Sie aber von Zeitlassen sprechen, in welchem Sinne meinen Sie das?

FINK: Im Sinn des Zumessens von Zeit.

HEIDEGGER: Das Lassen verstehen Sie als Zumessen. Wie aber ist im Zeitlassen die Zeit gemeint?

Das Feuer als jeweiligende Zeit 99

FINK: Wir müssen unterscheiden das Zeitlassen und die zugemessene Zeit, die die Dinge haben, und zwar so, daß sie schon eine Weile gewesen sind, gegenwärtig sind und auch künftig noch eine Weile sein werden. Diese Weisen des In-der-Zeit-seins kommen nur den Dingen zu, nicht aber dem ewiglebendigen Feuer, das diese drei Zeitekstasen allererst aufbrechen läßt. Das πῦρ ἀείζωον ist der Aufriß von Gewesen-, Jetzt- und Künftigsein. Aus diesem ursprünglichen Zeitaufgang erhält das, was im Feuerschein steht, die ihm zugemessene Zeit seines Weilens. Das Feuer setzt Maße. Die Härte des Problems wäre verschwunden, wenn man meinte, das πῦρ ἀείζωον wäre durch Zeitaussagen des In-der-Zeit-seins bestimmt. Es ist aber die Frage, ob gemeint ist, daß das Feuer immer war und ist und sein wird, oder ob zwischen dem Feuer und dem ἦν, ἔστι und ἔσται ein produktives Verhältnis zu denken ist.

HEIDEGGER: Wenn Sie vom Zeitlassen des πῦρ ἀείζωον sprechen, dann meinen Sie das nicht im gewöhnlichen Sinne, wie wir etwa sagen: jemand läßt einem anderen Zeit?

FINK: Die Zeit, die das Feuer läßt, indem es die Zeit den Dingen zumißt, ist keine leere Zeitform, kein vom Inhalt abgetrenntes Medium, sondern gewissermaßen die Zeit mit ihrem Inhalt.

HEIDEGGER: Von der so gegebenen Zeit müßte man sagen, sie jeweiligt. Sie ist nicht ein Behälter, in dem die Dinge verteilt auftreten, sondern die Zeit als zugemessene ist schon auf Jeweiliges bezogen.

FINK: Auf Individuiertes.

HEIDEGGER: Lassen wir das Individuierte beiseite. Sie wollen aber sagen, daß wir mit Ihrer Interpretation der Zeit und des Zeitlassens über die gewöhnliche Zeitauffassung hinausgehen?

FINK: Ich gehe zunächst aus von der Befremdlichkeit, daß im Fragment 30 das πῦρ ἀείζωον angesprochen wird wie ein Vorgang in der Zeit, während es gerade nicht in der Zeit ist, sondern die Zeitbildung im Sinne des Zumessens von Zeit für alles Innerzeitliche. Dieses Zumessen von Zeit haben wir vorher im treibenden Blitzschlag und im Feuer des Ἥλιος gedacht. Wir dürfen nicht die die Zeiten für τὰ πάντα bildende Zeit des Feuers bestimmen in der verfänglichen Rücklegung von Begriffen des In-der-Zeit-seins auf die ursprünglichste Zeit. Die leichte Lesart lautet: das Feuer war immer und ist und wird sein. So aufgefaßt ist das Feuer ein ständig bestehendes, vorhandenes, das sich durch den Lauf der Zeit erhält. Dieses Bleiben wird durch die Zeitdimensionen des Gewesenseins, des Jetzt- und des Künftigseins charakterisiert. Dann aber hat man schon die Zeit und wendet Zeitbegriffe auf das zeitbildende Feuer an. Die schwierigere Lesart lautet dagegen: daß das ἦν, ἔστι und ἔσται allererst dem Zeitlassen des Feuers entspringt.

HEIDEGGER: Das Feuer ist dabei nicht nur als Glühen, sondern als Licht, Schein und Wärme

FINK: und somit auch als das Nährende zu verstehen.

HEIDEGGER: Am πῦρ ἀείζωον ist aber vor allem das Moment des Scheins bedeutsam.

FINK: Das Feuer ist das zum Vorschein-Bringende.

HEIDEGGER: Wenn wir das Feuer nur als Strohfeuer verstehen, so wäre es ohne Schein.

FINK: Vom Schein her müssen wir zurückdenken auf den κόσμος. Dieser ist das im Feuerschein Aufscheinende. Zunächst müssen wir uns fragen: wie kann durch die innerzeitliche Charakteristik des πῦρ ἀείζωον hingewiesen werden auf das πῦρ ἀείζωον als das, was überhaupt erst aus sich Vergangenheit, Gegenwart und Zukunft entläßt?

HEIDEGGER: Sie sprechen vom Entlassen. Wie ist dieser Wortgebrauch näher zu verstehen? Hegel entläßt die Natur. Und wie

Das Feuer und die Zeitdimensionen

entläßt das πῦρ ἀείζωον Vergangenheit, Gegenwart und Zukunft? Für mich ist die Frage, ob das, was nachher kommt, in irgendeiner Weise Ihre Interpretation stützt, oder ob das Kommende Ihre Interpretation erst ermöglicht.

FINK: Das mich Beunruhigende ist das Spannungsverhältnis zwischen dem ἀείζωον und dem ἦν, ἔστι und ἔσται. Das ἀεί des πῦρ und die drei Zeitbestimmungen scheinen mir nicht ohne weiteres zusammenzugehen. Das Gewesen, das Jetzt und Künftig beziehen sich nicht auf das Feuer, sondern wir müssen vom Feuer her das Aufspringen des Gewesenseins, des Jetztseins und des Künftigseins für τὰ πάντα verstehen.

HEIDEGGER: Ich suche nur nach einem Anhalt für diesen Schritt Ihrer Interpretation. Solange ich diesen Anhalt nicht sehe, könnte man sagen, daß der Schritt vom παν ἑρπετόν zu πάντα ὡς ἑρπετά und von der Nacht, die Sterne und Mond umgibt, zu einer ursprünglicheren Nacht, die den Sonnenbereich begrenzt, wohl nachzuvollziehen ist, weil ein Anhalt gegeben ist, daß aber der Schritt vom πῦρ ἀείζωον und den drei Zeitbestimmungen zur Zeitbildung des πῦρ ἀείζωον im Sinne des Aufspringenlassens von Gewesensein, Gegenwärtigsein und Künftigsein keinen Anhalt hat und daher nicht recht nachvollziehbar ist.

FINK: Der Anhalt ist für mich der, daß es unmöglich ist, vom πῦρ ἀείζωον innerzeitig zu reden. Sonst wird es zu einer Sache, die in der Welt vorkommt, vielleicht auch zur höchsten Sache, zum summum ens, das aber dann ein ens inmitten ist. So gesehen würde es der Zeit unterstehen. Meine Frage ist aber die, ob nicht die Bestimmungen des In-der-Zeit-seins dem πῦρ ἀείζωον unterstehen.

HEIDEGGER: Soweit ich sehe, gibt es also nur diesen Anhalt, daß das πῦρ ἀείζωον kein Ding ist und daß deshalb von ihm kein „war", „ist" und „wird sein" ausgesagt werden kann,

FINK: und auch kein Immersein im gewöhnlichen Sinne.

HEIDEGGER: Wir stehen vor der Frage, wie sich das πῦρ ἀείζωον zur Zeit verhält. Weiter kommt man nicht. Im Sommersemester 1923 habe ich in Marburg während der Ausarbeitung von „Sein und Zeit" eine Vorlesung über die Geschichte des Zeitbegriffs gehalten. Als ich der archaischen Vorstellung von der Zeit bei Pindar und Sophokles nachging, war das Auffallende, daß nirgends die Rede von der Zeit im Sinne des Nacheinander ist, sondern daß dort die Zeit in den Blick genommen wird als das, was das Nacheinander erst gewährt — ähnlich wie in den letzten Paragraphen von „Sein und Zeit", obwohl das Problem dort vom Dasein her in den Blick genommen ist. — Ich schaue auf meine Uhr und stelle fest: es ist 3 Minuten vor 19 Uhr. Wo ist da die Zeit? Suchen Sie sie mal.

VI.

πῦρ und πάντα (beigezogene Fragmente: 30, 124, 66, 76, 31).

(Das Seminar begann mit dem Referat eines Teilnehmers über Hermann Fränkel „Die Zeitauffassung in der frühgriechischen Literatur" [abgedruckt in: Wege und Formen frühgriechischen Denkens, 1960²].)

FINK: Die Referentin hat dargetan, daß χρόνος bei Homer die sich lang hinziehende Zeit, die im Erwarten verstandene Zeitdauer meint oder auch die Zeit, die für den leidgeprüften Sterblichen noch bleibt. Beides sind bestimmte Formen von Zeit.

HEIDEGGER: Wichtig ist für uns, daß es bei Homer und Hesiod keine theoretisch begriffliche Bestimmung der Zeit als Zeit gibt, sondern daß bei beiden die Zeit nur aus der Erfahrung angesprochen wird.

FINK: Die Frage von Herrn Professor Heidegger ging aus von dem Fränkelschen Ausdruck des Tages als einer Erlebniseinheit, d. h. von der Vorstellung einer erlebnismäßigen Gegebenheitsweise der Zeit. Es war die Frage, ob die Zeit auf ein erlebendes Subjekt zu beziehen ist oder eher als konkrete Zeit zu verstehen ist im Sinne der verschiedenen Weisen, wie wir in der Zeit sind, ohne daß wir die Zeit erleben. Die Rede vom Erleben der Zeit ist gefährlich, weil sie dann auf das Bewußtsein bezogen wird. Wir bewegen uns dann in der Unterscheidung der Bewußtseinszeit, in der wir erleben, und der objektiven Zeit, die von der subjektiven Erlebniszeit geschieden ist. Die Frage war, was die bestimmte Zeit ist, ob die Bestimmtheit der Zeit vom Erlebnischarakter her zu fassen ist oder von einem anderen Ansatz her, der außerhalb der Unterscheidung von subjektiver und objektiver Zeit liegt.

HEIDEGGER: Ich habe mich an dem Ausdruck „Erlebniseinheit" gestoßen. Wenn von einem der Teilnehmer gesagt wurde, daß bei Homer eine bestimmte Zeitvorstellung vorliegt und daß diese Bestimmtheit im Erleben der langen Weile beim Warten beruht, dann ist das richtig, nur daß ich mich wieder an der Formulierung stoße. Denn die Griechen erleben nicht. Wir brechen die an das Referat sich anschließende Diskussion ab, weil wir sonst zu viel Zeit verlieren. Was aber bedeutet es, wenn wir sagen, wir verlieren Zeit? Unter welcher Voraussetzung können wir überhaupt Zeit verlieren?

TEILNEHMER: Nur wenn uns die Zeit begrenzt ist, können wir Zeit verlieren.

HEIDEGGER: Das Begrenztsein ist nicht das Entscheidende, sondern um etwas zu verlieren, muß man es haben. Ich kann nur Zeit verlieren, wenn ich Zeit habe. Sage ich: ich habe keine Zeit, wie ist dann die Zeit charakterisiert?

TEILNEHMER: Ich setze dabei voraus, daß mir die Zeit zur Verfügung steht.

HEIDEGGER: Das heißt in bezug auf die Zeit, daß sie charakterisiert ist als Zeit für...

TEILNEHMER: Als Zeit für dieses ist sie die Unzeit für ein anderes. Es ist an der Zeit, dieses und nicht jenes zu erledigen.

HEIDEGGER: Die Zeit als Unzeit ist die privative Charakterisierung der Zeit. Der eine Charakter der Zeit, den wir abgehoben haben, ist die Zeit als Zeit für.... Ein anderer Charakter der Zeit, auf den ich hinweisen möchte, zeigt sich, wenn ich auf die Uhr sehe und sage: es ist 17 Uhr 45. Nun aber frage ich: wo ist die Zeit?

TEILNEHMER: Damit zeigt sich die Zeit als Uhrzeit bzw. als gemessene Zeit.

HEIDEGGER: Wenn ich auf die Uhr sehe und sage: es ist 17 Uhr 45 und die Frage stelle, wo die Zeit ist, stimmt dann diese Frage überhaupt?

TEILNEHMER: Es ist ein Problem, ob man fragen kann, wo die Zeit ist.

HEIDEGGER: Daher frage ich Sie: kann man überhaupt fragen, wo die Zeit ist?

TEILNEHMER: 1962 haben Sie in Ihrem Vortrag „Zeit und Sein" gesagt, daß die Zeit vorräumlich ist. Das würde bedeuten, daß man nicht danach fragen kann, wo die Zeit ist.

HEIDEGGER: Andererseits lesen Sie die Zeit von der Uhr ab. Ich sehe auf die Uhr und lese ab: es ist 17 Uhr 45. Offenbar stimmt hier etwas nicht. Nach Hegel müssen wir es auf die Tafel schreiben. Wie aber? Wir müssen schreiben: jetzt ist es 17 Uhr 45. Im Jetzt haben wir also die Zeit. Mit ihm meine ich doch die Zeit. Auf diese Frage kommen wir zurück, wenn wir auf das Fragment 30 eingehen und die Schwierigkeit beachten, die im Sagen vom ἦν, ἔστιν und ἔσται in bezug auf das πῦρ ἀείζωον liegt. Hier wäre, scheint mir, zu überlegen, ob im Fragment 30 überhaupt die Rede von Zeit ist.

FINK: Heraklit spricht doch aber vom ἀεὶ ἦν, ἔστι und ἔσται.

HEIDEGGER: Wenn wir sagen, daß das Fragment 30 von der Zeit spricht, machen wir dann nicht einen Schritt über den Text hinaus?

FINK: Heraklit gebrauchte doch aber offensichtlich Zeitbestimmungen.

HEIDEGGER: Das bedeutet also, daß er nicht thematisch über die Zeit spricht. Diese Feststellung ist wichtig, um den Schritt nachzugehen, den Sie in Ihrer Interpretation vom Fragment 30 verfolgen, in der Sie das Verhältnis von πῦρ ἀείζωον und κόσμος bestimmen. Wir können das Fragment fast trivial lesen, wenn wir sagen, daß ἦν, ἔστι und ἔσται die vorweggenommene Interpretation des ἀείζωον ist. Was würde in diesem Falle das ἀεί bedeuten?

Teilnehmer: Das ἀεί würde verstanden sein als ein Zusammen von εἶναι, ἔσεσθαι und γενέσθαι.

Heidegger: Was ist das für ein Zusammen? Wenn wir das Fragment 30 fast trivial lesen und das ἦν, ἔστι und ἔσται als vorweggenommene Interpretation des ἀεί verstehen, was heißt das dann? Ist im „immer" die Zeit vorausgesetzt?

Teilnehmer: Das „immer" kann eine innerzeitliche Bestimmung sein.

Heidegger: Das „immer" ist dann verstanden als „jederzeit", „ständig". Im Lateinischen spricht man von der sempiternitas. Daß wir hier nicht recht weiterkommen, beruht darauf, daß im Fragment nicht thematisch über die Zeit gesprochen wird, daß aber trotzdem der Versuch der Interpretation dahin geht, die Zeit in einem entscheidenden Sinne in den Blick zu nehmen. Ich glaube, nur so können wir uns den Weg Ihrer Interpretation klarmachen. Während nach der trivialen Lesart in der ersten Satzhälfte gesagt wird, daß der κόσμος weder von einem der Götter noch der Menschen hervorgebracht ist, und in der zweiten Satzhälfte, die mit ἀλλά beginnt, daß der κόσμος immer war, ist und sein wird ewiglebendiges Feuer, ist nach Ihrer Interpretation das Subjekt in der zweiten Satzhälfte nicht κόσμος, sondern πῦρ.

Fink: Nach der glatteren Lesart, wie Diels sie vorschlägt, ist das Feuersein eine prädikative Bestimmung des κόσμος. Doch bereits der Vordersatz kann uns schon hellhörig machen. Wenn wir übersetzen: dieser κόσμος ist weder von einem der Götter noch der Menschen zum Vorschein gebracht, dann rückt — wenn auch aus der Abwehr gesprochen — der κόσμος in die Blickbahn eines Hervorgebrachten. Damit ist auch schon die Verbindung zum Feuer als dem hervorbringenden gegeben. Wir verstehen das Feuer nicht als prädikative Bestimmung des κόσμος, sondern verstehen den κόσμος vom Feuer her als die schöne Fügung der τὰ πάντα, die weder einer der Götter noch der Menschen zum Vorschein gebracht hat. Es war immer und ist und wird sein ewiglebendiges Feuer, in dessen Lichtschein die schöne Fügung der τὰ πάντα zum Aufschein kommt. Das „es war immer und ist und wird sein" müssen wir verstehen im Sinne des „es gibt". So gesehen wird der κόσμος vom Feuer her begriffen und nicht das Feuer vom κόσμος her. Diese Lesart würde in die bisherige Spur hineinpassen, in der wir das Verhältnis von Blitz und Sonne zu τὰ πάντα interpretiert haben. Der Bezug von πῦρ und κόσμος wäre ein besonderes Verhältnis von ἕν und πάντα, wonach τὰ πάντα im Lichtschein des Feuers stehen. Die glattere Lesart hat den Vorteil, daß in beiden Satzhälften das Subjekt dasselbe bleibt, so daß das Feuer zu einer Bestimmung des κόσμος wird, anstatt daß umgekehrt der κόσμος im Feuerschein zum Vorschein gebracht wird. Nur wenn in der zweiten Satzhälfte das Satzsubjekt nicht κόσμος ist, gibt es einen Vorrang des Feuers gegenüber dem κόσμος. Hier können wir auch auf Fragment 124 hindeuten: ὥσπερ σάρμα εἰκῆ κεχυμένων ὁ κάλλιστος [ὁ] κόσμος. Diels übersetzt: „(Wie) ein Haufen aufs Geratewohl hingeschütteter Dinge (?) die schönste (Welt)ordnung." Hier ist die Rede davon, daß die schönste Weltordnung einem Kehrichthaufen gleicht.

HEIDEGGER: κάλλιστος κόσμος könnte man übersetzen: der κόσμος, wie er überhaupt nur sein kann.

FINK: Der schönste κόσμος, die schönste Gesamtordnung aller πάντα, kommt im Feuerschein zum Vorschein. Wenn dieser κόσμος einem Kehrichthaufen gleicht, so haben wir einen harten

Kontrast zwischen κάλλιστος, das auf κόσμος bezogen ist, und der abschätzigen Redeweise vom σάρμα. Inwiefern kann der schönste κόσμος einem Haufen hingeschütteter Dinge gleichen? Insofern, als wir ihn vergleichen mit dem hervorbringenden πῦρ. Verglichen mit dem zum Vorschein bringenden Feuer erscheint der schönste κόσμος als ein Haufen hingeschütteter Dinge. Wenn wir das Fragment 124 in dieser Weise lesen, kann es unsere Interpretation des Fragments 30 stützen, in der es uns auf den Vorrang des Feuers gegenüber dem κόσμος ankommt.

HEIDEGGER: Daß der schönste κόσμος noch einer Bestimmung bedarf, ist für mich schwer zu fassen.

FINK: Ich verstehe das Fragment so, daß der schönste κόσμος den negativen Charakter eines Haufens hingeschütteter Dinge nur erhält im Hinblick auf das ἕν des πῦρ.

HEIDEGGER: Die Frage ist also die, ob das Fragment 124 als Stütze für die Auslegung des Fragments 30 in Anspruch genommen werden kann.

FINK: Der κάλλιστος κόσμος könnte auch als wirrer Haufen nicht nur im Hinblick auf das ἕν des πῦρ, sondern im Hinblick auf das andere ἕν charakterisiert werden, das erst mit der Dimension des Todes in den Blick kommt.

HEIDEGGER: Mir geht es vor allem darum, den Teilnehmern die Art, wie Sie vorgehen, deutlich zu machen. Sie setzen sich ab gegen die naivere, glattere Lesart und ziehen die schwierigere vor. Lesen wir das Fragment 30 glatt, dann handelt es sich um eine Aussage über den κόσμος, der weder von einem der Götter noch der Menschen hervorgebracht ist, sondern der immer war, ist und sein wird ewiglebendiges Feuer. Dann ist der κόσμος etwas, was ist. Diese Aussage ist dann, wie Sie sagen wollen, gar keine philosophische.

FINK: Es läge dann nur im ἀεί, in der Ewigkeit der Welt ein gewisses philosophisches Element.

HEIDEGGER: Sie sagen das aber unter der Voraussetzung, daß Heraklit ein Philosoph ist. Philosophen jedoch gab es zur Zeit Heraklits noch nicht.

FINK: Wohl ist Heraklit kein Philosoph, aber er ist doch ein φίλος τοῦ σοφοῦ, ein Freund des σοφόν.

HEIDEGGER: Das bedeutet also, daß Sie Heraklit nicht metaphysisch interpretieren. Gegenüber der naiven Lesart verlangen Sie eine philosophische, die noch nicht metaphysisch ist. Aus welcher hermeneutischen Position probieren Sie das?

FINK: Es macht mich stutzig, daß das πῦρ ἀείζωον als Wesensprädikation des κόσμος angesprochen werden soll, während der κόσμος als Fügung der πάντα auf Grund der bisherigen Fragmente, in denen die πάντα das vom Blitz Gesteuerte und im Lichtschein des Ἥλιος Stehende sind, nicht selbst das Feuer sein kann, sondern das Werk des Feuers ist. Im Vordersatz wird gesagt, daß dieser κόσμος weder von einem der Götter noch der Menschen zum Vorschein gebracht ist. Wir müssen zunächst verwundert fragen, inwiefern überhaupt gesagt werden kann, daß keiner der Menschen die Gesamtordnung der Dinge hervorgebracht hat. Diese Verneinung ist nur deshalb möglich, weil die Menschen durch eine poietische Macht ausgezeichnet sind. Zunächst aber klingt diese Abwehr paradox, weil doch keiner so leicht auf den Gedanken käme zu sagen, daß einer der Menschen die Gesamtordnung der πάντα hervorgebracht hat. Die Menschen bringen nicht den κόσμος im Sinne der Gesamtfügung der πάντα hervor, wohl aber den κόσμος im Sinne der πόλις, während die Götter den κόσμος im Sinne des Weltregiments hervorbringen, wenn auch in begrenzter Weise, sofern sie nicht in die Macht der Μοῖρα eingreifen können. Menschen und Götter sind poietisch, weil sie in einer ausgezeichneten

Weise an der poietischen Macht des Feuers teilhaben. Die Menschen machen nur kleine κόσμοι und nicht den großen, aber nur, weil sie an der ποίησις des πῦρ teilhaben. Die Götter und Menschen sind ausgezeichnete Wesen im κόσμος, wobei die Götter durch eine noch größere Nähe zum πῦρ ἀείζωον bestimmt sind. Aus der Teilhabe an der poietischen Macht des Feuers haben die Menschen die Fähigkeit der τέχνη und der Errichtung von Staaten. Die Götter bringen keinen Staat hervor, sondern die Weltherrschaft. Von der Götter und Menschen überragenden poietischen Gewalt des Feuers haben die Götter und Menschen ihre eigene poietische Macht zu Lehen, und nur deshalb kann von ihnen abwehrend gesagt werden, daß sie den großen κόσμος nicht hervorgebracht haben. Vor ἀλλά im Fragment 30 würde ich ein Semikolon setzen und dann weiter übersetzen: aber es war immer und ist und wird sein ewig lebendiges Feuer. Die ποίησις des Feuers ist die διακόσμησις. Was früher als οἰακίζει und ἐκυβέρνησε angesprochen war, ist jetzt die poietische Macht des Feuers für den κόσμος.

HEIDEGGER: Die Macht denken Sie nicht metaphysisch. Sie denken nicht mehr metaphysisch. Heraklit denkt noch nicht metaphysisch. Ist das das Gleiche? Handelt es sich dabei um die gleiche Situation des Denkens?

FINK: Vermutlich nicht. Denn wir sind im Unterschied zu Heraklit durch die Begriffssprache der Metaphysik geprägt. Vielleicht kommen wir mit den metaphysischen Grundvorstellungen kaum aus der Metaphysik heraus.

HEIDEGGER: Das ist für die Interpretation und auch für den Zusammenhang des Noch-nicht-metaphysisch und Nicht-mehr-metaphysisch zu beachten, der ein besonderer geschichtlicher Zusammenhang ist. Der Ausdruck „nichtmetaphysisch" ist unzureichend. Wir interpretieren nicht mehr metaphysisch einen Text, der noch nicht metaphysisch ist. Dahinter verbirgt sich eine Frage, die jetzt noch nicht zu erörtern ist, die aber notwendig sein wird, um den Gang Ihrer Interpretation deutlich machen zu können.

Fink: Nun können wir die nicht glatte Deutung auch auf den Nachsatz beziehen: ἁπτόμενον μέτρα καὶ ἀποσβεννύμενον μέτρα. Wenn das Feuer immer lebendig ist, verlöscht es als solches nicht, sondern ist entzündend und verlöschend im Hinblick auf den κόσμος und setzt Maße für Tag und Nacht und alle Dinge, die im Offenen des Wechsels von Tag und Nacht stehen. Das ἁπτόμενον μέτρα καὶ ἀποσβεννύμενον μέτρα ist kein Bestimmtsein des Feuers, ist nicht etwas, was mit dem Feuer geschieht, sondern das Entzünden und Verlöschen nach Maßen geschieht im Hinblick auf das, was im Feuerschein steht und geht. Dem, was im Feuerschein zum Aufschein kommt, kommt auch das ἦν, ἔστιν und ἔσται zu. Diese drei Zeitbestimmungen verstehen wir nicht als zeithafte Kennzeichnung des πῦρ ἀείζωον, sondern umgekehrt aus dem ἀεί des πῦρ verstehen wir das Gewesen, das Jetzt und das Künftig der Dinge, die im Feuerschein zum Vorschein kommen. Die Dinge haben ihr In-der-Zeit-sein in den Weisen des Entstehens, des Weilens und des Vergehens. Während sie weilen, erstrecken sie sich zwischen dem Jetzt, dem Gewesen und dem Künftig.

Heidegger: Im Fragment wird vom „war", „ist" und „wird sein" gesprochen. Sie aber sprechen vom Gewesensein, Gegenwärtigsein und Künftigsein. Offenbar handelt es sich dabei um etwas Verschiedenes. Während im Fragment Zeitbestimmungen gebraucht werden, nehmen Sie in Ihrer Interpretation die Zeit als solche mit ins Thema.

Fink: Die immer lebendige Quelle der Zeit kann nur angesprochen werden mit den Namen, die von τὰ πάντα hergenommen sind.

Heidegger: Dem stimme ich zu, aber worauf es mir jetzt ankommt, ist der Hinweis darauf, daß ἦν nicht das Gewesensein als Gewesensein meint.

FINK: Das, wovon meine Verwunderung ausgeht, ist der harte Zusammenschluß des πῦρ ἀείζωον mit dem ἦν, ἔστιν und ἔσται. Vielleicht können wir sagen: in gewisser Weise läßt sich vom πῦρ ἀείζωον nicht sagen, daß es nur ist, weil es nicht ewig ist. Vielmehr müssen wir sagen: wie die Helle des Blitzes und der Sonne die πάντα zum Vorschein und in den Umriß seiner Gestalt bringt, so ist das ἀεί des πῦρ das, was die im Lichtschein des Feuers stehenden πάντα dazu macht, daß sie waren, sind und sein werden. Die Schwierigkeit liegt aber darin, daß sich die Charakteristik des In-der-Zeit-seins der πάντα auf das πῦρ ἀείζωον als die Quelle der Weisen des In-der-Zeit-seins zurücklegt. Vom πῦρ ἀείζωον kann man aber nicht sagen, daß es war, ist und sein wird. Denn dann faßt man es wie ein Bestehendes auf. Was soll es heißen, das πῦρ ἀείζωον ist jetzt? Hat es ein bestimmtes Alter, so daß es in jedem Augenblick älter ist? Und was soll es heißen, daß es immer war und sein wird? Das immer Gewesensein meint, daß es eine Vergangenheit hinter sich hat, so wie das Künftigsein bedeutet, daß es eine Zukunft vor sich hat. Kann man vom πῦρ ἀείζωον sagen, daß es eine Vergangenheit hinter sich hat, daß es jetzt Anwesenheit hat und in Zukunft kommende Anwesenheit? Hier wird auf die Art, wie Dinge in der Zeit sind, entstehen, weilen und vergehen, Vergangenheit, Gegenwart und Zukunft haben, das πῦρ ἀείζωον angesprochen, das seinerseits allererst das Gewesen, Gegenwärtig und Künftig entspringen läßt. Wir müssen uns davor hüten, das πῦρ ἀείζωον als einen andauernden Bestand aufzufassen.

HEIDEGGER: Für mich ist die Frage, worin der Anlaß für diesen umgekehrten Schritt der Interpretation besteht. Das ἀεί wird für Sie zur Quelle für das ἦν, ἔστιν und ἔσται.

FINK: Zur Quelle für die drei Zeitdimensionen. Der Anlaß für meinen umgekehrten Interpretationsschritt besteht darin, daß das πῦρ ἀείζωον, das selbst nicht innerzeitlich ist, angesprochen wird durch das, was allererst durch es ermöglicht wird. Darin liegt eine Verdeckung des Ursprünglichen durch das Abgeleitete. Würden wir uns bei dem unmittelbaren Wortlaut des Fragments beruhigen und die glattere Lesart vorziehen, dann hätte das πῦρ ἀείζωον Vergangenheit und Zukunft und wäre jetzt nicht mehr, was es war, und noch nicht das, was es künftig sein wird.

HEIDEGGER: Wir haben gesagt, daß wir nicht mehr metaphysisch einen Text interpretieren, der noch nicht metaphysisch ist. Ist das Nicht-mehr-metaphysisch schon im Noch-nicht-metaphysisch enthalten?

FINK: Das wäre Heraklit durch Heidegger interpretiert.

HEIDEGGER: Mir geht es nicht darum, Heraklit durch Heidegger zu interpretieren, sondern um die Herausarbeitung des Anlasses zu Ihrer Interpretation. Wir sind uns beide darin einig: wenn wir mit einem Denker sprechen, so müssen wir auf das Ungesagte im Gesagten achten. Die Frage ist nur, welcher Weg dahin führt und welcher Art die Begründung des Interpretationsschrittes ist. Diese Frage zu beantworten, scheint mir bei der Interpretation des Fragments 30 im Hinblick auf die Zeit besonders schwierig. Daher habe ich nach dem „immer" gefragt. Wie sollen wir es verstehen? Was heißt im Rahmen Ihrer Interpretation das „immer"? Wenn ich Sie frage, ist es das nunc stans und Sie mit Nein antworten, dann frage ich: sondern? Hier stehen wir vor einem Fragezeichen.

FINK: Die besondere Schwierigkeit liegt darin, daß das, was als Quelle der Zeit vorausgeht, gar nicht in angemessener Weise gesagt werden kann. In bezug auf die Quelle der Zeit befinden wir uns in einer besonderen Verlegenheit.

HEIDEGGER: Sie betonen mit Recht die Verlegenheit, in der wir uns befinden. Die Schwierigkeit, vor der wir stehen, besteht nicht nur in dem Denkschritt, sondern auch für unseren Nachvollzug. Wir müssen eine zureichende Klarheit des Zudenkenden haben, um Heraklit in der rechten Weise zu hören. Das Zudenkende können wir jedoch nicht an einem Fragment aufdröseln, sondern wir müssen — wie Sie schon gesagt haben — für die Interpretation eines Fragments alle Fragmente im Blick haben. Mir geht es immer wieder darum, die Schrittfolge Ihrer Interpretation deutlich zu machen. Daher habe ich darauf hingewiesen, daß bei Ihrem Denkschritt die Zeit thematisch wird, während im Fragment 30 die Zeit nur als Zeitverständnis in den Blick kommt, ohne daß sie von Heraklit thematisiert würde.

FINK: Was das ἦν ἀεὶ καὶ ἔστιν καὶ ἔσται πῦρ ἀείζωον anbetrifft, so will ich nicht behaupten, daß wir ohne weiteres über eine Aussagemöglichkeit verfügen, um den durch innerzeitliche Bestimmungen verdeckten Quell der Zeit ohne innerzeitliche Bestimmungen ansprechen zu können. Denn das würde heißen, daß wir schon imstande wären, die vormetaphysische Sprache einzuholen. — Werfen wir in diesem Zusammenhang einen Blick auf das Fragment 66, das jetzt nur beigezogen werden soll, um den Vorrang des πῦρ gegenüber dem κόσμος und τὰ πάντα zu zeigen. Es lautet: πάντα γὰρ τὸ πῦρ ἐπελθὸν κρινεῖ καὶ καταλήψεται. Diels übersetzt: „Denn alles wird das Feuer, herangekommen, richten und fassen (verurteilen)." Fraglich ist an dieser Übersetzung, ob κρινεῖ als „wird richten" im Sinne einer Endsituation übertragen werden muß oder ob es nicht eher als „wird scheiden" und καταλήψεται als „wird ins Gepräge schlagen" aufgefaßt werden muß. Wir müssen dann sagen: das Feuer wird τὰ πάντα indem es sie zum Vorschein bringt, scheiden und jegliches in sein Gepräge schlagen. Damit zeigt sich auch hier der Vorrang des Feuers gegenüber τὰ πάντα, die im Fragment 30 unter dem Namen des κόσμος, d.h. der Gesamtordnung der πάντα angesprochen werden. Die von mir vorgeschlagene schwierigere Lesart des Fragments 30 erfordert, daß das Subjekt in der ersten und zweiten Satzhälfte wechselt. Der glatteren Lesart gemäß wird das Subjekt des Vordersatzes, κόσμος, auch in der zweiten Satzhälfte durchgehalten. Sprachlich gesehen mag diese Lesart die leichtere sein, aber gedanklich erscheint sie mir als anstößig. Die schwierigere Lesart besagt: im Vordersatz

Interpretation des immerwährenden Feuers

kommt der κόσμος in den Blick, der als ein Hervorgebrachtes genannt, aber von der hervorbringenden Macht der Götter und Menschen weggehalten wird. Als Hervorgebrachtes, das weder der ποίησις der Götter noch der Menschen entsprungen ist, weist es auf das Zum-Vorschein-Bringen des Feuers. Deshalb kann in der zweiten Satzhälfte das Subjekt nicht mehr der κόσμος sein. Denn sonst würde das πῦρ ἀείζωον zu einer prädikativen Bestimmung des κόσμος, während doch der κόσμος das Hervorgebrachte des Feuers ist. Wir müssen also lesen: den κόσμος brachte weder einer der Götter noch der Menschen zum Vorschein, sondern es war immer und ist und wird sein immer lebendiges Feuer, — das den κόσμος zum Vorschein bringt. Das „war immer und ist und wird sein" können wir fast im Sinne des „es gibt" verstehen. Aber die Weise, wie es das πῦρ ἀείζωον gibt, ist die Art, daß es den πάντα die drei Weisen des In-der-Zeit-seins gibt. Wenn wir so das Fragment 30 lesen, ergibt sich ein entscheidender Vorzug des Feuers vor dem κόσμος, ein Vorzug, der durch das Fragment 66 gestützt wird. Die Frage ist allerdings, ob wir das Fragment 30 so lesen dürfen, daß in ihm das Entscheidende das πῦρ ἀείζωον ist, das in den drei Zeitbestimmungen angesprochen wird. Damit zusammenhängend können wir fragen, ob wir auch dem Fragment 31 — obwohl es neue Gedankenmotive enthält — den Vorrang des Feuers entnehmen können.

TEILNEHMER: Müssen wir hier nicht auch das Fragment 76 hinzunehmen: ζῇ πῦρ τὸν γῆς θάνατον καὶ ἀὴρ ζῇ τὸν πυρὸς θάνατον, ὕδωρ ζῇ τὸν ἀέρος θάνατον, γῆ τὸν ὕδατος. Von Diels übersetzt lautet es: „Feuer lebt der Erde Tod und Luft lebt des Feuers Tod; Wasser lebt der Luft Tod und Erde den des Wassers."

FINK: In diesem Fragment wird die Bewegung angesprochen in der Wortfügung: Feuer lebt der Erde Tod. Das bedeutet, daß es sich hier nicht um ein einfaches Übergehen handelt, sondern um die Verschränkung von Leben und Tod, — ein Problem, dem wir uns noch gesondert zuwenden werden. — Auch vom

Fragment 31 legen wir unserer Besinnung nur die Herakliteischen Worte zugrunde: πυρὸς τροπαὶ πρῶτον θάλασσα, θαλάσσης δὲ τὸ μὲν ἥμισυ γῆ, τὸ δὲ ἥμισυ πρηστήρ. ‹γῆ› θάλασσα διαχέεται, καὶ μετρέεται εἰς τὸν αὐτὸν λόγον, ὁκοῖος πρόσθεν ἦν ἢ γενέσθαι γῆ. Diels übersetzt: „Feuers Umwende: erstens Meer, vom Meere aber die eine Hälfte Erde, die andere Hälfte Gluthauch. Die Erde zerfließt als Meer und dieses erhält sein Maß nach demselben Sinn (Verhältnis) wie er galt, ehe denn es Erde ward."

HEIDEGGER: Ich verweise auf eine Abhandlung von Bruno Snell über τροπή in Hermes 61, 1926.

FINK: Diels übersetzt „Feuers Umwende", während Heraklit im Plural von τροπαί, Umwendungen, Wandlungen spricht. Wie aber sollen wir hier den Übergang von Feuer in Meer und von Meer in Erde und Gluthauch, sowie von Erde in Meer und Meer in Feuer verstehen? Handelt es sich hier um das bekannte Phänomen des Übergangs von einem Aggregatzustand in den anderen? Ist hier gemeint, daß irgendwelche Elemente in andere übergehen und sich wandeln? Spricht Heraklit von Wandlungen der Elemente, so wie wir Aggregatzustände übergehen sehen, etwa den Aggregatzustand des Flüssigen in Dampf oder des Feuers in Rauch? Was sind die τροπαί? Spricht Heraklit von einer Vielzahl, weil sich das Feuer gleichzeitig in Vielerlei verwandelt oder weil es sich nacheinander in Verschiedenes verwandelt? Zunächst sieht es nach einem Nacheinander aus: das Feuer wandelt sich um in Meer, das Meer wandelt sich halb in Erde, halb in Gluthauch. Können wir hier überhaupt nach alltäglich bekannten Geschehensweisen fragen? Aus dem Phänomen kennen wir nur den Wandel von Aggregatzuständen. Wir sind aber nicht Zeugen eines kosmogonischen Prozesses. Was hart aufstoßen mag, ist die Verwandlung des Feuers in Meer, während doch das Meer, d.h. das Wasser dasjenige ist, was das Feuer am meisten löscht. Es ist überhaupt die Frage, ob wir zurechtkommen, wenn wir die Umwandlungen des Feuers so ansetzen, als wäre zunächst alles Feuer, als würde sich dann das

Wasser abspalten und aus der einen Hälfte des Wassers die Erde und aus der anderen der Gluthauch. Vermutlich handelt es sich überhaupt nicht um ein Mischungsverhältnis im Nacheinander und in der Ebene der πάντα. Ich möchte eher meinen, daß das Feuer dem Meere, der Erde und dem Gluthauch gegenüber ist, daß sich also das Feuer gegenüber dem Meer, der Erde und dem Gluthauch verhält wie der κεραυνός und Ἥλιος gegenüber den πάντα. Das Feuer als das ἕν würde sich dann in verschiedene Weisen, wie τὰ πάντα sich zeigen, wenden. Diese Interpretation soll vorerst nur als Frage formuliert werden. Wenn wir τροπή nur als Umwendung in einer Ortsbewegung verstehen, so ist das Fragment 31 gar nicht verständlich. Wir können doch nicht sagen, daß sich das Feuer in einer Ortsbewegung umwandelt zu Wasser, Erde und Gluthauch. Heißt τροπή Wende in einer Ortsbewegung, was bedeuten dann die Umwendungen des Feuers? Heraklit sagt doch, daß sich das Feuer zuerst in Meer umwendet. Hier ist doch offenbar nicht an eine Ortsbewegung gedacht. Bewegt sich das Feuer so, daß es zunächst Wasser wird, und bewegt sich das Wasser in der Weise, daß es zu einer Hälfte Erde und zur anderen Hälfte Gluthauch wird? Verstehen wir die τροπαί in diesem Sinne, dann nehmen wir das Feuer wie eine Art Ursubstanz, die verschiedene Erscheinungsformen nacheinander annimmt. Meine Frage aber lautete, ob man sich die πυρὸς τροπαί klarmachen kann an dem uns geläufigen Umschlag von Aggregatzuständen.

HEIDEGGER: Wollen Sie sagen, daß das Feuer hinter allem steht? Fraglich aber ist, was hier „hinter" heißt, vor allem, ob das Feuer in der Weise einer Ursubstanz hinter allem steht,

FINK: oder ob man nicht auch hier das Verhältnis von ἕν und πάντα ansetzen und den Gedanken an einen Grundstoff aufgeben muß. Unsere Aufgabe wird es auch hier wieder sein, die schwierigere Leseweise herauszuarbeiten.

VII.

Differenz der Interpreten: Wahrheit des Seins (Fragment 16) oder kosmologische Perspektive (Fragment 64). — Heraklit und die Sache des Denkens. — Das Noch-nicht-Metaphysische und das Nicht-mehr-Metaphysische. — Hegels Verhältnis zu den Griechen. — πυρὸς τροπαί und das Tagen (beigezogene Fragmente: 31, 76).

HEIDEGGER: Da wir die Seminarübung über Weihnachten drei Wochen unterbrochen haben, mag sich eine kurze Rückbesinnung auf den bisherigen Gang unseres Unternehmens als nützlich erweisen. Wenn etwa ein Außenstehender Sie fragen würde, was wir in unserem Seminar treiben, wie würden Sie auf eine solche Frage antworten?

TEILNEHMER: Im Zentrum der letzten Stunden vor Weihnachten stand die Erörterung des Zeitproblems an Hand des Fragments 30.

HEIDEGGER: Sie haben sich also doch durch die Auslegung, die Herr Fink vom Fragment 30 gegeben hat, verführen lassen. Denn — was wir auch immer wieder betont haben — die Zeit kommt bei Heraklit gar nicht vor.

TEILNEHMER: Das Fragment 30 führt aber Zeitbestimmungen an, und unsere Frage lautete, wie diese verstanden werden sollen.

HEIDEGGER: Sie gehen damit auf eine spezielle Frage ein. Wenn Sie aber jemand fragt, was wir in unserem Heraklit-Seminar treiben, und wenn er dabei nicht über Einzelfragen, sondern über das Ganze etwas hören möchte, wenn er etwa fragen würde, womit wir angefangen haben, was würden Sie ihm antworten?

Rückblick auf die bisherigen Schritte 119

TEILNEHMER: Wir haben mit einer methodischen Vorüberlegung, d. h. mit der Frage eingesetzt, wie Heraklit zu verstehen ist.

HEIDEGGER: Was hat Herr Fink zu Beginn seiner Interpretation gemacht?

TEILNEHMER: Er hat eingesetzt mit einer Besinnung auf τὰ πάντα.

HEIDEGGER: Wie aber ist er auf τὰ πάντα gekommen? — Wenn ich jetzt mit Ihnen spreche, so spreche ich mit allen. —

TEILNEHMER: Durch das Fragment 64: τὰ δὲ πάντα οἰακίζει Κεραυνός.

HEIDEGGER: Haben wir in der Auslegung mit τὰ πάντα oder mit dem Blitz angefangen? Denn das zu unterscheiden, ist wichtig.

TEILNEHMER: Zunächst haben wir uns gefragt, wie τὰ πάντα zu übersetzen ist, dann sind wir zum Blitz übergegangen und anschließend haben wir uns alle die Fragmente angesehen, in denen von τὰ πάντα gesprochen wird.

HEIDEGGER: Herr Fink hat also die Auslegung Heraklits mit dem Blitz angefangen. Ist dieser Anfang selbstverständlich? Ist er nicht überraschend?

TEILNEHMER: Wenn man bedenkt, welche Einsätze sonst gemacht werden, so ist dieser Anfang ungewöhnlich.

HEIDEGGER: Herr Fink, der mit dem Blitz beginnt, ist gleichsam wie vom Blitz getroffen. Womit fängt Heidegger an?

TEILNEHMER: Mit dem Λόγος

HEIDEGGER: und außerdem

Heraklit VII.

TEILNEHMER: mit der 'Αλήθεια.

HEIDEGGER: Wie aber kommt Heidegger auf die 'Αλήθεια?

TEILNEHMER: Über das Fragment 16: τὸ μὴ δῦνόν ποτε πῶς ἄν τις λάθοι;*

HEIDEGGER: Dort, wo dieses Fragment einer Heraklit-Auslegung zugrundegelegt wird, steht auch, daß man es als erstes Fragment lesen müsse. Wie aber kommen die Fragmente 64 und 16 zusammen, bzw. wie unterscheidet sich das Fragment 64 vom Fragment 16? Worin liegt der Unterschied zwischen beiden Anfängen?

TEILNEHMER: Im Fragment 16 steht τὸ μὴ δῦνόν ποτε, im Fragment 64 κεραυνός im Mittelpunkt.

HEIDEGGER: Sind beide Fragmente und damit beide Anfänge identisch?

TEILNEHMER: Nein.

HEIDEGGER: Nehmen Sie das ganze Fragment 16 und vergleichen Sie es mit dem Fragment 64.

TEILNEHMER: Der Unterschied zwischen beiden Fragmenten besteht darin, daß im Fragment 64 nur von τὰ πάντα die Rede ist, während in Fragment 16 der Mensch ins Spiel kommt.

HEIDEGGER: Also handelt es sich um einen großen Unterschied. Die Frage wird sein, was der unterschiedliche Anfang einmal bei 64 und zum anderen bei 16 zu bedeuten hat, ob hier ein Gegensatz vorliegt oder nicht. Diese Frage werden wir noch ausdrücklich stellen müssen. Was aber könnte man entgegnen,

---

* Diels übersetzt: „Wie kann einer sich bergen vor dem, was nimmer untergeht?"

Differenz der Interpreten 121

wenn gesagt wurde, daß in Fragment 16 der Mensch ins Thema komme, während er in Fragment 64 nicht genannt werde?

TEILNEHMER: Wenn τὰ πάντα alles Seiende umfaßt, dann ist darin auch der Mensch als ein Seiendes mitgemeint.

TEILNEHMER: Dem ist grundsätzlich zuzustimmen. Dann aber ist in Fragment 64 nicht gesagt, wie der Mensch im Unterschied zu allen nichtmenschlichen πάντα ist und im Bezug steht zum Blitz. Demgegenüber nennt das Fragment 16 eigens die Weise, wie sich der Mensch zum τὸ μὴ δῦνόν ποτε verhält.

HEIDEGGER: Im Fragment 64 wird der Mensch insofern mitgenannt, als er ist und als ein Seiendes zu τὰ πάντα gehört. Aber es ist die Frage, ob wir schon den Menschen denken, wenn wir ihn ansetzen als ein Seiendes, das zu τὰ πάντα wie alles andere Seiende gehört, ob wir ihn nicht anders denken müssen als ein Seiendes unter den πάντα. Wir halten also fest, daß der Anfang der Heraklit-Auslegung von Herrn Fink überraschend ist. Dieser Anfang mit dem Blitz führte dann dazu,

TEILNEHMER: daß wir das Verhältnis zwischen dem Blitz und τὰ πάντα in den Blick nahmen.

HEIDEGGER: Was folgte darauf?

TEILNEHMER: Eine Auslegung des Fragments 11.

HEIDEGGER: Wie aber kamen wir auf dieses Fragment? Welches ist das sachliche Motiv, das uns von 64 zu 11 überleitete?

TEILNEHMER: Den Anhalt für diesen Übergang gab uns das, was Heraklit selbst sagt: in 64 spricht er von τὰ πάντα, in 11 von πᾶν ἑρπετόν, das wir als πάντα ὡς ἑρπετά verstanden haben.

HEIDEGGER: Wo aber lag der sachliche Anhalt für ein solches Vorgehen?

Teilnehmer: Der Blitz (Blitzschlag) führte uns zu πληγή (Schlag).

Heidegger: Außerdem sahen wir einen sachlichen Zusammenhang zwischen dem Steuern (οἰακίζει) und dem Treiben (νέμεται). Wir nahmen also zuerst den Bezug von Blitz und τὰ πάντα und anschließend den Bezug von πληγή und πᾶν ἑρπετόν in den Blick. Dann gingen wir über

Teilnehmer: zu den Sonnenfragmenten.

Heidegger: Die Auslegung begann mit dem Blitz bzw. Blitzschlag, ging dann über zur Sonne und darauf zum πῦρ ἀείζωον. Die Bezüge von Blitz, Sonne, Feuer müssen wir später genauer bestimmen. Jetzt ist zunächst einmal klar geworden, wovon wir bisher thematisch gehandelt haben. Wie aber geht Herr Fink in der Auslegung der Fragmente vor?

Teilnehmer: Die Auslegung ist für uns zum Problem geworden.

Heidegger: Inwiefern ist die Auslegung ein Problem? Wie würden Sie das Vorgehen von Herrn Fink charakterisieren? Die Art seiner Auslegung ist doch keineswegs selbstverständlich, sondern eher als kühn zu bezeichnen.

Teilnehmer: In der Interpretation der Fragmente ist mehr gesagt worden, als dort steht.

Heidegger: Die Interpretation ist gewagt. Aber Herr Fink interpretiert auch nicht willkürlich, sondern er hat seine Gründe dafür, wenn er die schwierigere Lesart und die Härte des Problems vorzieht. Um was für ein Problem handelt es sich dabei? Mit welchem Recht zieht er die schwierigere Lesart vor? Nehmen wir als Beispiel das Fragment 30.

Teilnehmer: Es wurde jeweils die schwierigere Lesart vorgezogen, damit die Sache zum Vorschein kommt.

HEIDEGGER: Welche Sache ist das?

TEILNEHMER: Die Sache ist bereits in einer Mannigfalt angeklungen, am ausdrücklichsten vielleicht im Hinblick auf die Zeitfrage.

HEIDEGGER: Ich verbiete Ihnen jetzt, von Zeit zu sprechen. Sein und Zeit klammern wir jetzt ein. Um welche Sache handelt es sich, die zum Vorschein kommen soll? Denken Sie dabei an den Einleitungsvortrag von Herrn Fink.

TEILNEHMER: Die Sache des Denkens.

HEIDEGGER: Und die Sache des Denkens ist? Wir müssen sagen: die Sache des Denkens ist das, was wir suchen, von dem wir jetzt noch nichts wissen. Derselbe Außenstehende, nachdem er sich das angehört hat, was Sie ihm auf seine Frage geantwortet haben, könnte Ihnen entgegnen, daß wir, wenn wir uns mit Heraklit befassen, gleichsam in einem elfenbeinernen Turm sitzen. Denn das, was wir treiben, habe nichts mit Technik und Industriegesellschaft zu tun, sondern es seien nichts anderes als abgelebte Geschichten. Was wäre hier zu antworten?

TEILNEHMER: Daß es sich um abgelebte Geschichten handelte, wäre zu bezweifeln. Denn wir nehmen Heraklit nicht als einen Denker der Vergangenheit, vielmehr ist es unsere Absicht, in der Auseinandersetzung mit ihm etwas zum Vorschein zu bringen, was möglicherweise etwas anderes oder gar dasselbe ist. Uns geht es nicht um eine Auseinandersetzung, die sich mit einer vergangenen Sache beschäftigt.

HEIDEGGER: Also liefern wir keine Beiträge zur Heraklit-Forschung?

TEILNEHMER: Das würde ich nicht sagen, weil auch unsere Problematik für die Forschung förderlich sein kann.

HEIDEGGER: Wir versuchen die Bestimmung der Sache des Denkens im Gespräch mit Heraklit. Dabei beabsichtigen wir keinen thematischen Beitrag zur Heraklit-Forschung. In dieser Richtung sind wir nicht interessiert. Vielleicht ist das, was wir treiben, auch für die Heraklit-Forschung unzugänglich. Die Art und Weise, wie wir mit den Fragmenten sprechen und auf sie hören, ist nicht die unmittelbare eines alltäglichen Meinens, wie wir die Zeitung lesen. Herr Fink zwingt Sie, anders zu denken. Das Schwierigere der schwierigeren Lesart ist nicht nur gradweise bezogen auf unser Aufnahmevermögen. Was hier wie ein Komparativ aussieht, ist vermutlich ein anderer Unterschied.

TEILNEHMER: Ein Komparativ setzt voraus, daß etwas verglichen wird, was in einem Zusammenhang steht. Zwischen dem unmittelbaren alltäglichen Meinen und Verstehen und dem, was die schwierigere Lesart genannt worden ist, besteht offenbar eine Kluft, die es zu betonen gilt.

HEIDEGGER: Wir haben also in den Blick genommen den Bezug von τὰ πάντα und Blitz, τὰ πάντα und Sonne, τὰ πάντα und Feuer. In Fragment 7 war die Rede von πάντα τὰ ὄντα. Was ist in dem Bezug von τὰ πάντα zum Blitz, zur Sonne, zum Feuer und zum ἕν, das uns auch begegnete, das Schwierigere der schwierigeren Lesart im Unterschied zur naiven Leseweise?

TEILNEHMER: Die Frage ist, ob die Bezogenheit der πάντα auf den Blitz, auf die Sonne, auf das Feuer, auf das ἕν, auf den πόλεμος oder auf den λόγος jeweils eine andere ist, oder ob die genannte Mannigfaltigkeit dessen, worauf sich τὰ πάντα beziehen, nur dem Namen nach ein Mannigfaltiges ist.

HEIDEGGER: Die Schwierigkeit, vor der wir stehen, ist die Mannigfaltigkeit von Blitz, Sonne, Feuer, ἕν, Krieg und λόγος in ihrem Bezug zu τὰ πάντα bzw. zu τὰ ὄντα. Die Mannigfaltigkeit gehört nicht zu den πάντα bzw. ὄντα. Wozu gehört sie aber dann?

TEILNEHMER: Ich sehe die Schwierigkeit darin, daß einerseits τὰ πάντα die Totalität bilden, daß andererseits τὰ πάντα in einem Bezug zu etwas anderem stehen sollen, was nicht in die Totalität gehört.

HEIDEGGER: Sie wollen sagen, mit der Totalität haben wir doch alles, mit ihr sind wir am Ende des Denkens. Andererseits ist von einer Mannigfaltigkeit die Rede, die über die Totalität hinausgeht. Wenn τὰ πάντα die Totalität der ὄντα, das Seiende im Ganzen sind, gibt es dann noch etwas darüber hinaus?

TEILNEHMER: Obwohl Sie gesagt haben, daß das Wort „Sein" eingeklammert werden soll, können wir nicht umhin, das Sein jetzt als das zu benennen, was es über das Seiende im Ganzen hinaus gibt.

HEIDEGGER: Bisher war vom Sein noch nicht die Rede. Das Sein ist etwas, was nicht ein Seiendes ist und nicht zum Seienden gehört. Die schwierigere Lesart besteht darin, daß wir die Fragmente nicht ontisch lesen, so wie wir die Zeitung lesen, daß es sich beim Lesen der Fragmente nicht um Dinge handelt, die einfach eingehen, sondern daß es hier offenbar um eine Denkweise geht, die sich auf etwas einläßt, was im direkten Vorstellen und Meinen nicht zugänglich ist: das ist der eigentliche Hintergrund. Eine andere Schwierigkeit ist die folgende. Die Art des Denkens, das das Seiende im Ganzen hinsichtlich seines Bezugs zum Sein denkt, ist die Denkweise der Metaphysik. Nun sagten wir aber in der letzten Seminarübung, daß Heraklit noch nicht metaphysisch denkt, während wir nicht mehr metaphysisch zu denken versuchen. Hat nun das „noch-nicht-metaphysisch" gar keinen Bezug zur Metaphysik? Man könnte meinen, das „noch-nicht" sei von dem Folgenden, der Metaphysik, abgeschnitten. Es könnte aber auch ein „schon", eine gewisse Vorbereitung sein, die nur wir so sehen und sehen müssen, während Heraklit sie nicht sehen konnte. Wie aber verhält es sich mit dem „nicht-mehr-metaphysisch"?

TEILNEHMER: Diese Kennzeichnung für unser Denken ist vorläufig unumgänglich, weil die Geschichte der Metaphysik, aus der wir herkommen, nicht von uns einfach abgetan werden kann. Was dagegen das „noch-nicht-metaphysisch" anbetrifft, so ist mit dieser Charakterisierung vielleicht schon zu viel gesagt.

HEIDEGGER: Wenn Heraklit nicht sagen konnte, daß sein Denken noch nicht metaphysisch ist, weil er noch nicht auf die kommende Metaphysik vorausschauen konnte, so müssen wir von uns selbst sagen, daß wir nicht mehr metaphysisch zu denken versuchen, und zwar deshalb, weil wir aus der Metaphysik herkommen.

TEILNEHMER: Im „nicht-mehr" liegt eine Zweideutigkeit: einmal kann es im Sinne einer äußerlich-zeitlichen Bestimmung aufgefaßt werden. Dann besagt es, daß die Metaphysik hinter uns liegt. Zum anderen kann es aber auch so verstanden werden, daß die Bezogenheit auf die Metaphysik erhalten bleibt, wenn auch nicht in der Weise einer metaphysischen Gegenposition innerhalb der Metaphysik.

HEIDEGGER: Sie wollen sagen, „nicht-mehr-metaphysisch" bedeutet nicht, daß wir die Metaphysik verabschiedet hätten, sondern besagt, daß sie uns immer noch anhängt, daß wir sie nicht loswerden. Wo wird innerhalb der abendländischen Philosophie das Verhältnis der Epochen zueinander in der entschiedensten Weise gedacht?

TEILNEHMER: Bei Hegel.

HEIDEGGER: Wenn wir sagen, wir versuchen nicht mehr metaphysisch zu denken, bleiben aber dennoch auf die Metaphysik bezogen, dann könnten wir dieses Verhältnis Hegelisch gesprochen als Aufhebung der Metaphysik bezeichnen. Ob sie einmal wiedererscheinen wird, weiß keiner von uns. Jedenfalls ist das „nicht-mehr-metaphysisch" schwieriger als das „noch-nicht-metaphysisch" zu bestimmen. — Wie aber verhält sich Hegel zu den Griechen? Nimmt er sie nicht gewissermaßen in einem Schwung?

TEILNEHMER: Bei Hegel liegt ein anderes Verständnis dessen vor, was ein Anfang ist.

HEIDEGGER: Die Frage nach dem Anfang ist uns jetzt zu schwierig. Die Antwort, auf die ich hinaus will, ist einfacher. Welchen Charakter hat bei Hegel das griechische Denken für die Philosophie?

TEILNEHMER: Einen vorbereitenden.

HEIDEGGER: Diese Antwort ist zu allgemein, bestimmter gesagt:

TEILNEHMER: In der Vorrede zur Phänomenologie des Geistes sagt Hegel, es komme alles darauf an, das Wahre nicht nur als Substanz, sondern ebensosehr als Subjekt aufzufassen und auszudrücken.

HEIDEGGER: Wie ist das zu verstehen? Zuvor aber noch: ist die genannte Vorrede die Vorrede zur Phänomenologie?

TEILNEHMER: Sie ist die Vorrede zum System der Wissenschaft, während die Einleitung die eigentliche Vorrede zur Phänomenologie ist.

HEIDEGGER: Die Vorrede gilt also schon für die Logik und nicht nur für die Phänomenologie des Geistes. In der Vorrede sagt Hegel Grundsätzliches über die Philosophie, daß sie das Wahre nicht nur als Substanz, sondern auch als Subjekt denken solle. Substanz heißt griechisch:

TEILNEHMER: ὑποκείμενον und ist das Zugrundeliegende.

HEIDEGGER: Wie wird von Hegel die Substanz gedacht? Wenn ich sage: das Haus ist groß bzw. hoch, wie ist dann die Art des Denkens, das nur die Substanz denkt, zu charakterisieren? Was ist hier nicht gedacht?

TEILNEHMER: Die Bewegung zwischen dem Haus und dem Hochsein.

HEIDEGGER: Dafür haben die Griechen, die nach Hegel nur die Substanz, das ὑποκείμενον denken, die Kategorien.

TEILNEHMER: Die Bewegung kann nur in den Blick kommen, wenn noch ein anderes Zugrundeliegendes hinzukommt, das Subjekt.

HEIDEGGER: Wenn gesagt wird: das Haus ist hoch, was ist darin nicht gedacht?

TEILNEHMER: Der Denkende.

HEIDEGGER: Also was für ein Denken ist dasjenige, das geradezu auf das ὑποκείμενον und nicht auf das Subjekt hin blickt?

TEILNEHMER: Ich scheue mich, die abgegriffenen Worte zu nennen.

HEIDEGGER: In der Philosophie ist kein Wort und kein Begriff abgegriffen. Wir müssen die Begriffe jeden Tag neu denken. — Wir haben etwa die Aussage: dieses Glas hier ist gefüllt. Damit ist etwas über das Vorliegende ausgesagt, nicht aber ist die Beziehung zu einem Ich gedacht. Wenn diese Beziehung ins Thema kommt für das Denken, für das Ich, dann wird das Vorliegende zu einem Entgegenliegenden, d. h. zu einem Objekt. Im Griechischen gibt es keine Objekte. Was heißt Objekt im Mittelalter? Was heißt es wortwörtlich?

TEILNEHMER: Das Entgegengeworfene.

HEIDEGGER: Das Objekt ist das Entgegengeworfene für wen? Können Sie sich das Glas entgegenwerfen? Wie kann ich mir etwas entgegenwerfen, ohne daß etwas passiert? Was heißt im Mittelalter subiectum? Was bedeutet es wortwörtlich?

TEILNEHMER: Das Daruntergeworfene.

HEIDEGGER: Für das mittelalterliche Denken ist das Glas ein subiectum, das die Übersetzung von ὑποκείμενον ist. Obiectum meint im Mittelalter dagegen nur das Vorgestellte. Ein goldener Berg ist ein Objekt. Dort ist also das Objekt das, was gerade nicht objektiv ist. Es ist das Subjektive. Ich hatte gefragt, wie die Griechen nach Hegels Interpretation denken. Wir haben gesagt, daß in ihrem Denken der Bezug zum Subjekt nicht ins Thema kommt. Aber die Griechen waren doch Denkende? Für Hegel jedoch war ihr Denken ein Zugewandtsein dem Vor- und Zugrundeliegenden, was er das Denken des Unmittelbaren nennt. Das Unmittelbare ist das, zwischen dem nichts dazwischenkommt. Hegel charakterisiert das ganze griechische Denken als Stufe der Unmittelbarkeit. Erst mit Descartes betritt für ihn die Philosophie festes Land durch den Ansatz beim Ich.

TEILNEHMER: Hegel sieht aber auch schon bei Sokrates eine Zäsur, eine Wendung zur Subjektivität, was mit der Sittlichkeit zusammenhängt, sofern diese zur Moralität wird.

HEIDEGGER: Daß Hegel bei Sokrates eine Zäsur sieht, hat noch einen einfacheren Grund. Wenn er das griechische Denken insgesamt als Stufe der Unmittelbarkeit charakterisiert, so nivelliert er nicht die inneren Unterschiede, etwa den zwischen Anaxagoras und Aristoteles. Innerhalb der Stufe der Unmittelbarkeit sieht er eine Gliederung, die er wiederum mit demselben dreifachen Schema Unmittelbarkeit — Vermittlung — Einheit begreift. Dabei gebraucht er kein willkürliches Schema, sondern er denkt aus dem, was für ihn die Wahrheit im Sinne der absoluten Gewißheit des absoluten Geistes ist. So leicht ist jedoch die Einordnung der Metaphysik und des griechischen Denkens für uns nicht, weil die Frage nach der Bestimmung des griechischen Denkens etwas ist, was wir erst zur Frage machen und als Frage wecken müssen. — Aus der vorletzten Seminarsitzung ist die Frage, was spekulativ bei Hegel heißt, noch unbeantwortet geblieben.

Teilnehmer: Spekulation meint für Hegel die Anschauung der ewigen Wahrheit.

Heidegger: Diese Antwort ist zu allgemein und stimmt nur ungefähr. Bei solchen schulmäßigen Fragen greift man nicht zum Index, sondern zur Enzyklopädie. Dort ist das Spekulative eine Bestimmung des Logischen. Wieviel Bestimmungen gibt es und welches sind die übrigen?

Teilnehmer: Im ganzen gibt es drei Bestimmungen des Logischen, die den drei genannten Bestimmungen des Unmittelbaren, des Vermittelten und der Einheit entsprechen.

Heidegger: Sind die drei Bestimmungen des Logischen drei Sachen nebeneinander? Offenbar nicht. Das erste Moment, das der Unmittelbarkeit entspricht, ist das Abstrakte. Was heißt bei Hegel abstrakt?

Teilnehmer: Das Getrennte und Isolierte.

Heidegger: Besser: das Denken der Einseitigkeit, das nur nach einer Seite hin denkt. Eigentümlich ist, daß das Unmittelbare das Abstrakte sein soll, während es für uns doch eher das Konkrete ist. Hegel nennt aber das Unmittelbare das Abstrakte insofern, als ich nur nach der Seite des Gegebenen und nicht nach der Seite des Ich sehe. Das zweite Moment des Logischen ist das Dialektische, das dritte das Spekulative. Die Hegelsche

Bestimmung des Spekulativen ist für uns bedeutsam, wenn wir uns an einer wichtigen Stelle des Seminars mit dem scheinbaren Gegensatz des Ansatzes beim κεραυνός und beim τὸ μὴ δῦνόν ποτε πῶς ἄν τις λάθοι befassen werden. — Jetzt aber habe ich noch an Sie, Herr Fink, eine Frage, die das Fragment 30 betrifft. Verstehe ich Sie recht, wenn Sie nach Ihrer Interpretation κόσμος identisch mit τὰ πάντα auffassen?

FINK: κόσμος und τὰ πάντα sind nicht identisch, wohl aber meint κόσμος die Gesamtfügung der τὰ πάντα, das Gesamtgepräge, das nicht stehend, sondern bewegt ist. Heraklit spricht mannigfache Weisen der Bewegung an, etwa im Streit oder im Krieg.

HEIDEGGER: Gehört dann κόσμος in die Reihe von Blitz, Sonne und Feuer?

FINK: Nicht ohne weiteres. Das ließe sich nur dann sagen, wenn κόσμος nicht als die vom Feuer hervorgebrachte Ordnung, sondern als das ordnende Feuer gedacht würde. Hätte κόσμος die Funktion der διακόσμησις, dann gehörte auch er in die Reihe der Grundworte.

HEIDEGGER: Im Fragment 30 wird von κόσμον τόνδε gesprochen. Wenn wir das mit dem κατὰ τὸν λόγον τόνδε zusammenhalten, könnte dann κόσμον τόνδε nicht entsprechend wie λόγον τόνδε soviel bedeuten wie: dieser κόσμος, von dem noch zu handeln, der noch Thema sein wird?

FINK: Das Demonstrativum τόνδε meint vor allem nicht ein einzelnes Dieses, nicht diesen κόσμος, der jetzt ist, gegen andere κόσμοι. Wenn gesagt wird, daß der κόσμος als Ordnungsgefüge hervorgebracht ist, so ist damit nicht ein κόσμος im Singular gemeint, der in einen Plural von κόσμοι gehört. Von diesem heißt es: τὸν αὐτὸν ἁπάντων. Ob diese Wortfügung Heraklitisch ist oder nicht, lassen wir jetzt beiseite. Diels übersetzt ἁπάντων durch „alle Lebewesen". Diese Übertragung lehne ich ab. Ich lehne auch die Interpretation ab, die diese Wortfügung mit dem Fragment 89 zusammendenkt, in welchem es heißt, daß die Wachenden eine einzige und gemeinsame Welt haben, während sich jeder der Schlafenden in seine eigene Welt kehrt. τὸν αὐτὸν ἁπάντων verstehe ich nicht als dieselbe, d. h. eine und gemeinsame Welt der Wachenden (κοινὸς κόσμος) im Gegensatz zur eigenen Welt (ἴδιος κόσμος) der Schlafenden, ἅπαντα interpretiere ich im Sinne von τὰ πάντα. Obwohl ἅπαντες gewöhnlich sich auf Menschen und Lebewesen bezieht, meint ἁπάντων hier soviel wie πάντων, nur daß Heraklit aus Gründen des Sprachduktus statt πάντων ἁπάντων sagt.

HEIDEGGER: Was aber meint dann πάντα?

FINK: Die πάντα bilden ein Gefüge und kommen im Aufglanz des Feuers in ihre Bestimmtheit und Geprägtheit hervor.

HEIDEGGER: Kann man nicht auch einen Plural ansetzen, wobei dann κόσμοι die vielen Zustände der einen Gesamtordnung der πάντα sind? κόσμον τόνδε wäre dann dieser eine Zustand im Unterschied zu anderen.

FINK: Aber bei Heraklit gibt es keine Textstelle, in der er von vielen κόσμοι spricht.

HEIDEGGER: Das τόνδε bezeichnet aber eine Stelle, an der etwas thematisch beginnt. Nach Ihrer Interpretation ist dann κόσμος sowohl ontisch als auch ontologisch zu verstehen.

FINK: Er steht weder auf der Seite der πάντα noch auf der des Feuers, sondern nimmt eine merkwürdige Zwischenstellung ein.

HEIDEGGER: Damit können wir nun zum Fragment 31 zurückkehren.

Fragment 31. Das Feuer

FINK: Ich versuche zunächst, einen Gedanken zu exponieren, der den Vorschlag einer Interpretation des Fragments 31 enthält. In der letzten Seminarsitzung haben wir unser Bedenken geäußert, ob mit τροπαί Umwandlungen oder Umwendungen gemeint sind. Handelt es sich um Umwandlungen, dann denken wir an die ἀλλοίωσις einer Grundsubstanz. Übersetzen wir τροπαί mit Umwendungen, sind dann — so können wir fragen — die Wendepunkte im Gang des Sonnenfeuers am Firmament, das die Zeit mißt, gemeint?

HEIDEGGER: Ist πυρὸς τροπαί ein genitivus subiectivus oder genitivus obiectivus?

FINK: Die τροπαί werden vom Feuer ausgesagt. Eine Schwierigkeit liegt aber darin, daß wir aus der Geschichte der Metaphysik gewöhnliche und gängige Vorstellungen und ausgearbeitete und allgemeine Denkbahnen haben, in denen wir uns immer schon bewegen und von denen aus wir zunächst auch das Fragment 31 zu interpretieren geneigt sind. Eine solche uns aus der Metaphysik vorgegebene Vorstellung ist die der zugrundeliegenden Substanz, die sich in mehreren Maskierungen zeigt.

HEIDEGGER: πυρός ist dann genitivus obiectivus.

FINK: Genitivus obiectivus und subiectivus. Ein anderes Schema legt sich uns nahe aus der antiken Elementenspekulation, in der jeweils ein Urelement angesetzt wird. Hat auch das πῦρ die Funktion eines Grundelements, das sich durch das verwandelt, was aus ihm emaniert? Die beiden gängigen Schemata, mit denen wir versuchen könnten, die πυρὸς τροπαί zu interpretieren, sind die ἀλλοίωσις an einer zugrundeliegenden Substanz und die Emanation eines Urelements. Ich glaube aber, daß wir ein äußerstes Mißtrauen gegen solche Auffassungen hegen müssen. Im Text heißt es: Umwendungen des Feuers zuerst in Meer. Das Feuer wendet sich um in Meer, d. h. in das, was wir als die Gegenmacht des Feuers verstehen. Zunächst könnten wir meinen, es handele sich um den uns vertrauten ontischen harten Gegensatz von Feuer und Wasser. Im Kleinbereich der menschlichen Umwelt gibt es das Phänomen, daß das Wasser Feuer löscht und daß das Feuer Wasser verdampfen kann. Solches wechselseitiges Bestreiten und Vernichten ist aber nur auf dem Boden der Erde möglich. Offenbar bezieht sich das Fragment nicht auf den Kleinbereich, sondern eher auf den Großbereich der Welt. Hier schauen wir das Feuer am Himmel, das Meer und die Erde an, — das Meer, das die Erde umgürtet. Im Großbereich der Welt, der sich uns in der Welt-Anschauung darbietet, vernichten sich Feuer und Wasser nicht. Welt-Anschauung ist hier nicht ideologisch verstanden, sondern meint jetzt die unmittelbare Anschauung der Großverhältnisse der himmlischen Gestirne und des unter ihnen liegenden Meeres und der Erde. Wenn Heraklit sagt, daß sich das Feuer zuerst in Meer umwendet, halten wir die Schemata der ἀλλοίωσις und der Emanation zurück, auch wenn wir noch nicht zu denken vermögen, was „Umwende" heißt. Das Meer wendet sich zur Hälfte in Erde, zur Hälfte in Gluthauch um. Dann heißt es, daß die Erde in Meer auseinandergegossen wird und daß sie in das Maß zerfließt, in welchem das Meer zuvor war, als es zu Erde wurde. Ob und wie der Gluthauch weiter gewendet wird, darüber wird im Fragment nichts weiter gesagt. Beim Gluthauch ist die Umwende abgeschlossen. Es wird nur gesprochen von der Wende von Feuer in Meer und von Meer zur Hälfte in Erde, zur Hälfte in Gluthauch und schließlich von Erde in Meer. Das Feuer wendet sich um in Meer, dieses gabelt sich in Erde und Gluthauch, und die Erde kehrt als Halbsein ins Meer zurück. Scheinbar wird von einem Wechseltausch von Wasser und Erde, von Flüssigem und Festem gesprochen. Was ein bekannter gegensätzlicher Unterschied ist, wendet sich ineinander um. Vom Gluthauch wird keine weitere Wendung und auch keine Rückkehr zum Feuer angegeben. Die Unterschiede von Meer, Erde und Gluthauch werden auf eine gemeinsame Herkunft zurückbezogen, auf eine Genesis, die stufenweise angesetzt ist, aber wir kennen den Charakter der Genesis noch

Fragment 31. Das Feuer

nicht. Wenn wir nun das bekannte Schema der ἀλλοίωσις, d. h. der Ursubstanz mit ihren Zuständen und Modi und das der Emanation nicht anlegen können, geraten wir in eine Schwierigkeit. Wie sollen wir dann die πυρὸς τροπαί interpretieren? Wir müssen fragen, was Heraklit denkerisch erfahren und erschaut hat. Ich versuche jetzt eine — wenn man so will — phantastische Deutung der πυρὸς τροπαί zu geben, die als eine mögliche Antwort auf die Frage, was Heraklit denkerisch geschaut hat, gedacht ist. Wir können uns die Wendungen des Feuers verständlich machen im Ausgang vom Phänomen des Aufgehens des Tages, vom Phänomen des Tages an der ionischen Küste, wenn aus dem Feuer, das aus der Nacht aufbricht und die Nacht verdrängt, die Weite des Meeres aufleuchtet und dem Meer gegenüber Ufer und Land und über Meer und Land die Zone des Himmelsgewölbes, das von Gluthauch erfüllt ist. Wenn wir nun das Verhältnis des Feuers zu Meer, Erde und Gluthauch, das Zum-Vorschein-Bringen, das das Grundgeschehen des Feuers ist, nicht bloß denken als das Belichten und Sehenlassen dessen, was schon so und so bestimmt ist, und wenn wir andererseits das Hervorbringen auch nicht im Sinne eines herstellenden Verfertigens oder eines kreativen Hervorbringens verstehen, sondern versuchen, hinter die zwei Ausformungen des Zum-Vorschein-Kommens im Sinne des technischen und kreativen Zustandebringens und des Belichtens denkend vorzustoßen, dann läge ein tieferer Sinn in dem, was uns zunächst als Aufgang des Tages bekannt ist. Es käme also darauf an, das Schema des technischen Hervorbringens im Sinne der realen Umwandlung und auch das Schema der kreativen Hervorbringung zu vermeiden und außerdem dem Aufscheinenlassen im Licht des Feuers den Grundzug der Ohnmacht zu nehmen, um einen tieferen Sinn des Aufgangs des Tages zu gewinnen. Gelänge es uns, hinter die uns geläufigen Schemata von Machen, Hervorbringen und Belichten bzw. Sehenlassen zurückzudenken, dann könnten wir das Aufgehen des Tages in einem tieferen Sinne verstehen. Wir könnten dann sagen: im Aufgang des Welttages kommen die Grundunterscheidungen der Weltgebiete: Meer, Erde, Himmelsgewölbe allererst zum Vorschein. Für diesen tieferen Gedanken haben wir im Aufbruch des Tages ein unmittelbares Phänomen. Nirgends haben wir aber ein entsprechendes Phänomen für den Rücklauf der Erde ins Meer.

HEIDEGGER: Wie würden Sie innerhalb Ihres von Ihnen selbst so genannten Phantasieentwurfs — der gar nicht so phantastisch ist, weil er auf unmittelbare Phänomene Bezug nimmt — τροπαί übersetzen?

FINK: Wir sehen das Aufgehen des Feuers, und in seinem Aufgehen sind die τροπαί Zuwendungen des Feuers zu dem, was sich im Feuerschein zeigt. Die τροπαί bedeuten keine Stoffverwandlungen,

HEIDEGGER: und auch keine bloße Beleuchtung.

FINK: In der Anzeige des tieferen Sinnes der πυρὸς τροπαί kam es mir darauf an, auf ein in ontischen Verhältnissen nicht bekanntes Gemeinsames vom Hervorbringen in die Sichtbarkeit und Aufgehenlassen im Sinne der φύσις hinzuweisen. Das ist ein Versuch, um das Schema zu vermeiden, daß sich das Feuer wie ein Urelement in andere Elemente wie Wasser und Erde verwandelt. Und das versuche ich im Gleichnis des Aufganges der gegliederten Welt im Lichtschein des welterhellenden Feuers, in der Ausgliederung der Gegenden der πάντα zu denken.

HEIDEGGER: Sie legen also Ihrer Interpretation das Phänomen des Tagens zugrunde,

FINK: um das Phänomen der Umwandlung zu vermeiden.

HEIDEGGER: Sie meinen dabei das Tagen der Welt und nicht einen bestimmten Tag, so wie Sie das Weltfeuer und nicht die Sonne im Blick haben.

Fragment 31. Das Feuer

FINK: Aber in der phänomenalen Sonne können wir das Feuer denken.

HEIDEGGER: Wie sollen wir das Feuer denken? Um die Schwierigkeit zu erhöhen, verweise ich noch auf Fragment 54, in dem das Wort ἀφανής vorkommt. Das Feuer ist unsichtbar; es ist das Feuer, das nicht erscheint.

FINK: Wie wir eingangs gesagt haben: das Feuer ist das, was es in τὰ πάντα nicht gibt.

HEIDEGGER: Wenn Sie vom Tag zum Welttag übergehen, so können wir auch von der Sonne auf das Feuer hindenken.

FINK: Als ontisches Phänomen finden wir nirgends den Umschlag von Feuer in Meer.

TEILNEHMER: Worauf ist θαλάσσης zu beziehen?

FINK: Auf τροπαί. Denn die Umwendung von Meer in Erde und Gluthauch ist eine Fortführung der τροπαί.

HEIDEGGER: Ich mache den Vorschlag, daß wir das Fragment 31 einklammern. Die Schwierigkeit, in die wir geraten sind, liegt darin, daß wir noch nicht deutlich genug über πῦρ gesprochen haben, was wir noch nachholen müssen. Ich verstehe weder die Interpretation, die von chemischen Vorstellungen geleitet ist, noch kann ich den Versuch der Entsprechung von Tag und Welttag nachvollziehen. Hier zeigt sich für mich ein Loch.

FINK: Die Schwierigkeit wird sich vielleicht auflösen, wenn wir zum Fragment 76 kommen, in welchem Feuer, Meer und Erde in mehrfacher Reihung auftreten. Dort ist das Wichtigste die Art, wie die τροπαί charakterisiert werden. Was im Fragment 31 nur als Umwende genannt wird, wird hier angesprochen als ein „den Tod des anderen leben". Damit stoßen wir auf einen neuen, überraschenden Gedanken. Zunächst muß es uns als merkwürdig anmuten, daß die dunkle Formel des Todes, die uns am ehesten am Bereich des Lebendigen deutlich wird, auf solches Seiendes bezogen wird, das weder lebt noch tot ist, auf Wasser oder Erde. Im Kleinbereich des menschlichen Umkreises kennen wir wohl die Phänomene, daß Feuer Wasser verdampfen läßt und Wasser Feuer löscht. Hier könnten wir sagen: Feuer lebt den Untergang des Wassers und Wasser lebt den Untergang des Feuers.

HEIDEGGER: Leben hieße dann „überstehen",

FINK: den Untergang des anderen überstehen, überleben in der Vernichtung des anderen. Damit hätten wir aber nur eine poetische Metapher. Um den τροπή-Charakter zu verstehen, müssen wir von der Vorstellung des chemischen Umsatzes fortkommen. Im Ausgang von den Leben-Tod-Fragmenten müssen wir uns vergegenwärtigen, was Heraklit mit Leben und Tod denkt. Von daher können wir auch die ἀνταμοιβή verstehen, also den Umtausch der πάντα gegen das Feuer und des Feuers gegen die πάντα, was ein Verhältnis ist wie das von Gold und Waren, wobei es hier mehr auf das Lichthafte als auf den Geldwert ankommt. Die Umwende des Feuers in solches, was nicht Feuer ist, verstehen wir nicht im Sinne einer chemischen Umsetzung oder einer Ursubstanz, die sich in ihren Zuständen verändert (ἀλλοίωσις), oder eines Urelements, das sich durch seine Emanationen verdeckt, sondern wir werden den Spannungsbogen, der Feuer, Meer, Erde und Gluthauch verbindet, im Zusammenhang mit Leben und Tod in den Blick nehmen. Scheinbar greifen wir damit auf anthropologische Fragmente im Gegensatz zu den kosmologischen Fragmenten zurück. In Wahrheit aber handelt es sich nicht um eine Einschränkung auf menschliche Phänomene, sondern Menschliches wie Leben und Tod wird in einem ausgezeichneten Sinne zum Schlüssel für das Verständnis der Gesamtheit des Gegenverhältnisses von ἕν und πάντα.

VIII.

Verschränkung von Leben und Tod (beigezogene Fragmente: 76, 36, 77). — Verhältnis von Menschen und Göttern (beigezogene Fragmente: 62, 67, 88).

FINK: Das Fragment 31 blieb uns aus mehrfachen Gründen verschlossen, erstens weil der Plural τροπαί sich als strittig erwies, und zwar einmal als terminus technicus und zum anderen als Plural von Wendungen, die nacheinander geschehen, und zweitens, weil sich das Problem ergab, ob der Begriff der Wendung im geläufigen Vorstellungskreis der Umwandlung eines Urstoffes (ἀλλοίωσις) oder der Emanation eines Urelements gedacht werden kann, das sich in seinen mannigfaltigen Erscheinungen als Entfremdungsgestalten verdeckt. Ich bin der Ansicht, daß wir ein Mißtrauen gegen alle geläufigen Denkschemata mobilisieren müssen, die uns aus der Begriffstradition des metaphysischen Denkens vertraut sind. Das sind hier vor allem die beiden Schemata der ἀλλοίωσις und der Emanation. Der Versuch, das Fragment 31 vom Phänomen des Tages an der Küste Ioniens zu deuten, blieb in der Charakterisierung des hier zu denkenden Aufgehenlassens und Aufscheinens der Weltgegenden Meer, Erde, Himmel und Gluthauch hinter der Aufgabe zurück, es weder als reelle Umwandlung einer Ursubstanz, noch als Emanation eines Urelements, noch als Hervorbringung im technischen oder kreativen Sinn, noch als ohnmächtige Belichtung von schon Seiendem durch den Lichtschein des Feuers zu denken. Vielleicht ist es notwendig, hinter den Unterschied eines realen Verfertigens und kreativen Hervorbringens und eines bloßen Belichtens und Beleuchtens zurückzugehen, wenn wir das Aufscheinen des Seienden in einem allumspannenden Schein des Blitzes, der Sonne oder des ewig lebendigen Feuers denken wollen.

HEIDEGGER: Sie sagen, daß das Zum-Vorschein-Kommen des Seienden kein reales Machen, kein kreatives Hervorbringen und auch kein bloßes Beleuchten ist. In diesem Zusammenhang haben Sie einmal darauf hingewiesen, daß sich in Husserls Begriff der Konstitution eine ähnliche Verlegenheit verbirgt.

FINK: Das Problem der Konstitution in Husserls Phänomenologie hat seinen Ort im Subjekt-Objekt-Bezug. Das Gewahren der Einheit eines Gegenstandes in der Mannigfalt der Gegebenheitsweisen konstituiert im Zusammenspiel der Aspekte den Gegenstand. Mit dem Begriff der Konstitution versucht Husserl zunächst einmal, einen massiven Realismus und Idealismus zu vermeiden. Der massive Realismus ist die Auffassung, daß das Gewahren nur ein bewußtseinsmäßiges Auffassen von solchem ist, was vom Bewußtsein unabhängig ist. Demgegenüber vertritt der massive Idealismus die Auffassung, daß das Subjekt die Dinge macht. Bei Husserl stellt sich immer das Verlegenheitsproblem ein, einen Begriff zu finden, der kein Herstellen, keine Kreation und auch kein bloßes Vorstellen meint. Die neuzeitliche Philosophie denkt im Unterschied zur antiken Philosophie das Erscheinen nicht so sehr vom Hervorgang des Seienden in das Offene des allgemeinen Anwesens, sondern als Gegenstandwerden und Sichpräsentieren für ein Subjekt. Im allgemeinen Erscheinungsbegriff jedoch gehört das Sichpräsentieren zu jedem Seienden. Aber jedes Seiende präsentiert sich allem Seienden und unter anderem auch dem Seienden, das durch Erkenntnis charakterisiert ist. Die Präsentation ist dann ein Zusammenstoßen des Seienden untereinander oder ein Vorstellen des Seienden durch den Vorstellenden, das aber nicht mit den Kategorien der Attraktion und Repulsion verstanden werden kann.

HEIDEGGER: Eine andere Weise, das Vorstellen auszulegen, geschieht im Hinblick auf die Rezeptivität und Spontaneität.

FINK: Kant spricht von der Rezeptivität in bezug auf die sinnlichen Daten und in gewisser Weise auch auf die reinen Anschauungsformen Raum und Zeit. Die Spontaneität beruht auf den kategorialen Synthesen der transzendentalen Apperzeption.

HEIDEGGER: Welches Moment sehen Sie nun in Husserls Konstitutionslehre?

FINK: Husserl meint in seinem Begriff der Konstitution weder das Machen noch das bloße Gewahren von bewußtseinsunabhängigen Dingen. Die positive Charakterisierung des Konstitutionsbegriffs bleibt jedoch schwierig. Wenn Husserl hinter den Unterschied des Machens und des bloßen Gewahrens zurückzudenken strebt, so hält sich dieses Problem in der Erkenntnisbahn, d. h. im Verhältnis des Subjekts zu einem Seienden, das von vornherein schon als Gegenstand angesetzt ist. Die Vorfrage ist aber, ob zum Sein des Seienden

HEIDEGGER: die Gegenständlichkeit notwendig gehört,

FINK: oder ob sie erst in der neuzeitlichen Philosophie zu einer universellen Betrachtungsweise des Seienden wird, mit der eine andere, ursprünglichere verdeckt wird.

HEIDEGGER: Aus dieser Besinnung ergibt sich für uns erneut, daß wir Heraklit nicht vom Späteren her interpretieren dürfen.

FINK: Alle Begriffe, die in der Streitdiskussion um den Realismus und Idealismus auftauchen, sind unzureichend, um das Vorscheinen, das Zum-Vorschein-kommen des Seienden zu charakterisieren. Es erscheint mir als glücklicher, vom Vorscheinen als vom Aufscheinen zu sprechen. Denn beim Aufscheinen sind wir leicht von der Vorstellung geleitet, als ob das Seiende schon wäre und nachträglich beleuchtet würde. Die ἀλήθεια wäre dann nur ein Herauslocken des schon Seienden in ein Licht. Aber das Licht als ἀλήθεια und Feuer ist in einem uns noch unbekannten Sinne produktiv. Wir wissen nur soviel, daß die „Produktivität" des Feuers weder ein Machen noch ein generatives Hervorbringen noch ein ohnmächtiges Belichten ist.

HEIDEGGER: Man könnte dann sagen: das Zum-Vorschein-Kommen ist weder creatio, noch illuminatio, noch Konstitution,

FINK: noch das Hervorbringen der τέχνη. Denn diese ist das Hervorbringen einer bestimmten Gestalt auf der Unterlage eines verfügbaren, doch nicht herstellbaren Materials

HEIDEGGER: im Unterschied zur creatio,

FINK: die Lebendiges hervorbringt. Wir müssen also einen ganzen Katalog von geläufigen Denkweisen ausklammern, um das Zum-Vorschein-Kommen nicht in unangemessener Weise zu denken. Aber ein solches Vorgehen hat nur den Charakter der via negationis und führt noch keinen Schritt näher an ein Verständnis, was das Vorscheinen der τὰ πάντα bzw. ὄντα im ἕν des Feuers, der Sonne oder des λόγος bedeutet.

HEIDEGGER: Das Zum-Vorschein-Kommen betrifft den allgemeinen Bezug,

FINK: den rätselhaften Bezug von ἕν und πάντα. Dieser Bezug ist rätselhaft, weil das ἕν nicht unter τὰ πάντα vorkommt. τὰ πάντα meint alles Seiende. Was aber ist das für eine Allheit? Wir kennen relative, einseitige Allheiten wie die der Arten und Gattungen. Eine Gattungsallheit denken wir z. B. in dem Begriff „alle Lebewesen". τὰ πάντα aber bilden keine relative Allheit, sondern die Allheit alles Seienden. Dennoch fällt das ἕν nicht unter die Allheit der τὰ πάντα, sondern umgekehrt die τὰ πάντα sind eingelagert im ἕν, aber nicht — wie Sie einmal in einer Vorlesung gesagt haben — wie Kartoffeln im Sack, sondern in der Weise von Seiendem im Sein.

HEIDEGGER: Wir müssen noch genauer nach τὰ πάντα und ὄντα fragen. Wie sollen wir ὄντα interpretieren? Was sind die τὰ πάντα?

Das Eine und die Seienden 143

FINK: Wir können einmal den Versuch machen anzugeben, was es alles gibt. Seiendes ist nicht etwa nur die Natur und ihre Dinge. Wir können bei der Aufzählung beginnen mit den Elementen: Meer, Erde, Himmel.

HEIDEGGER: Seiendes sind auch die Götter.

FINK: Damit nennen Sie aber schon Seiendes, das unphänomenal ist. Bleiben wir zunächst beim phänomenalen Seienden. Nach den Elementen können wir die aus ihnen gemischten Dinge nennen. Aber es gibt nicht nur Naturdinge, sondern auch artifizielle Dinge, die wir nicht in der Natur vorfinden und für die es in der Natur auch keine Muster gibt. Der Mensch ist teilhaft hervorbringend. Der Mensch erzeugt den Menschen, sagt Aristoteles. Das bedeutet, er hat Teil an der kreativen Macht der Natur. Er bringt außerdem künstliche Gegenstände hervor. Ob die Aristotelische Analyse des in der τέχνη hergestellten Dinges mit Hilfe des Schemas von den vier Gründen eine zureichende Bestimmung des Artefakts ist, ist ein offenes Problem. Es ist fraglich, ob die künstlichen Dinge den Charakter des Beliebigen haben, oder ob sie notwendige Dinge sind. Sie haben einmal gefragt, ob es Schuhe gibt, weil es Schuster gibt oder weil die Schuhe nötig sind. Zum menschlichen Dasein gehört solches Seiendes, das mit der Seinsweise des Daseins verbunden ist, und das sind die notwendigen Dinge. Neben diesen gibt es auch luxurierte Dinge. Zum Seienden gehören auch die politischen Ordnungen, wie Staaten, Städte, Siedlungen, Rechtssatzungen, aber auch die Idole und Ideale. Dieser rohe Überblick nennt eine Vielzahl von Seiendem. Wir wissen aber nicht sogleich, worin all das Genannte in dem Grundzug zu sein übereinkommt und was es dennoch zu Verschiedenem macht. Aber ein noch so vollständiger Überblick über alles das, was ist, würde niemals dazu führen, mit oder neben den τὰ πάντα das ἕν zu entdecken, sondern um das ἕν in seinem einzigartigen Charakter im Unterschied zu den τὰ πάντα zu verstehen, kommt es auf eine τροπή unseres Geistes an.

HEIDEGGER: Wenn wir von τὰ πάντα sprechen, supponieren wir dann von vornherein τὰ ὄντα, oder besteht zwischen beidem ein Unterschied?

FINK: Das Seiendsein denken wir, wenn von τὰ πάντα die Rede ist, in unausdrücklicher Weise. Wird das Seiendsein eigens genannt, werden die τὰ πάντα als ὄντα bezeichnet, dann kann das bedeuten, daß sie im Horizont der Fragwürdigkeit stehen, ob sie wirkliches oder nur vermeintes Seiendes sind. Bilder etwa, die von der εἰκασία vernommen werden, sind auch Seiendes, aber sie sind nicht das, was sie darstellen. Innerhab der Dinge gibt es Grade des Seiendseins. Es gibt die Möglichkeiten des Scheins von Dingen, die anderes zeigen als sie selbst sind, ohne daß dieser Schein von der subjektiven Täuschung her gesehen werden muß. Ein solches Phänomen des Scheins ist z. B. auch der Spiegelglanz auf dem Wasser. Aber die Seinsweise des Spiegelglanzes zu beschreiben, ist nicht leicht. Wenn τὰ πάντα als ὄντα bezeichnet werden, so kann das einmal in dem Sinne gemeint sein, daß sie sich in ihrem Wirklichsein ausgewiesen haben, und zum anderen kann es auch so gemeint sein, daß das Seiendsein ausdrücklich genannt werden soll.

HEIDEGGER: Mir scheint, daß sich dahinter noch eine andere Frage verbirgt: sind die πάντα τὰ πάντα, sofern sie ὄντα sind, oder sind die ὄντα ὄντα, sofern sie τὰ πάντα sind?

FINK: Damit ist eine entscheidende Frage genannt, in der zwei Wege des philosophischen Denkens angezeigt sind. Wenn wir die ὄντα von den τὰ πάντα her denken, bewegen wir uns in einem ausdrücklichen Weltverhältnis, ohne jedoch die Welt schon zu denken. Verstehen wir aber die τὰ πάντα von den ὄντα her, bewegen wir uns in einem Seinsverständnis und denken es auf die Ganzheit hin. Zwei mögliche Ansätze des Denkens sind damit in den Blick genommen.

HEIDEGGER: Sie berührten das Problem des Spiegelglanzes und des damit zusammenhängenden Scheins. Ein anderes Problem, mit dem ich bisher noch nicht ins reine gekommen bin, ist für mich die Wahrnehmung des Sonnenunterganges und die kopernikanische Wendung. Es ist die Frage, ob der Sonnenuntergang eine notwendige Vorstellung ist oder ob ein Sehen möglich ist, für das die Sonne nicht untergeht.

FINK: Die Wahrnehmung des Sonnenunterganges ist das Recht der naiv erlebten Welt gegenüber der wissenschaftlichen Interpretation der Welt. Durch die Bildung und das indirekte Wissen kann der Mensch dazu kommen, daß er nicht mehr sieht, was ihm vor Augen liegt, daß er z. B. den Sonnenuntergang nicht mehr als das sieht, was sich seinem Blick unmittelbar darbietet, sondern nur noch in der Sichtweise der wissenschaftlichen Erklärung.

HEIDEGGER: Auf Grund der szientifischen Welt-Interpretation verschwindet die Wahrheit der unmittelbaren Welterfahrung.

FINK: In der früheren Welt etwa vor 200 Jahren war das Leben noch in der Nähe zentriert. Die Informationen des damaligen Lebens stammten aus der nahen Welt. Das hat sich heute im Zeitalter der weltweiten Nachrichtenübermittlung grundlegend geändert. Hans Freyer beschreibt in seinem Buch „Theorie des gegenwärtigen Zeitalters" die technische Welt als eine Umwelt von Surrogaten. Für ihn ist die szientifische Kenntnis der Umwelt ein Surrogat. Ich halte diese Beschreibung für einen unangemessenen Aspekt, weil inzwischen die technischen Dinge zu neuen Erlebnisquellen für den Menschen geworden sind. Heute existiert der Mensch in der Omnipräsenz der gesamten Nachrichten des Erdballs. Die Welt ist heute nicht mehr gegliedert in Nahzonen, fernere und noch fernere Zonen, sondern die einst so gegliederte Welt wird heute durch die Technik überdeckt, die durch ihr ausgebildetes Nachrichtenwesen es ermöglicht, in der Omnipräsenz aller Informationen zu leben.

HEIDEGGER: Es ist schwer zu fassen, wie die in Nah- und Fernzonen gegliederte Welt durch die technische Umwelt überdeckt wird. Für mich liegt hier ein Bruch vor.

FINK: Der moderne Mensch lebt gewissermaßen schizophren.

HEIDEGGER: Wenn wir nur wüßten, was diese Schizophrenie bedeutet. Das jetzt Gesagte genügt aber, um zu sehen, daß wir hier nicht über abgelegene Sachen reden. — Problem ist für uns der Bezug von ἕν und πάντα. Von woher erfahren wir diesen Bezug, von den πάντα oder vom ἕν oder vom Hin und Her im Hegelschen Sinne? Wie würden Sie diese Frage im Hinblick auf Heraklit beantworten?

FINK: Der Ansatz der Heraklit-Interpretation beim Blitz sollte darauf hinweisen, daß es die Grunderfahrung des Aufbruchs des Ganzen gibt. In der alltäglichen Lebensweise ist diese Erfahrung verdeckt. In ihr sind wir an einer solchen Erfahrung nicht interessiert. Im alltäglichen Lebensvollzug verhalten wir uns nicht ausdrücklich zum Ganzen, auch dann nicht, wenn wir erkennend vordringen in ferne Milchstraßensysteme. Der Mensch hat aber die Möglichkeit, das unausdrückliche Verhältnis zum Ganzen, als welches er immer schon existiert, ausdrücklich werden zu lassen. Er existiert wesensmäßig als ein Verhältnis zum Sein, zum Ganzen, das aber zumeist stagnierend ist. Im Umgang mit dem Denker Heraklit kann man vielleicht zu einer solchen Erfahrung kommen, in der das Ganze, zu dem wir uns unausdrücklich immer schon verhalten, aufblitzt.

HEIDEGGER: Wir lenken dabei unseren fragenden Blick auf den Bezug vom ἕν und seinen vielen Gestalten und deren inneren Bezügen zu τὰ πάντα. Eine Schwierigkeit ist für mich immer die, daß im Text Heraklits zu wenig über τὰ πάντα gesagt ist. Wir sind gezwungen, uns das, was wir von Heraklit nicht über τὰ πάντα erfahren, aus der griechischen Welt zu ergänzen und uns eventuell durch die Dichter sagen zu lassen.

FINK: Ich sagte, daß wir noch nicht die Möglichkeit haben anzugeben, was das Zum-Vorschein-Kommen der τὰ πάντα im immer lebendigen Feuer ist. Um diesem Problem weiter nach-

Fragment 76, Verschränkung von Tod und Leben 147

zugehen, ziehen wir das Fragment 76 an, das eines der am wenigsten gesicherten Fragmente zu sein scheint. Von ihm gibt es mehrere Fassungen, in denen eine Wende (τροπή) gedacht wird. Der von Maximus Tyrius überlieferte griechische Text lautet: ζῇ πῦρ τὸν γῆς θάνατον καὶ ἀὴρ ζῇ τὸν πυρὸς θάνατον, ὕδωρ ζῇ τὸν ἀέρος θάνατον, γῆ τὸν ὕδατος. Diels übersetzt: „Feuer lebt der Erde Tod und Luft lebt des Feuers Tod; Wasser lebt der Luft Tod und Erde den des Wassers (?)." Das Überraschende an dem Fragment ist, daß die Wende von Erde zu Feuer in der Formel ausgesprochen wird: den Tod leben von etwas anderem. Das Beirrende ist nicht so sehr die Rede von einem Hervorgehen und Entstehen, sondern die Rede davon, daß das Feuer den Tod der Erde, die Luft den Tod des Feuers, das Wasser den Tod der Luft und die Erde den Tod des Wassers lebt. Das Wichtigste scheint mir hier zu sein, daß die Vernichtung des Vorangegangenen das Entstehen und Aufgehen des Nachfolgenden ist. Indem das Nachfolgende den Tod des Vorangehenden lebt, kommt es hervor. Der Untergang des Vorangegangenen scheint die Bahn zu sein, auf der das Neue und Andere hervorkommt. Dabei handelt es sich nicht um einen Vorrang der Vernichtung vor dem Entstehenden. Das ist von Bedeutung, um später, wenn wir die Formel „den Tod von etwas anderem leben" eingehender bedenken, nicht sagen zu können, daß es sich dabei um einen Zirkelgang handelt. Denn Leben geht in Tod, Tod geht aber nicht in Leben über. Im Fragment 76 heißt es, daß der Tod des Vorhergehenden das Leben des Folgenden ist. Eine Verbesserung, die Tocco (Studi Ital. IV 5) an dem von Maximus überlieferten Text vorgenommen hat und die das Verhältnis zweideutig macht, lautet: Feuer lebt den Tod der Luft und Luft lebt den Tod des Feuers. Wasser lebt den Tod der Erde, Erde lebt den Tod des Wassers. Hier werden die Beziehungen Feuer-Luft und Wasser - Erde als Wechselbeziehungen angesetzt. In der Anmerkung von Diels-Kranz lesen wir, daß ἀήρ vermutlich stoisch eingeschwärzt ist. Als weitere Variante wird daher angegeben: Feuer lebt den Tod des Wassers, Wasser lebt den Tod des Feuers oder den Tod der Erde, Erde lebt den Tod des Wassers.

Wir haben keine bekannten Phänomene eines Umschlags der Elemente. Wenn von Meer und Erde die Rede ist, dann handelt es sich um die Elemente im Großen, um die Weltgegenden. Ist aber die Rede vom Wasser, so ist nicht klar auszumachen, ob mit Wasser auch das Meer gemeint ist. Im Fragment 76 ist eventuell ein Kreisgang von Feuer, Luft, Wasser und Erde angesprochen. Die hier genannten Umwendungen sind von uns nicht recht nachvollziehbar. Blicken wir in diesem Zusammenhang auch auf das Fragment 36: ψυχῇσιν θάνατος ὕδωρ γενέσθαι, ὕδατι δὲ θάνατος γῆν γενέσθαι, ἐκ γῆς δὲ ὕδωρ γίνεται, ἐξ ὕδατος δὲ ψυχή. Diels übersetzt: „Für Seelen ist es Tod Wasser zu werden, für Wasser aber Tod Erde zu werden. Aus Erde aber wird Wasser und aus Wasser Seele." Die Umwendung wird hier mit dem harten und dunklen Wort einer γένεσις benannt. Die Ausgänge und harten Umschläge von Seelen zu Wasser, von Wasser zu Erde, von Erde zu Wasser, von Wasser zu Seele lassen die Vorstellung, daß es dieselbe Ursubstanz ist, die hinter ihren Wandlungen liegt, nicht zu. Es ist die Rede vom γενέσθαι und γίνεται und dem harten Wort ἐκ. Wir müssen uns fragen, ob das ἐκ im Sinne des Ausganges von etwas, also im Sinne des Woher oder aber im Sinne des Aristotelischen ἐξ οὗ als das, was zugrundeliegt und in einer μεταβολή umschlägt, zu verstehen ist. Zunächst aber berührt uns frappierend, daß im Fragment 36 nicht mehr klar die Vierzahl der Elemente angesprochen wird, sondern die Rede ist von den ψυχαί. Was können die ψυχαί sein, was wird mit ihnen gedacht? Verlassen wir die scheinbare Bahn eines Wechselumschlages von Elementen, wenn jetzt im Ausgang und Übergang der Titel ψυχή auftaucht? Ich bin der Ansicht, daß mit ψυχαί zunächst nicht die Seelen im Sinne der menschlichen Seelen gemeint sind. Mit ihnen tritt nicht ein bewußtseinsbegabtes Element in den Elementenumtrieb ein. Dessen können wir uns vielleicht in einem Hinblick auf das Fragment 77 vergewissern: ψυχῆσι τέρψιν ἢ θάνατον ὑγρῆσι γενέσθαι. Der zweite Teil lautet: ζῆν ἡμᾶς τὸν ἐκείνων θάνατον καὶ ζῆν ἐκείνας τὸν ἡμέτερον θάνατον. Die Dielssche Übersetzung lautet: „Für die Seelen ist es Lust oder (?) Tod feucht zu werden. Wir leben jener, der Seelen, Tod und jene leben unsern Tod." Wenn es heißt, daß wir den Tod der Seelen leben und die Seelen unseren Tod leben, wenn also die Seelen in dem Verhältnis zu uns stehen, daß sie unseren Tod leben und umgekehrt, dann lassen sie sich nicht gleich mit den Menschen identifizieren. Zunächst haben wir allerdings auch kein Motiv, die ψυχαί zu bestimmen. Wir können vorerst nur sagen, daß mit ihnen ein neues Gedankenmotiv in der Wendung des Feuers auftritt.

HEIDEGGER: Die Schwierigkeit ist die, daß man nicht weiß, wohin die hier genannte Sache gehört, wo sie für Heraklit ihre Stelle hat.

FINK: Ich habe das Fragment aufgegriffen, weil auch in ihm die Formel „den Tod von etwas leben" vorkommt, auch wenn wir noch nicht wissen, wer oder was als ψυχαί den Tod lebt. Diese seltsame, uns zu höchst befremdende Formel muß von uns ausdrücklich bedacht werden, wenn wir die massiven Vorstellungen der chemischen Umsetzung, der ἀλλοίωσις und der Emanation von den Wendungen des Feuers weghalten wollen. — Wir gehen über zu einer ersten Besinnung auf das Fragment 62: ἀθάνατοι θνητοί, θνητοὶ ἀθάνατοι, ζῶντες τὸν ἐκείνων θάνατον, τὸν δὲ ἐκείνων βίον τεθνεῶτες. Diels übersetzt: „Unsterbliche: Sterbliche, Sterbliche: Unsterbliche, denn das Leben dieser ist der Tod jener und das Leben jener der Tod dieser." Heraklit spricht hier in einer kurzen, sprachlich gedrängten Form. Hier haben wir die Formel „den Tod von etwas anderem leben" in einer besonderen Weise. Diels-Kranz trennen die Wortfügung „Unsterbliche Sterbliche" und „Sterbliche Unsterbliche" jeweils durch einen Doppelpunkt. Man könnte zunächst meinen, das eine Mal handele es sich um eine Bestimmung der θνητοί, das andere Mal um eine Bestimmung der ἀθάνατοι. Im ersten Fall wäre ἀθάνατοι Subjekt und θνητοί Prädikat, im zweiten Fall θνητοί das Subjekt und ἀθάνατοι das Prädikat. Heißt es, daß es unsterbliche Sterbliche und sterbliche

Unsterbliche gibt? Widerspricht sich nicht die Wortfügung in sich? Oder wird hier ein Verhältnis der Unsterblichen zu den Sterblichen gedacht, das durch ihre Zusammenstellung fixiert wird?

HEIDEGGER: Es ist merkwürdig, daß die θνητοί zwischen den ἀθάνατοι stehen.

FINK: Nehmen Sie die ἀθάνατοι als Satzsubjekt? Man könnte fragen: was ist das für eine Unterscheidung, die in ἀθάνατοι und θνητοί gedacht wird? Eine einfache Antwort wäre, daß das ἀθανατίζειν die Negation des θάνατος ist.

HEIDEGGER: Wie ist θάνατος im Hinblick auf das Bisherige zu bestimmen?

FINK: Eine solche Bestimmung können wir noch nicht geben, weil wir uns bisher im Bereich der τὰ πάντα im Hinblick auf das πῦρ ἀείζωον bewegt haben. Vielleicht könnte man vom ἀείζωον aus den Tod in den Blick nehmen, wenn man es gegenüber der Erfahrung, daß alles Lebendige endlich ist, als das immer Lebendige denkt. Aber es ist schwierig, das ἀείζωον zu denken.

HEIDEGGER: Ersehen wir nicht aus Fragment 76, daß θάνατος unterschieden ist gegenüber der γένεσις?

FINK: Dort ist davon die Rede, daß durch den Tod des einen ein anderes hervorkommt.

HEIDEGGER: Meint θάνατος die φθορά?

FINK: Diese Gleichsetzung halte ich für bedenklich. Tod und Leben werden normalerweise nicht auf Feuer, Luft, Wasser und Erde bezogen, jedenfalls solange man das Feuer nicht im Sinne Heraklits versteht. Vom Phänomen her gesehen sprechen wir nur im Bereich des Lebendigen von Leben und Tod. In bezug auf den Bereich des Leblosen können wir nur im übertragenen Sinne von Tod und Leben sprechen. Aber bleiben wir zunächst beim Fragment 62, in welchem die Rede ist von ἀθάνατοι und θνητοί. Wir können sagen: die Unsterblichen sind die Götter, die Sterblichen die Menschen. Die Götter sind nicht todlos im Sinne eines α privativum, sie sind nicht vom Schicksal des Todes unbetroffen, sondern sind in gewisser Weise durch den Rückbezug zum Tod, von dem sie frei sind, dem Tod der Sterblichen zugewendet. Sie sind als Mitschauende in einem uns sprachlich noch nicht faßbaren Bezug zum Tod. Ihr Rückbezug zum Tod hat nicht nur den Charakter der Ausgrenzung. Als ἀ-θάνατοι haben sie zu den Sterblichen einen Bezug, der in der Form auftritt, daß das Leben der Unsterblichen der Tod der Sterblichen ist. Wir sind gewohnt, Leben und Tod als harte Entgegensetzung zu verstehen, deren Härte nicht überboten werden kann. Die Entgegensetzung von Leben und Tod ist nicht die gleiche wie die von warm und kalt oder jung und alt. In den uns bekannten Gegensätzen gibt es Bahnen von Übergängen, so z. B. die Übergänge des Warmseins in das Kaltsein, des Jungseins in das Altsein. Doch strenggenommen gibt es keinen Übergang des Warmseins in das Kaltsein, sondern das, was zunächst Anteil am Warmsein hat, erhält einen Anteil am Kaltsein. Auch das Jungsein geht, strenggenommen, nicht in das Altsein über, sondern das, was zuerst jung ist, geht in Altes über, wird alt. Solche Übergänge sind z. T. umkehrbar, so daß sie in sich zurücklaufen können, z. T. sind sie auch einsinnig und irreversibel. So ist etwa der Gegensatz von Warm-Kalt umkehrbar. Was zunächst Anteil am Warmsein hat und dann in das Kaltsein übergeht, kann auch wieder ins Warmsein übergehen. Was aber erst jung und dann alt ist, kann nicht wieder jung werden. Im Fragment 67, in dem es heißt: Gott ist Tag Nacht, Winter Sommer, Krieg Frieden, Sattheit Hunger, nennt Heraklit verschiedene uns bekannte Entgegensetzungen, die aber alle einen grundsätzlich anderen Charakter haben als der Gegensatz von Leben und Tod. Ist die Entgegensetzung von Leben und Tod in irgendeiner Weise noch meßbar und vergleichbar an den uns bekannten Entgegensetzungen? Der Absturz des Lebendigen in das Totsein ist im Phänomen unwiderrufbar und endgültig. Zwar wird im Mythos und in der Religion gehofft, daß uns nach dem Tode ein neues Leben erwartet, zu dem der Tod nur ein Durchgangstor ist. Dieses postmortale Leben ist nicht ein gleichartiges Leben wie das praemortale, hiesige. Aber es ist fraglich, ob die Rede von „nachher" und „vorher" hier überhaupt noch einen Sinn hat. Offenbar spricht sich darin nur die Perspektive derer aus, die im Leben sind und das Niemandsland des Todes mit Vorstellungen von einem Leben ausfüllen, das sie erhoffen. Bei den geläufigen Gegensätzen, in denen wir uns auskennen und die ineinander übergehen, finden wir ein Untergehen des einen in das andere und etwa das Entstehen des Warmen aus dem Kalten und des Kalten aus dem Warmen. Aber finden wir auch im Phänomen ein Entstehen des Lebenden aus dem Toten? Offenbar nicht. Das Entstehen des Lebenden ist ein Hervorgehen aus der Vereinigung der dualen Geschlechter. Aus einer besonderen Intensität des Lebendigseins entsteht das neue Leben. Dabei brauchen wir nicht gleich die Ansicht des Aristoteles zu teilen, daß das neue Leben bereits als Keim in den Eltern präformiert ist und das Entstehen dann nur die ἀλλοίωσις einer noch keimhaften Daseinsweise in eine entwickelte ist. Können wir uns aber vorstellen, wie Leben und Tod verschränkt sind, und zwar nicht in der Weise, daß das Leben in den Tod übergeht, sondern so, daß das Übergehen gedacht wird als „den Tod von etwas anderem leben"? Das bedeutet nicht: aus dem Tod ins Leben kommen. Setzen wir bei der sprachlichen Form an. Wir sind gewohnt zu sagen: das Leben leben, den Tod sterben. Das ist nicht im Sinne einer pleonastischen Ausdrucksweise gemeint. Denn wir können sagen: der einzelne stirbt seinen oder aber einen verfremdeten Tod, oder aber: der einzelne lebt sein Leben in der Absetzung gegen die Alienation, die jeder von den Gewohnheiten, Institutionen und der sozialen Lage erfährt. In solchen Formulierungen ist uns zunächst die Bezogenheit intransitiver Verben auf einen inneren Akkusativ vertraut.

HEIDEGGER: Um den von Ihnen genannten inneren Akkusativ klarzumachen, könnten wir an Hegels spekulativen Satz denken. Hegel macht das Beispiel: Gott ist das Sein. Zunächst scheint es ein normaler Aussagesatz zu sein, in welchem Gott das Subjekt und „das Sein" das Prädikat ist. Wird dieser Satz aber als spekulativer Satz aufgefaßt, dann wird der Unterschied des Subjekts und Prädikats aufgehoben, indem das Subjekt zum Prädikat übergeht. Gott verschwindet im Sein, das Sein ist das, was Gott ist. In dem spekulativen Satz: „Gott ist das Sein" hat das „ist" transitiven Charakter: ipsum esse est deus. Dieses Verhältnis des spekulativen Satzes ist jedoch nur eine entfernte, gewagte Analogie zu dem uns jetzt beschäftigenden Problem.

FINK: Gott ist das Sein, spekulativ gedacht, ist aber nur eine gewisse Analogie zu der Formel: das Leben leben, nicht aber zu jener anderen „den Tod von etwas anderem leben". Hier ist „leben" nicht auf das Leben bezogen, sondern auf etwas, was das Gegenteil zu sein scheint.

HEIDEGGER: Die Frage ist aber, was hier Tod bedeutet. Welcher Gegensatz hier zwischen Leben und Tod gedacht wird, wissen wir nicht.

FINK: Das hängt von der Auffassung ab, ob der Tod der Prozeß des Sterbens, des Tod-werdens oder der vollendete Tod ist. Diese Unterscheidung macht das Problem noch schwieriger.

HEIDEGGER: Das Erstaunliche ist, daß die uns so befremdende Sache von Heraklit leicht dahingesagt zu sein scheint.

FINK: Was hier Heraklit über Leben und Tod sagt, ist das Befremdlichste überhaupt. Wenn wir den Sachverhalt symmetrisch vorstellen, dann können wir nicht nur sagen, daß die Unsterblichen den Tod des Sterblichen leben, sondern auch fragen, ob es ein transitives Sterben von etwas gibt. Die Verschlingung von Leben und Tod hat ihren Ort nur auf dem gleichbleibenden Untergrund des Lebens. Das schließt ein verbales Sterben aus.

HEIDEGGER: Wenn τεθνεῶτες präsentisch zu verstehen ist, dann würde Heraklit sagen: sie sterben das Leben jener.

FINK: So gesehen wird die von uns zu denkende Sache noch komplizierter. Es würde sich dann nicht nur handeln um ein „den Tod von etwas anderem leben", sondern auch um den Gegenlauf in einem transitiven Sterben. ζῶντες bedeutet: den Tod der anderen leben, während τεθνεῶτες das Totsein meint. Wenn wir von Leben und Tod auf das Lebendigsein und Totsein übergehen, müssen wir fragen, was im Hinblick auf das Totsein „Sein" eigentlich noch heißt. Handelt es sich beim Totsein um eine Weise zu sein? In ζῶντες wird ein Tun angesprochen: den Tod jener leben. Das entspricht der Formel aus Fragment 76: Feuer lebt der Erde Tod.

HEIDEGGER: Um das aktivisch verstandene τεθνεῶτες zu verdeutlichen, können wir an Rilkes Wendung „den Tod leisten" denken. Die Frage ist aber, ob τεθνεῶτες ein aktivisches, präsentisches Sterben oder ein perfektisches Gestorbensein (Fertigsein) meint.

FINK: Das präsentische Sterben ist die Endphase des Lebens. Fraglich ist, wer oder was lebt und stirbt. In der Wortfügung ἀθάνατοι θνητοί ist nicht entschieden, ob ἀθάνατοι eine prädikative Bestimmung zu θνητοί ist oder umgekehrt, ob θνητοί eine prädikative Bestimmung zu ἀθάνατοι ist. Zunächst werden die Unsterblichen und Sterblichen konfrontiert und zusammengespannt,

HEIDEGGER: und darauf folgt die Erläuterung.

FINK: Die Wortfügung ἀθάνατοι θνητοί ist keine Aufzählung. Denn sonst wäre die umgekehrte Formulierung nicht möglich. Wir sehen, daß die Unsterblichen und Sterblichen in einem Bezug stehen. Der Begriff der Götter ist zunächst vom Tode unbetroffen, und dennoch vermuten wir eine Todbezüglichkeit. Dann wird gesagt: indem sie den Tod jener leben. Diels übersetzt: denn das Leben dieser ist der Tod jener. Worauf bezieht sich dieser Satzteil? Was ist das Subjekt von ζῶντες: sind es die Unsterblichen oder die Sterblichen? Und was ist das Subjekt von τεθνεῶτες? Die Götter leben den Tod der Menschen. Sie sind Zuschauer und Zeugen, die den Tod der Menschen wie Opfergaben hinnehmen.

HEIDEGGER: Und die Menschen sterben das Leben der Götter.

FINK: Nehmen wir auch noch das Fragment 88 hinzu: ταὐτό τ'ἔνι ζῶν καὶ τεθνηκὸς καὶ [τὸ] ἐγρηγορὸς καὶ καθεῦδον καὶ νέον καὶ γηραιόν· τάδε γὰρ μεταπεσόντα ἐκεῖνά ἐστι κἀκεῖνα πάλιν μεταπεσόντα ταῦτα. Diels übersetzt: „Und es ist immer ein und dasselbe was in uns wohnt (?): Lebendes und Totes und Waches und Schlafendes und Junges und Altes. Denn dieses ist umschlagend jenes und jenes zurück umschlagend dieses." Wenn Heraklit sagt: ταὐτό τ'ἔνι ζῶν καὶ τεθνηκός, ist dann Lebendes und Totes oder das Totsein

HEIDEGGER: oder das Totseinkönnen gemeint?

FINK: Wenn das Lebende und Tote mit dem Wachenden und Schlafenden, dem Jungen und Alten parallelisiert wird, ist kein Können gemeint. Das Verhältnis dieser drei Gegensätze zueinander könnte man auf folgende Weise charakterisieren. Leben ist die ganze Lebenszeit, die ein Mensch hat und die im Tode endet. Wachen und Schlafen sind als abwechselnde Zustände die am meisten alternierende Form des menschlichen Lebenslaufes. Jungsein und Altsein bilden die Anfangs- und Endzeit des menschlichen Lebenslaufes. Das Verhältnis von Wachen und Schlaf und von Jung und Alt sind gewisse Parallelisierungen zu dem Verhältnis von Leben und Tod. Durch sie wird die Beziehung von Leben und Tod noch komplizierter,

HEIDEGGER: weil die Art der drei Unterschiede ganz verschieden ist.

FINK: Ein und dasselbe ist Lebendes und Totes; dasselbe ist auch Wachendes und Schlafendes; dasselbe ist Junges und Altes. Heraklit sagt die Selbigkeit von solchem aus, was verschieden zu sein scheint. Wie ist hier das ταὐτό zu verstehen?

HEIDEGGER: Wir können es als „zusammengehörig" verstehen.

FINK: Wohl gehören Lebendes und Totes, Wachendes und Schlafendes, Junges und Altes jeweils zusammen. Aber wie gehört z. B. Lebendes und Totes in einem Selben zusammen?

HEIDEGGER: In bezug auf ein Selbes.

FINK: Wenn Lebendigsein und Totsein dasselbe sind, dann bilden sie eine Selbigkeit, die sich verbirgt. Die Unterschiedenheit von Leben und Tod wird am meisten deutlich, wenn sie als analog zu jenen zwei anderen Verhältnissen angesetzt wird. Schlafen und Wachen, sowie Jungsein und Altsein sind uns bekannte Verschiedenheiten, die auf den Zeitgang unseres Lebens bezogen sind. Wachen und Schlafen sind abwechselnde Zustände im Zeitgang, Jung- und Altsein sind zwei ausgezeichnete Phasen im Zeitgang unseres Lebens. Dagegen sind Leben und Tod ein Verhältnis der gesamten Lebenszeit zu etwas, was sie überschattet, aber nicht in ihr vorkommt. Ist der Spruch des Denkers Heraklit ein Schlag ins Gesicht des gängigen Meinens, das auf der Unterschiedenheit von Leben und Tod besteht wie auf dem Unterschied von Wachen und Schlaf, Jung- und Altsein? Kommt es darauf an, den Stoß seines Denkens gegen den Trend zu einer in Unterschieden gegliederten Welt zu führen im Hinblick auf eine Selbigkeit, was nicht bedeutet, daß die Phänomene ihre Unterschiede verlieren, wohl aber, daß sie in bezug zum ἕν ein ταὐτό sind? Heraklit sagt, daß Lebendigsein - Totsein, Wachen - Schlafen und Jungsein - Altsein dasselbe ist. Er sagt aber nicht, wie Diels-Kranz übersetzen und damit interpretieren: dasselbe was in uns wohnt. ἡμῖν ist zu ἔνι von Diels ergänzt. Es ist gerade fraglich, ob wir der Ort der Selbigkeit der großen Entgegensetzung von Leben und Tod sind, oder ob nicht der Ort der Selbigkeit eher im ἕν gesucht werden muß, zu dem sich die Menschen verhalten und so in gewisser Weise dem ἕν gleichen. Sicher handelt es sich zunächst um eine diktatorische Behauptung, daß dasselbe das Lebendige und Tote, das Wachende und Schlafende, das Junge und Alte ist. Es wird nicht gesagt, daß die drei Gegensatzpaare dasselbe sind, sondern Heraklit nennt drei in einer bestimmten Entsprechung stehende Gegensätze und denkt jeweils im Hinblick auf einen das ταὐτό. Die gemeinsame Basis für die Dreifalt der Gegensätze bildet die Lebenszeit. Die ganze Lebenszeit wird durch den Tod begrenzt. Innerhalb des Lebens ist der Schlaf dem Totsein analog, hat das Altsein eine bestimmte Beziehung zum Tod und ist das Wachen und Jungsein dem Lebendigsein am meisten verwandt. Aber im Fragment 88 ist nicht die Rede von Leben und Tod, sondern von Lebendem und Totem. Wie aber ist der Ausdruck „das Lebende" und „das Tote" zu verstehen? Wenn wir sagen: das Gerechte (τὸ δίκαιον) und das Schöne (τὸ καλόν), ist dann solches, was gerecht ist, oder das Gerechtsein, und solches, was schön ist, oder das Schönsein gemeint?

HEIDEGGER: Ihr Interpretationsversuch geht also dahin, die drei Unterschiede nicht als drei Fälle unter einer Gattung zu verstehen, sondern sie im Hinblick auf das Phänomen der Zeit einzuordnen

FINK: und so ein Analogieverhältnis herzustellen. Es handelt sich hier nicht um fixierte Unterschiede. Dennoch geht es um Unterschiede, die ein Verschiedensein bilden. Lebendigsein und Totsein stehen nicht in einem Gradverhältnis zueinander, weil das Totsein sich nicht steigern läßt. Dagegen sind wir gewohnt, das Lebendigsein zu steigern und träge und hohe Formen des Lebensvollzugs zu unterscheiden. Wachen und Schlaf aber gehen fast unmerklich ineinander über. Leben und Tod bilden keinen Gegensatz wie schön und häßlich und keinen Gradualitätsunterschied. Die Natur ihres Verschiedenseins ist das Problem. Sobald wir es vom allzu geläufigen dialektischen Ineinandergehen her zu deuten versuchen, verschwindet die Fragwürdigkeit des Textes. Wenn wir davon ausgehen, daß jede Analogie eine Gleichheit in der Ungleichheit ist, dann können wir sagen, daß sich Schlafen und Wachen, sowie Altsein und Jungsein in gewisser Weise wie das Totsein zum Lebendigsein verhalten. Vielleicht ist es jedoch eine allzu hoffnungsvolle Gleichnissprache, wenn wir den Schlaf den Bruder des Todes nennen und wenn er als Zwischenphänomen gilt. Auch für die Frage nach dem Sinn der Formel „den Tod von etwas leben" ist die Zusammenspannung von Leben und Tod im transitiven Gebrauch von „leben" das Befremdliche. Es ist eine Interpretationsfrage, ob auch das gegenläufige Modell angesetzt werden kann, so daß wir nicht nur sagen: den Tod leben, sondern auch: das Leben sterben. — Wir sind zu keinem Resultat gekommen und kommen vielleicht überhaupt zu keinem endgültigen Resultat. Aber in der Fremdartigkeit und Dunkelheit der Formel „den Tod von etwas leben" hat sich die allzu geläufige Auslegung der τροπή gewandelt. Wir können das Verhältnis des Feuers zur Erde, zur Luft und zum Wasser vielleicht eher am Bezug von Leben und Tod denken, so daß wir mit dem Hinblick auf das schwierige Verspannungsverhältnis von Leben und Tod zu einem gewissen anthropologischen Schlüssel für das nichtanthropologische Fundamentalverhältnis von ἕν und πάντα kommen können.

IX.

Unsterbliche: Sterbliche (Fragment 62). — ἓν τὸ σοφόν
(beigezogene Fragmente: 32, 90).

FINK: Herr Professor Heidegger kann heute nicht kommen, da er durch eine wichtige Reise verhindert ist. Er bittet uns aber, in der Textauslegung fortzufahren, damit wir in unserer Interpretation der Fragmente ein Stück vorankommen. Auf Grund des Protokolls wird er sich über den Gang dieser Seminarsitzung informieren, um sich dann dazu zu äußern. — Vergegenwärtigen wir uns den Gedankengang, besser den Zug der offenen Fraglichkeiten, der uns in der letzten Sitzung geführt hat. Ausgegangen sind wir von dem Problem der Umwandlungen des Feuers mit der Frage, ob damit die Veränderung eines Urstoffes gedacht oder aber auf das Verhältnis von ἕν und πάντα abgezielt wird. Schließlich sind wir im Fragment 76 zu der schwer faßlichen, dunklen Formel gekommen, daß etwas den Tod eines anderen lebt. Diese Formel wird dann im Fragment 62 als Kennzeichnung des Verhältnisses der Unsterblichen zu den Sterblichen bzw. der Sterblichen zu den Unsterblichen gebraucht. Handelt es sich hier nur um einen anderen Bereich für die Anwendung der problematischen Formel „den Tod von etwas leben"? Ist auch hier die Formel in der grundsätzlichen Weite gemeint, wie wir sie im Fragment 76 im Verhältnis der Elemente Feuer, Luft, Wasser und Erde kennengelernt haben? Handelt es sich hier um kosmische Bezüge oder um kosmologische Gegenbezüge, sofern hier die Formel auf Wesen angewendet wird, die in einer besonderen Weise dem Ganzen offenstehen, auf Götter und Menschen? Wird hier die Formel auf kosmologische Lebewesen angewandt? Das geschieht vielleicht deswegen, weil die Beziehung der Unsterblichen zu den Sterblichen ein Analogon ist zu dem Bezug von ἕν in Gestalt des Blitzes, der Sonne und des Feuers zu den πάντα. Wird das uns immer wieder beirrende Grundverhältnis von ἕν und πάντα eher säglich von seiner Spiegelung her? Wird das Weltverhältnis von ἕν und πάντα eher säglich vom Verhältnis der seinsverstehenden Götter und Menschen? Damit ist zunächst die Bahn unserer Problemstellung angezeigt. Versuchen wir nun, die Struktur des Fragments 62 zu verdeutlichen. Denn wir können nicht sagen, daß seine Struktur schon an Deutlichkeit und Bestimmtheit gewonnen hätte. Das Fragment lautet: ἀθάνατοι θνητοί, θνητοὶ ἀθάνατοι, ζῶντες τὸν ἐκείνων θάνατον, τὸν δὲ ἐκείνων βίον τεθνεῶτες. Wir können übersetzen: „Unsterbliche: Sterbliche, Sterbliche : Unsterbliche". Damit bringt Diels die Unsterblichen in ein Verhältnis zu den Sterblichen und die Sterblichen in einen Bezug zu den Unsterblichen. Im Anschluß daran wird dieses Verhältnis durch die dunkle Problemformel expliziert, die Diels wie folgt übersetzt: denn das Leben dieser ist der Tod jener und das Leben jener der Tod dieser. Diese Übersetzung scheint mir zu frei zu sein. Denn es heißt doch: ζῶντες τὸν ἐκείνων θάνατον, τὸν δὲ ἐκείνων βίον τεθνεῶτες: indem sie den Tod jener leben und indem sie das Leben jener sterben. Wenn wir ἀθάνατοι im vertrauten Sinne auslegen als Götter und θνητοί als Menschen, so handelt es sich dabei um einen Auslegungsschritt, den wir nicht mit unbedingter Sicherheit behaupten können. Zwar sind die Unsterblichen für den griechischen Mythos die Götter. Aber es gibt auch Zwischenwesen, Heroen, die als Sterbliche geboren, Halbgötter, die zu Unsterblichen erhoben sind. Ist der Umkreis der Unsterblichen und Sterblichen mit Verläßlichkeit und Sicherheit vertraut? Was mit ἀθάνατοι und θνητοί angezeigt ist, ist das Problem. Zunächst aber nehmen wir die mythologische Deutung auf und fassen die Unsterblichen als die Götter und die Sterblichen als die Menschen. Auch die Götter werden im Fragment 62 vom Tode her charakterisiert. Die Unsterblichen sind zwar dem Tode entrückt, ihm nicht verfallen, aber sie stehen dem Tode offen. Als Unsterbliche müssen sie sich wissen als die, die in der Negation des Sterblichseins ihr eigenes Selbstverständnis gewinnen. Sie wissen sich als die dem Tode offenen, aber nicht todbetroffenen Wesen, die den Menschentod schauen

Leben und Tod; Sterbliche Unsterbliche

und im Anblick der dahinschwindenden vergänglichen Menschen ihrer eigenen Unvergänglichkeit gewiß werden. Die Sterblichen sind die Menschen, die ihre Todverfallenheit wissen allein im Hinblick auf die immerseienden, todentrückten Götter. θνητοί ist nicht etwa eine objektive Bezeichnung, die von einer außermenschlichen Warte her gesprochen ist, sondern deutet hin auf das Selbstverständnis der Menschen im Verstehen ihrer Todverfallenheit, sofern sie sich als morituri wissen. Die Menschen wissen sich als vergänglich im Aufblick und Hinblick auf die immerwährenden, todentrückten Götter. Mit den Unsterblichen und Sterblichen ist die größte innerweltliche Ferne zwischen den innerweltlichen Wesen genannt, der Spannungsbogen zwischen Göttern und Menschen, die aber gleichwohl aufeinander bezogen sind in ihrem Selbst- und Seinsverständnis. Die Sterblichen wissen ihr eigenes schwindendes Sein im Aufblick und Hinblick auf das immerwährende Sein der Götter, und die Götter gewinnen ihr Immersein im Kontrast und in der Konfrontation mit den ständig in der Zeit schwindenden Menschen. Der Unterschied von Unsterblichen und Sterblichen wird vom Tode her charakterisiert. Aber dieser Unterschied ist nicht ein solcher wie der zwischen Leben und Tod selbst. Denn die Unsterblichen und Sterblichen leben und verhalten sich lebend zu sich in ihrem eigenen Selbstverständnis zum Sein der anderen. Das Verhältnis der Götter zu den Menschen ist nicht gleichzusetzen mit dem Verhältnis der Lebenden zu den Toten, und doch ist der Spannungsbogen zwischen ἀθάνατοι-θνητοί und θνητοί-ἀθάνατοι aus dem Bezug zu Leben und Tod gedacht. Der am weitesten ausgespannte Unterschied zwischen Göttern und Menschen, Unsterblichen und Sterblichen wird verschränkt und zusammengespannt mit seinem gegenteiligen Extrem — vielleicht in einer Analogie zu dem Verhältnis von ἕν und πάντα. Die Frage, die uns leitet, ist, ob mit der Aufnahme des Verhältnisses der Unsterblichen zu den Sterblichen mehr als nur ein anthropologischer Schlüssel gefunden ist, um das Verhältnis anzuzeigen, wie das Feuer, die Sonne, der Blitz als besondere Gestalten des ἕν zu den πάντα sich verhalten. ἕν und τὰ πάντα gibt es nicht nebeneinander, sie liegen nicht in einer gleichen Ebene, nicht in einer Vergleichsebene gewöhnlicher Art, sondern sie sind in ihrem Verhältnis einzigartig. Ihr Verhältnis ist mit keinem bekannten Verhältnis anzeigbar. Das ἕν ist nicht unter den πάντα, es wird nicht schon dadurch gedacht, daß wir τὰ πάντα streng denken und in diesen Inbegriff alles hineinnehmen, was es überhaupt gibt. Selbst wenn wir τὰ πάντα als Inbegriff denken, ist das ἕν nicht mit einbegriffen. Es bleibt von τὰ πάντα getrennt, aber nicht in den uns bekannten Weisen des Getrenntseins durch räumliche und zeitliche Grenzen oder durch die Zugehörigkeit zu einer anderen Art oder Gattung. Alle geläufigen Weisen des Getrenntseins sind auf das Grundverhältnis von ἕν und πάντα nicht anwendbar. Zugleich aber müssen wir sagen, daß bei der einzigartigen Trennung von ἕν und τὰ πάντα andererseits auch die einzigartige Zusammengehörigkeit von ἕν und τὰ πάντα, die Verschränkung des am meisten Getrennten, in den Blick genommen werden muß. In ihrer Verschränkung sind ἕν und τὰ πάντα zusammengespannt. Bisher begegneten uns mannigfache Gleichnisse, z. B.: wie in der Nacht durch einen Blitzstrahl die im Lichtschein befindlichen Dinge zum Aufschein kommen und sich in ihrem Umriß zeigen, so kommt in einem ursprünglicheren Sinn die Gesamtheit der Dinge im aufbrechenden Lichtschein des als Blitz gedachten ἕν zum Vorschein. Oder aber: wie im Lichte der Sonne die im Sonnenlicht stehenden Dinge in ihrem Gepräge aufscheinen, so kommt die Gesamtheit der innerweltlichen Dinge in dem als Sonnenlicht gedachten ἕν zum Vorschein. Wie hier die Dinge nicht neben dem Schein der Sonne vorkommen, sondern wie das Sonnenlicht die Dinge umspannt und so von ihnen getrennt und zugleich mit ihnen verbunden ist in der Weise des einbegreifenden Lichtes, so gibt es auch das insgesamt Viele der τὰ πάντα nicht neben dem Licht des Vorscheins, sondern das Licht des Vorscheins umfängt die Gesamtheit der πάντα und ist von ihr „getrennt" und mit ihr „verbunden" in einer schwer faßlichen Weise, die wir uns noch am ehesten am Gleichnis des allumfassenden Lichts verdeutlichen können. Sind nun auch die

Unsterblichen und Sterblichen aufeinander bezogen, wie ἕν und τὰ πάντα bei ihrer größten Trennung? Dabei verstehen wir die Unsterblichen als diejenigen, die das Immersein ihrer selbst nur auf dem Hintergrund der zeithaft vergehenden Menschen wissen, und die Sterblichen als die Menschen, die ihr Vergänglichsein nur wissen, indem sie einen Bezug zu den Unsterblichen haben, die immer sind und ihr Immersein wissen. Wir können ἀθάνατοι θνητοί, θνητοὶ ἀθάνατοι mehrfach lesen: entweder wie Diels oder aber auch in folgender Weise: unsterbliche Sterbliche, sterbliche Unsterbliche. Diese harte Wortfügung scheint in sich widersprechend zu sein. Aber mit einem paradoxen Begriff von unsterblichen Sterblichen und sterblichen Unsterblichen kommt man nicht besonders weit. Die Götter leben den Tod der sterblichen Menschen, heißt das, daß das Leben der Götter das Töten der Menschen ist? Und andererseits: sterben die Menschen das Leben der Götter? Auch mit dieser Lesart können wir keinen rechten Sinn verbinden. Ich möchte daher eher glauben, daß sich folgende Deutung nahelegt. Die Götter leben sich vergleichend mit den sterblichen Menschen, die den Tod erfahren. Sie leben den Tod der Sterblichen, indem sie sich in ihrem eigenen Selbst- und Seinsverständnis gegenhalten gegen die Vergänglichkeit der Menschen und ihre allzu endliche Weise, das zu verstehen, was ist. Schwieriger wird es aber, wenn wir uns fragen, wie wir τὸν δὲ ἐκείνων βίον τεθνεῶτες übersetzen sollen. Können wir das τεθνεῶτες parallelsetzen mit ζῶντες? Die Frage ist aber, ob hier das Partizip Perfekt perfektische Bedeutung hat oder als präsentische Partizipialform wie ἀποθνήσκοντες zu übersetzen ist. Diese Frage kann nur vom Philologen entschieden werden. Das Leben der Unsterblichen ist der Tod der Sterblichen, die Götter leben den Tod der Sterblichen, und die Sterblichen sterben das Leben der Götter oder sind abgestorben in bezug auf das Leben der Götter. Wir gebrauchen auch die Wortfügung: einen Tod sterben, ein Leben leben. Im Fragment 62 aber heißt es: den Tod von anderen leben, das Leben von anderen sterben. Wenn wir uns klarmachen wollen, was es heißt, daß die Götter den Tod der Menschen leben, so können wir zunächst einmal die Massivform, wonach die Götter menschenfressende Wesen wären, abwehren. Sie leben den Tod der Menschen nicht in der Weise, daß sie die Menschen auffräßen. Denn sie sind nicht nur der Nahrung der Menschen, sondern letztlich auch der menschlichen Opfergaben und Gebete unbedürftig. Was aber heißt dann die Formel: die Götter leben den Tod der Menschen? Ich vermag mit diesem Satz nur einen Sinn zu verbinden, indem ich sage: die Götter verstehen sich selbst in ihrem eigenen immerwährenden Sein im ausdrücklichen Bezug zu den sterblichen Menschen. Das unwandelbare Sein der Götter bedeutet im Anblick der ständig in der Zeit verfallenden Menschen ein Bestehen. In dieser Weise leben die Götter den Tod der Menschen. Und ebenso vermag ich mit dem Satz, daß die Menschen das Leben der Götter sterben, bzw. daß sie in bezug auf das Leben der Götter abgestorben sind, nur einen Sinn zu verbinden, wenn damit gesagt ist, daß die Menschen in ihrem Selbstverständnis als die Schwindendsten sich immer zum Unvergänglichen verhalten, das uns das Leben der Götter zu sein scheint. Die Menschen sterben als die Vergänglichen nicht nur insofern, als sie im Umgang mit dem Vergänglichen stehen. Sie sind nicht nur die Schwindendsten im Reiche des Schwindens, sondern sie sind zugleich verstehend offen für die Unvergänglichkeit der Götter. Zum Verhältnis der Menschen zu sich und zu allem, was sie umgibt, gehört ein Grundbezug zu dem, was niemals untergeht. Wir verstehen also das „den Tod der Menschen leben" und „das Leben der Götter sterben" als ein gegenseitiges Verschränkungsverhältnis des Seins- und Selbstverständnisses der Götter und Menschen. Die Götter leben den Tod der Menschen in der Weise, daß sie sich als die Unsterblichen in ihrem Immersein nur verstehen können auf dem Hintergrund des Vergänglichen. Sie sind nur immerbleibend, wenn sie zugleich auf die Sphäre des Wandels in der Zeit bezogen sind. Nach dem Fragment 62 verhalten sich die Götter und Menschen gerade nicht so wie in Hölderlins Gedicht „Hyperions Schicksalslied": „Ihr wandelt droben im Licht / Auf weichem Boden, selige Genien! / Glänzende Götterlüfte /

Rühren euch leicht, / Wie die Finger der Künstlerin / Heilige Saiten. — Schicksallos, wie der schlafende / Säugling, atmen die Himmlischen, Keusch bewahrt / In bescheidener Knospe, / Blühet ewig / Ihnen der Geist, / Und die seligen Augen / Blicken in stiller / Ewiger Klarheit. — Doch uns ist gegeben, / Auf keiner Stätte zu ruhn, / Es schwinden, es fallen / die leidenden Menschen / Blindlings von einer / Stunde zur andern, / Wie Wasser von Klippe / Zu Klippe geworfen, / Jahr lang ins Ungewisse hinab." Hier werden der Bereich der Götter und der der Menschen wie zwei Sphären getrennt, die nicht miteinander verschränkt, sondern bezugslos sich gegenüberliegen. Droben im Licht wandeln schicksallos die Götter, deren Geist ewig blüht, während die Menschen ein ruheloses Leben führen und im Katarakt der Zeit fallen und schwinden. Die Art, in der Hölderlin hier das ewige Leben der Götter in den Blick nimmt, weist darauf hin, daß zum Selbstverständnis der Götter nicht der Blick auf die Sterblichen notwendig gehört. Wenn aber Götter und Menschen nicht zwei getrennte, sondern einander zugewendete Bereiche bilden, dann können wir das Verschränkungsverhältnis von dort her auf den Anfang des Fragments 62 beziehen, der Unsterbliche und Sterbliche in einer harten Weise miteinander verspannt.

TEILNEHMER: Die Verspannung des Immerseins der Götter und des zeithaft sich wandelnden Seins der Menschen hat ihr Analogon in dem Goetheschen Gedanken der Dauer im Wechsel.

FINK: Es gibt aber auch eine Dauer als Konstanz in der Zeit. In dieser Weise denkt etwa Kant das Beharren des Weltstoffes.

TEILNEHMER: Der Gedanke Goethes von der Dauer im Wechsel meint nicht die Konstanz in der Zeit, sondern kommt in die Richtung des Herakliteischen Gedankens.

FINK: Doch müßten wir zunächst einmal wissen, auf welche Goethe-Stelle Sie sich beziehen. Es gibt auch Dauerndes, das den Wechsel durchsteht, wie etwa der Weltstoff bei Kant, der in allen Veränderungen der gleiche bleibt, selbst weder vergeht noch entsteht, sondern nur immer anders erscheint. So aber denken wir das Verhältnis der Substanz zu ihren Akzidenzien.

TEILNEHMER: Für Goethe konstituiert sich allererst die Dauer im Wechsel.

FINK: Das trifft auch für die substantielle Dauer zu. Heraklit aber meint gerade nicht, daß im zeithaft Wechselnden sich etwas durchhält. Denn dann hätten wir nur das Verhältnis des Urstoffs zu seinen Erscheinungsgestalten. Das aber war gerade die Frage, ob das Verhältnis von Feuer, Meer und Erde das Verhältnis eines dauerhaften Urstoffes (Feuer) im Wechsel seiner Zustände bzw. Erscheinungen als Entfremdungsgestalten ist, oder ob es sich um einen ganz anderen, einzigartigen Unterschied handelt. Alles innerweltlich Seiende hat die Struktur von relativ beharrenden Substanzen mit wechselnden Zuständen oder gehört zu der einen einzigen Substanz als dem beharrlichen Substrat, das andauert und weder vergeht noch entsteht. Wenn wir dieses Denkschema für die Umwendungen des Feuers anwenden, dann verhält sich das Feuer zu Meer und Erde nicht anders als ein Urstoff zu seinen vielen Erscheinungsgestalten. Wir aber haben nach einem anderen Verhältnis des Feuers zu Meer und Erde gesucht, das das Verhältnis von ἕν und πάντα meint. Für dieses Verhältnis von ἕν und πάντα übernimmt das Verhältnis der unsterblichen Götter und der sterblichen Menschen eine analogische Repräsentanz. Dabei denken wir Götter und Menschen nicht nur im Hinblick auf den Gegensatz der Macht und der Gebrechlichkeit, sondern so, daß sie sich, um sich selbst in ihrem Sein zu wissen, gegenseitig wissen. Wenn das ἕν ἓν τὸ σοφόν ist, kann es sich nur wissen in seinem höchsten Gegensatz zu τὰ πάντα und zugleich auch als dasjenige, was τὰ πάντα steuert und lenkt. Damit nehmen wir ein Verhältnis in den Blick, in welchem sich nicht etwa eine überzeitliche Sphäre von Seiendem zur zeithaften Sphäre von Dingen verhält. Es handelt sich nicht um eine Zwei-Welten-Lehre platonischer Art, sondern um eine Theorie der Welt, der Einheit des ἕν und der im Gang der Zeit befindlichen Einzeldinge. Wenn Goethe von der Dauer im Wechsel spricht, dann meint er vielleicht die Konstanz der Natur gegenüber den Naturerscheinungen. Damit befindet er sich aber in der Nähe des Gedankens von einem Urstoff.

TEILNEHMER: Dieser Auffassung kann ich mich nicht anschließen. Ich bin der Ansicht, daß der Goethesche Gedanke von der Dauer im Wechsel in die Nähe Ihrer Interpretation Heraklits kommt.

FINK: Im Fragment 30 wird das ἕν als πῦρ ἀείζωον angesprochen, das ein unsterbliches Feuer ist. Die unsterblichen Götter sind die analogischen Statthalter des unsterblichen Feuers. Im Fragment 100 heißt es: ὥρας αἳ πάντα φέρουσι. Danach ist πάντα das durch die Jahreszeiten Erbrachte, also gerade nicht das Immerseiende, sondern das Zeitweilige. Es verhält sich daher das ἕν zu τὰ πάντα wie das πῦρ ἀείζωον bzw. wie das (weil Herr Professor Heidegger heute nicht unter uns ist, können wir es einmal wagen zu sagen) als Zeit gedachte Sein selbst zu den in der Zeit treibenden, zeitlich bestimmten Dingen. Ich habe auch nicht gesagt, daß ἀθάνατοι und θνητοί mit ἕν und πάντα gleichzusetzen sind, sondern daß sie das Verhältnis von ἕν und πάντα symbolisch repräsentieren. Unsterbliche und Sterbliche sind nicht die kosmischen Momente selbst, die als ἕν und πάντα getrennt und zugleich verspannt sind, sondern die beiden kosmologischen Wesen, die das Ganze verstehen: die Götter von oben und die Menschen von unten. Wenn wir hier von einer Analogie sprechen wollen, müssen wir uns darüber im klaren sein, daß es sich dabei immer um eine Ähnlichkeit durch eine Unähnlichkeit hindurch handelt, wobei die Unähnlichkeit immer größer ist. Die Rede vom Menschen als imago dei bedeutet nicht, daß der Mensch ein Spiegelbild der Gottheit ist und ihr gleicht wie ein Spiegelbild dem Urbild. Er ist ein Bild Gottes durch die Unendlichkeit des Abstandes hindurch. Wir haben keine Sprache, um das Verhältnis des ἕν zu τὰ πάντα anzusprechen. Das ἕν leuchtet uns nur auf im Blitz, in der Sonne und den Horen, im Feuer. Das Feuer aber ist nicht das phänomenale, sondern das unphänomenale, in dessen Schein die τὰ πάντα zum Vorschein kommen. Weil wir keine Sprache haben, das Grundverhältnis von ἕν und πάντα zu charakterisieren, und weil wir von den πυρὸς τροπαί die überlieferten massiven Denkschemata weghalten wollten, wonach ein immerseiender Urstoff seine Zustände wechselt bzw. sich in seinen Erscheinungsgestalten vermummt, haben wir bei dem Fragment 76 angesetzt, in welchem das Grundverhältnis von ἕν und πάντα in der Formel „den Tod eines anderen leben" angesprochen wird. Von da aus sind wir zum Fragment 62 übergegangen, in welchem die Formel „den Tod leben" und „das Leben sterben" nicht von Feuer, Luft, Wasser und Erde, sondern von den Unsterblichen und Sterblichen gesagt wird. Die Anwendung jener Formel auf die Götter und Menschen scheint zunächst unserer menschlichen Fassungskraft näher zu stehen. Im Übergang vom Fragment 76 auf Fragment 62 geschieht keine Verengung eines allgemeinen kosmischen Bezugs auf ein anthropologisch-theologisches Verhältnis. Das anthropologisch-theologische Verhältnis ist kein Bezug von zwei Arten von Wesen, sondern das Verhältnis, wie die zwei verschiedenen Arten von Wesen sich selbst und das, was ist, verstehen. Die Götter verstehen ihr eigenes Immersein im Hinblick auf den Tod der Menschen. Könnten die Götter leben im seligen Selbstgenuß ihres nie abreißenden Lebens, könnten sie ihrer Göttlichkeit innewerden, wenn sie nicht vor sich den Sturz der Menschen und πάντα in der Zeit hätten? Könnte das ἕν, das durch die Unsterblichen repräsentiert wird, in sich selbst sein ohne den Anblick der πάντα, könnten die πάντα, die durch die Sterblichen und ihr Seinsverständnis repräsentiert werden, ohne das Wissen um die Endlosigkeit des πῦρ ἀείζωον sein? Ich möchte noch einmal wiederholen, daß das Verhältnis der Unsterblichen zu den Sterblichen nicht mit dem von ἕν und πάντα gleichzusetzen ist. Mir ging es nur darum zu zeigen, daß man in dem Verschränkungsverhältnis der Götter

Die Unsterblichen und das Eine 169

und Menschen, in ihrem Selbstwissen im Wissen des anderen, einen Fingerzeig finden kann auf das Verhältnis von ἕν und πάντα. Es handelt sich also weder um eine Parallele noch um eine Analogie im geläufigen Sinne. Alle Fragmente der Herakliteischen Theologie sprechen vom Gotte so, wie man nur vom ἕν sprechen könnte. Im Gotte fallen alle Unterschiede zusammen. Damit ist nicht nur eine Erhabenheit des Gottes gegenüber den anderen Lebewesen ausgesprochen, sondern das, was Heraklit über den Gott sagt, muß aus dem eigentümlichen Analogieverhältnis des Gottes zum ἕν τὸ σοφὸν gedacht werden. Im Fragment 32 sagt Heraklit folgendes: ἓν τὸ σοφὸν μοῦνον λέγεσθαι οὐκ ἐθέλει καὶ ἐθέλει Ζηνὸς ὄνομα: „das Eine, allein Weise will nicht und will doch mit dem Namen des Zeus benannt werden." In gewisser Weise können wir im Zeus das ἕν denken, wenn auch durch ihn als das höchste innerweltliche Wesen das umspannende ἕν des Ganzen verstellt wird. Wichtig ist deshalb, daß Heraklit erst οὐκ ἐθέλει und dann ἐθέλει sagt. Erst nach der Abstoßung kann eine gewisse analogische Entsprechung von Gott und ἕν gesagt werden.

TEILNEHMER: Um Ihre Interpretation des ἕν durchzuführen, muß man das ἕν in einer zweifachen Bedeutung verstehen: einmal das ἕν im Gegensatz zu τὰ πάντα und zum anderen das ἕν als Einheit des Gegensatzes von ἕν und πάντα. Man kann nicht den Gegensatz zwischen ἕν und πάντα setzen, ohne eine überbrückende Einheit vorauszusetzen. Vielleicht kann ich mich durch einen Hinweis auf Schelling verdeutlichen. Schelling sagt, daß das Absolute nicht nur die Einheit, sondern die Einheit der Einheit und des Gegensatzes ist. Damit ist gemeint, daß hinter jedem Gegensatz eine überbrückende Einheit steht. Wenn wir eine Zwei-Welten-Lehre vermeiden wollen, dann steht das ἕν nicht nur im Gegensatz zu τὰ πάντα, sondern wir müssen das ἕν zugleich auch als überbrückende Einheit denken.

FINK: Das ἕν ist die Einheit, innerhalb deren es erst die Gesamtheit der πάντα in ihren mannigfachen Gegensätzen gibt. Sie argumentieren formal mit dem Begriffsschema aus dem Deutschen Idealismus, daß das Absolute die Identität der Identität und Nichtidentität ist. Dieses Verhältnis läßt sich auch noch weiter iterieren. Damit kommen wir aber nicht in die Dimension Heraklits. ἕν und πάντα bilden einen einzigartigen Unterschied. Es ist besser, wir sprechen hier vom Unterschied und nicht vom Gegensatz, weil wir sonst allzu leicht an die uns geläufigen Gegensätze wie warm - kalt, männlich - weiblich usf., also an reversible und irreversible Gegensätze denken. Man könnte hier eine ganze Logik der Gegensätze entwerfen. Unsere Frage richtete sich auf das ἕν. Wir kamen auf seine Spur im Ausgang vom Blitz. In der naturwissenschaftlichen Betrachtung ist der Blitz nichts anderes als eine bestimmte elektrische Erscheinung. Heraklit aber denkt in ihm den unphänomenalen Aufgang der Gesamtheit der πάντα. Obwohl wir im Durchgang durch verschiedene Fragmente mehrere Nuancierungen des ἕν-πάντα Verhältnisses aufgedeckt haben, konnten wir dieses Verhältnis noch nicht recht fassen. Nachdem wir das ἕν in Gestalt des Blitzes und Blitzschlages, der Sonne und der Horen kennengelernt haben, stießen wir auch auf die Bestimmung des ἕν als Feuer. Da wir die πυρὸς τροπαί nicht in einem massiven physiologischen Sinn auffassen wollten, mußten wir nach einer anderen Auffassung suchen. Im Fragment 76 lernten wir erstmals die Formel „den Tod von etwas leben" kennen. Im Fragment 62 fanden wir sie wieder als das Verhältnis der Unsterblichen zu den Sterblichen. Wir versuchten, mit dieser Formel einer Gegenbezüglichkeit „den Tod des anderen leben" und „das Leben des anderen sterben" auf das Verhältnis der Götter und Menschen hinzudenken. Die Götter leben den Tod der Menschen nicht in der Weise, daß zu ihrem Leben ein Töten der Menschen gehört. Wir deuten „den Tod der Sterblichen leben" als ein Leben der Götter im Angesicht des Seins der Lebewesen, die das Sein auf endlich zeithafte Weise verstehen. Angesichts dieser dem Tode verfallenen und nicht im Immersein geborgenen Menschen verstehen die Götter ihr ἀεὶ εἶναι und sind gleichsam das πῦρ ἀείζωον, wenn sie auch niemals im strengen Sinne ἀεί sind, wie das πῦρ ἀείζωον ἀεί ist. Die Menschen da-

Gegenbezug der Götter und Menschen 171

gegen sterben das Leben der Götter. Sie sind im Verstehen des Immerseins der Götter nicht daran Mitbeteiligte, sie gewinnen keinen Anteil am Immersein der Unsterblichen, aber sie verstehen sich und ihr Schwinden im Hinblick auf die Nichtverfallenheit der Götter an den Tod. Ich versuche, der Formel „den Tod der Sterblichen leben" und „das Leben der Unsterblichen sterben" einen Sinn zu geben, indem ich sie als die Verschränkung des Selbst- und Seinsverständnisses der Götter und Menschen interpretiere. Dieses Verschränkungsverhältnis repräsentiert den Gegenbezug des ἕν, des immerlebendigen Feuers, und des zeithaft endlichen, von den Horen erbrachten Seins der πάντα überhaupt. Die unsterblichen Götter sind der Widerschein, die innerweltlichen Repräsentanten des immerlebendigen Feuers als einer Gestalt des ἕν. In dieser Interpretation sehe ich eine Möglichkeit, das Fragment 62 zu lesen. Mir zeigt sich keine andere Möglichkeit zu verstehen, wie die Götter den Menschentod leben. Sie leben den Tod der Menschen nicht im Sinne des Erlebens, sondern im Erleben des eigenen Immerseins sind sie auf den Menschentod bezogen. In der ersten und zweiten Fassung von Mnemosyne sagt Hölderlin: „Denn nicht vermögen / Die Himmlischen alles. Nämlich es reichen / Die Sterblichen eh an den Abgrund. Also wendet es sich das Echo, / Mit diesen. Lang ist / Die Zeit, es ereignet sich aber / Das Wahre." Das bedeutet, daß die Götter als die Unbedürftigen dennoch eines bedürfen, nämlich der Sterblichen, die weiter in den Abgrund reichen. Darin, wie die Götter in ihrem Immersein ihre Unendlichkeit nicht selbstgenügsam genießen können, sondern dazu des Gegenbezugs zu den Sterblichen bedürfen, und wie die Menschen, im Lauf der Zeit treibend, für das Wissen um ihre eigene Endlichkeit den Gegenbezug zu den immerseienden Göttern brauchen, haben wir ein Gleichnis des ἕν zu den beständig in der Zeit umgetriebenen πάντα. Menschen und Götter haben das Gemeinsame an sich, daß sie nicht nur Seiendes in der Welt sind, sondern daß sie leben in der Weise von verstehenden Seinsverhältnissen. Der Mensch versteht das Sein in endlicher Weise, die Götter in unendlicher Weise. Die Götter übertreffen den Menschen nicht nur an Kraft überhaupt, sondern an der Kraft im Verstehen dessen, was ist. Das πᾶν ist sterblich unsterblich. Das πᾶν ist aber keine coincidentia oppositorum, keine Nacht, in der alle Gegensätze ausgelöscht sind. τό πᾶν ist das Wort, in welchem wir ἕν und πάντα zusammenfassen. Auf es allein können wir paradoxe Wendungen anwenden. — Wenden wir uns jetzt dem Fragment 90 zu: πυρός τε ἀνταμοιβὴ τὰ πάντα καὶ πῦρ ἁπάντων ὅκωσπερ χρυσοῦ χρήματα καὶ χρημάτων χρυσός. Diels übersetzt: „Wechselweiser Umsatz: des Alls gegen das Feuer und des Feuers gegen das All, so wie der Waren gegen Gold und des Goldes gegen Waren." Mit diesem Fragment scheinen wir die Linie der Interpretation zu unterbrechen. Hier wird das Verhältnis eines Umtausches gedacht, das wir mehr oder weniger denken können und das mit der Weise, wie Götter und Menschen wechselweise sich selbst und das Sein verstehen, nicht zusammenzuhängen scheint. Zunächst scheint das Fragment keine besondere Schwierigkeit zu bieten. Es wird von einem wechselweisen Gegentausch, von einem Gegenverhältnis gesprochen, wo das eine durch das andere ersetzt wird und an die Stelle des anderen tritt. Es scheint, daß hier das Verhältnis von πῦρ und πάντα im Gleichnis eines Marktgeschehens angesprochen wird. Wir kennen einen Markt des naturalen Tauschwechsels oder auch in der entwickelteren Form eines Geldwechsels, auf dem Waren gegen Geld und Geld gegen Waren eingetauscht werden. Die Waren als das Vielfältige und Verschiedenartige verhalten sich zu dem Einförmigen des Geldes, wie das Vielartige überhaupt zu dem, was einfach ist, aber trotzdem dem Vielfachen der Waren korrespondiert. Ist dieses Verhältnis auch eine Gestalt des Grundverhältnisses von ἕν und πάντα? Das ἕν als das Einfachste und alles Zusammenhaltende steht im Gegenverhältnis zu τὰ πάντα. Im Fragment lesen wir: Umtausch der τὰ πάντα gegen das Feuer und des Feuers gegen ἅπαντα. ἅπαντα verstehen wir auch hier im Sinne von πάντα wie im Fragment 30, in dem wir ἅπαντα nicht als Lebewesen, sondern als gleichbedeutend mit πάντα aufgefaßt haben. Heraklit spricht von einem wechselweisen Um-

Verhältnis des Feuers als des Einen zum Vielartigen 173

tausch der τὰ πάντα gegen das Feuer und des Feuers gegen die τὰ πάντα. Was wir von dem Verhältnis der Waren und des Goldes sagen können, gilt jedoch nicht in derselben Weise vom Umtausch-Verhältnis der τὰ πάντα und des Feuers. In bezug auf τὰ πάντα und das Feuer können wir nicht sagen, daß dort, wo das eine ist, das andere hingeht. Der Verkäufer auf dem Markt gibt die Waren ab und erhält dafür das Geld. Wo vorher die Waren gewesen sind, geht das Geld hin, und umgekehrt, wo das Geld gewesen ist, gehen die Waren hin. Dürfen wir so massiv das Verhältnis von ἕν und πάντα auffassen? Offenbar nicht. Das Gleichnis wird deutlicher, wenn wir das Gold nicht nur als bestimmte Münze, als eine Form des Geldes nehmen, sondern beim Golde den Goldglanz beachten, der ein Symbol des Sonnenhaften ist. Dann verhält sich das sonnenhaft leuchtende Gold zu den Waren, wie das ἕν zu τὰ πάντα, und umgekehrt, τὰ πάντα zum ἕν wie die Waren zum sonnenhaft leuchtenden Gold. Der Goldglanz deutet darauf hin, daß es sich nicht um ein beliebiges Gleichnis handelt, in welchem wir statt des Goldes auch das Geld einsetzen könnten. In ihm geht es weniger um den Wechseltausch von Real- und Zeichenwerten, sondern um das Verhältnis des Goldglanzes zu den Waren. Das Gold steht für den Feuerglanz des πῦρ ἀείζωον, die Waren für τὰ πάντα. Das πῦρ ἀείζωον und τὰ πάντα können in ihrem Wechselverhältnis nicht direkt verständlich ausgesagt werden, und auch das Gleichnis von Gold und Waren in ihrem Wechselverhältnis versagt letztlich. Und dennoch erhält das Verhältnis von πῦρ ἀείζωον (ἕν) und πάντα im Versagen jenes Gleichnisses eine Richtung angezeigt. Denkt man hier an die ἐκπύρωσις-Lehre, dann müßte man das Verhältnis des Umsetzens wie folgt charakterisieren: anstelle der πάντα tritt das Feuer und — was die διακόσμησις anbetrifft — anstelle des Feuers treten τὰ πάντα. In diesem Falle würden wir das Verhältnis von Feuer und τὰ πάντα in einer strengeren Analogie zu dem Verhältnis von Gold und Waren verstehen. Im Sinne der ἐκπύρωσις-Lehre in der massiven Form der Stoa könnte man sagen: die πάντα verschwinden in der ἐκπύρωσις des Feuers, und in der διακόσμησις geht das Feuer in τὰ πάντα über. Dann aber erklären wir zu einem Zeitvorgang, was die Grundstruktur eines immerwährenden Geschehens ist. Die Schwierigkeit, vor die uns das Gleichnis vom Gold und den Waren in ihrem Wechselverhältnis stellt, liegt darin, daß das Gleichnis etwas Wesentliches im Verhältnis von πῦρ ἀείζωον und πάντα zeigt, daß es aber, sobald wir es streng fassen und überziehen, nicht mehr recht stimmt. Das πῦρ ἀείζωον als Gestalt des ἕν ist in einem beständigen Bezug zu τὰ πάντα, so wie auch die Götter in einem beständigen Bezug zu den Menschen stehen. Dieser beständige Bezug geht verloren, wenn wir das Verhältnis des ewiglebendigen Feuers zu den πάντα von der massiv aufgefaßten ἐκπύρωσις-Lehre verstehen wollten. Die Dielssche Übersetzung von τὰ πάντα und ἀπάντων durch „das All" ist bedenklich. Sie weist in Richtung auf die ἐκπύρωσις. Heraklit sagt aber nicht τό πᾶν bzw. τοῦ παντός, sondern τὰ πάντα und ἀπάντων (πάντων). τά πάντα aber bezieht sich auf die Gesamtheit des Seienden. Der Umtausch von Feuer in τὰ πάντα und der τὰ πάντα in Feuer verhält sich analog wie der Wechseltausch des glänzenden Goldes in Waren und der Waren in den Feuerglanz des Goldes. Die Frage, die wir zunächst offen lassen müssen, ist die Charakterisierung des Verhältnisses von ἕν und πάντα als eines Umsetzungsverhältnisses. Wenn wir das Verhältnis von ἕν und πάντα durch das Marktbeispiel zu veranschaulichen versuchen, zeigen sich gewisse Züge des fraglichen Grundverhältnisses. Dennoch entzieht sich uns dieses Verhältnis durch alle es anzeigenden Gleichnisse hindurch hart an der Grenze nicht nur des Sagbaren, sondern auch des Denkbaren. Im Fragment 62 repräsentiert das Verschränkungsverhältnis von Göttern und Menschen das Verhältnis von ἕν und πάντα. Die Götter sind in ihrem Gegenbezug zu den Menschen in einem bestimmten Sinne die Repräsentanten des ἕν in seinem Verhältnis zu den πάντα, und zwar deshalb, weil sie sich am meisten auf das πῦρ ἀείζωον verstehen. Abschließend können wir sagen: das unglückliche Bewußtsein kommt nicht nur uns als den Auslegenden der Sprüche Heraklits zu, sondern es liegt allem zuvor in den Sprüchen selbst.

X.

Offenständigkeit zwischen Göttern und Menschen (Fragment 62). Das „Spekulative" bei Hegel. — Hegels Verhältnis zu Heraklit. — Leben - Tod (beigezogene Fragmente: 88,62).

HEIDEGGER: In der letzten Seminarsitzung war ich nicht anwesend. Nachträglich soll ich mich zu dem Gedankengang äußern. Das aber ist eine verschiedene Sache gegenüber der unmittelbaren Teilnahme am Gespräch. Denn es besteht die Gefahr, daß ich von außen her rede. Zunächst möchte ich die Schwierigkeit berühren, die in der letzten Sitzung das Vorherrschende war: die Bestimmung des Verhältnisses von Göttern und Menschen in seinem Verhältnis zum Verhältnis von ἕν und πάντα. Es handelt sich also um ein Verhältnis zwischen zwei Verhältnissen. Ich spreche jetzt absichtlich formalistisch, um die Struktur sehen zu lassen, die dem Gedanken der letzten Sitzung zugrundeliegt. Wenn wir den Ansatz und Gang des bisherigen Seminars beachten, so scheint mir die Schwierigkeit gewesen zu sein, den Übergang zu finden von einem noch unbestimmten Verhältnis des Blitzes, der Sonne, der Horen und des Feuers zu τὰ πάντα zu dem Verhältnis der Götter und Menschen in seinem Verhältnis zum Verhältnis von ἕν und πάντα. Die Schwierigkeit besteht darin zu sehen, wie das ἕν plötzlich einen anderen Charakter zeigt. Soweit ich den Gang verstanden habe, den Herr Fink für das Seminar im Auge hat, ist es der, bewußt von den Feuerfragmenten auszugehen und all das, was man als Logos-Fragmente und als spezifisch Heraklitisch kennt, erst zuletzt in den Blick zu bringen. Die Schwierigkeit sehe ich darin, daß durch die Interpretation des eigentümlichen Sachverhalts „den Tod leben, das Leben sterben", der von Göttern und Menschen gesagt wird, eine Entsprechung — und nicht Gleichsetzung — sichtbar wird zu dem eigentlich thematisch fragwürdigen Verhältnis von ἕν und πάντα. Wenn wir vom

„Verhältnis zwischen ἕν und πάντα" sprechen, dann scheint es, als dächten wir dabei an eine Beziehung zwischen beiden, die wir gegenständlich lokalisiert hätten und für die wir dann nach einem Bogen suchten, der sie zusammenspannt. Am Ende aber verhält es sich so, daß das ἕν das Verhältnis ist, daß es sich zu τὰ πάντα verhält, indem es sie als solche sein läßt, was sie sind. Das Verhältnis, so verstanden, ist meiner Ansicht nach das Entscheidende, worauf die Bestimmung hinaus muß und wodurch die Vorstellung von zwei Relata beseitigt wird. Gerade diese Vorstellung muß künftig ferngehalten werden, wenngleich noch nicht ausgemacht ist, was all die Bezüge, die in die Ganzheit der πάντα gehören, und der Bezug all der Bezüge zum ἕν oder im ἕν selbst sind. — Terminologisch ist mir im Protokoll der letzten Sitzung etwas aufgefallen. Sie, Herr Fink, machen einen Unterschied zwischen „kosmisch" und „kosmologisch" und sprechen von kosmischen Momenten und kosmologischen Wesen.

FINK: Das Verhältnis der Götter und Menschen, das sich in der dunklen Formel „den Tod leben, das Leben sterben" formuliert hatte, könnte man massiver auffassen und sagen, daß die Götter die Substanz ihres Lebens aus dem Tod der Menschen gewinnen, so wie die Menschen ihr Leben gewinnen aus dem Tod der Tiere, die sie verzehren. Den Tod eines anderen leben wäre dann ein Vorgang, ein andauernder Stil des Lebensvollzugs. Mit der Vorstellung, daß die Götter das Leben der Sterblichen brauchen, wie sie in der Vulgärreligion die Opfertiere der Sterblichen brauchen, konnten wir keinen Sinn verbinden. Wenn man die massive Vorstellung beiseitelassen will, muß man übergehen von einem bloß kosmischen Verhältnis zwischen Göttern und Menschen zu dem kosmologischen Bezug der Menschen und Götter. Götter und Menschen sind nicht nur wie andere Lebewesen, sondern sie sind beide durch ein Verstehensverhältnis zu sich selbst und zueinander bestimmt. Das Verstehensverhältnis kapselt die Götter nicht in sich ein, die Götter sind nicht nur auf sich selbst bezogen, sondern sie kön-

Götter und Menschen; Eines und Vielartige 177

nen ihr eigenes Immersein nur in bezug auf das Wandelbarsein und Todgeweihtsein der Sterblichen erfahren. Um ihr eigenes Immersein in ihrem Selbstverhältnis zu verstehen, müssen sie sich in den Tod der Menschen verstehend hineinhalten. Ein solches verstehendes Sichhineinhalten ist nicht ontisch, sondern ontologisch bzw. kosmologisch zu verstehen. Umgekehrt müssen sich die Menschen, die sich zu ihrem eigenen Schwinden verhalten, in das Immersein der Götter verstehend hineinhalten. Dieses onto-logische Verständnis enthält eine Analogie zum Urverhältnis von ἕν und πάντα.

HEIDEGGER: Wenn Sie das kosmische Verhältnis als ontisches abweisen und von einem kosmologischen statt von einem ontologischen Verhältnis sprechen, dann gebrauchen Sie das Wort „kosmologisch" in einer besonderen Bedeutung. Die gewöhnliche Bedeutung von Kosmologie als der Lehre vom Kosmos meinen Sie nicht in Ihrem Gebrauch des Wortes „kosmologisch". Was aber haben Sie dann im Blick?

FINK: Das verhaltende ἕν, das alle πάντα in sich enthält, und nicht etwa den Kosmos als System der Raumstellen.

HEIDEGGER: Sie gebrauchen das Wort „Kosmologie" also nicht im naturwissenschaftlichen Sinne. Mir geht es nur darum, das Motiv zu sehen, weshalb sie von Kosmologie sprechen. Sie haben Ihre Gründe, weshalb Sie nicht „ontisch" und „ontologisch" sagen, sondern „kosmisch" und „kosmologisch".

FINK: Das Kriterium liegt da, wo Sie selbst die Ontologie kritisieren.

HEIDEGGER: Sie sprechen das Verhältnis von ἕν und πάντα als Weltverhältnis an.

FINK: Dabei verstehe ich es nicht als ein Verhältnis von zwei Relata. Ich denke das ἕν als das Eine, das alles Viele im Sinne der πάντα aufgehen läßt, aber auch wieder zurücknimmt.

HEIDEGGER: Ich will Sie nicht auf Heidegger festlegen, aber ἕν-πάντα als Weltverhältnis besagt doch, daß das ἕν als die Welt weltet.

FINK: Das ἕν ist die versammelnde, seinlassende und auch vernichtende Macht. Das Moment des Wiederzurücknehmens und Vernichtens ist für mich neben dem Moment des Versammelns und Seinlassens wichtig.

HEIDEGGER: Wenn wir jetzt an das Fragment 30 denken, das von κόσμον τόνδε spricht, wie verhält sich dann der hier genannte κόσμος zu Ihrem Gebrauch des Wortes „Kosmologie"?

FINK: κόσμον τόνδε meint nicht die Versammlung der πάντα im ἕν, sondern die Gesamtfügung der πάντα.

HEIDEGGER: Sie gebrauchen also „kosmologisch" nicht im Sinne des griechischen κόσμος. Aber warum sprechen Sie dann von „kosmologisch"?

FINK: Das Kosmologische denke ich nicht von Heraklit, sondern eher von Kant her, und zwar von der Antinomie der reinen Vernunft. Die reine Vernunft versucht, das Ganze zu denken. Das Ganze ist ein Begriff, der zunächst an den Dingen orientiert ist. In dieser Weise aber können wir nie das versammelnde Ganze denkend erfahren. Kant stellt die Aporien eines Denkversuchs dar, der glaubt, das Ganze am Modell eines Raumdinges denken zu können. Weil er mit diesem Ansatz nicht durchkommt, hat er das Ganze subjektiviert als subjektives Prinzip im Fortgang der Erfahrung, die durch die regulative Idee der Totalität aller Erscheinungen ergänzt wird.

HEIDEGGER: Das Motiv für Ihren Gebrauch von „kosmisch — kosmologisch" im Unterschied zu „ontisch — ontologisch" ist also die Allheit,

FINK: die aber die Allheit des ἓν ist, des in sich versammelnden, aufgehenlassenden und untergehenlassenden. Hinsichtlich der Verklammerung des Aufgehenlassens mit dem Untergehenlassen beziehe ich mich auf das Nietzsche-Motiv der Koppelung von Bauen und Brechen, Fügen und Zerstören, der Negation im Walten der Welt.

HEIDEGGER: Ich möchte auch noch eine weitere Schwierigkeit berühren. Ich teile Ihre Interpretation des Fragments 62. Auch für mich ist es der einzig mögliche Weg, die Formel „den Tod eines anderen leben, das Leben eines anderen sterben" in der von Ihnen aufgezeigten Weise zu interpretieren. Die Frage ist für mich, wieweit wir rein quellenmäßig etwas über die Götter in ihrem Verhältnis zu den Menschen bei den Griechen wissen. Man könnte im Hinblick auf Ihre Interpretation des Verhältnisses der Götter und Menschen massiv sagen, daß Sie den Göttern eine Existenzialontologie unterstellen. Dem Sinne nach kommt Ihre Auslegung in die Richtung einer Existenzialontologie nicht nur der Menschen im Verhältnis zu den Göttern, sondern auch umgekehrt, der Götter in ihrem Verhältnis zu den Menschen.

FINK: In der Welt der Religion finden wir die strenge Abgrenzung zwischen Göttern und Menschen. Herr Professor Heidegger meinte aber, wenn ich den Göttern eine Existenzialontologie unterschiebe, dann liege das daran, daß die Götter nicht nur von den Menschen unterschieden sind, sondern daß sie in ihrem Selbstsein sich von den Menschen unterscheidende sind, indem sie sich verstehend zum Tode der Sterblichen verhalten,

HEIDEGGER: und daß sie im Sichunterscheiden von den Sterblichen sich erst als die Immerseienden erfahren.

FINK: Nur weil sie den Anblick der Sterblichen haben, können sie sich als immerseiend erfahren. Die Unsterblichen sind die vom Tode Unbetroffenen, die Sterblichen die Todgeweihten. Heraklit aber verwandelt diese übliche Auffassung der griechischen Mythologie, die die Sterblichen und die Götter jeweils für sich sein und sie nur gelegentlich sich zueinander kehren läßt. Dieses gelegentliche Verhältnis macht er zu einem Götter und Menschen in ihrem Selbstsein konstituierenden Verhältnis. Das Unsterblichsein der Götter ist nur möglich, wenn sie sich zum Sterblichsein der Menschen verhalten. Das Wissen um das Todgeweihtsein der Menschen konstituiert das Verstehen des eigenen unvergänglichen Seins, und umgekehrt, das Wissen um das Immersein der Götter konstituiert das Verstehen des eigenen Sterblichseins. Götter und Menschen bilden nicht zwei getrennte Sphären. Es kommt darauf an, nicht den Chorismos, sondern die Verschränkung des göttlichen und menschlichen Selbst- und Seinsverständnisses zu sehen.

HEIDEGGER: Es geht darum, nicht in einer massiven Weise von den Göttern und Menschen als von verschiedenen Lebewesen zu sprechen, von denen die einen unsterblich, die anderen sterblich sind. In der Terminologie von „Sein und Zeit" gesprochen ist die Unsterblichkeit keine Kategorie, sondern ein Existenzial, eine Weise, wie sich die Götter zu ihrem Sein verhalten.

FINK: Das göttliche Wissen um die Todgeweihtheit der Menschen ist kein bloßes Bewußtsein, sondern ein verstehendes Verhältnis. Bei Athene, die als Mentor den Sterblichen erscheint, um ihnen Hilfe zu leisten, handelt es sich vielleicht noch um eine andere Thematik. Die Epiphanie der Götter ist kein wirkliches Sterblichsein der Götter, sondern eine Maskierung. Wenn Aristoteles sagt, daß das Leben in der θεωρία, das noch über die φρόνησις hinausgeht, eine Art von göttlichem Leben, ein ἀθανατίζειν sei (wobei ἀθανατίζειν wie ἑλληνίζειν gebildet ist), so besagt das, daß wir uns in der θεωρία wie Unsterbliche verhalten. In ihr reichen die Sterblichen hinauf ins Leben der Götter. Entsprechend müßten wir von den Göttern sagen, daß ihr Sichverhalten zu den Menschen ein „θανατίζειν" ist, vorausgesetzt, daß man dieses Wort bilden könnte. Das Schwergewicht liegt darauf, daß das Verhältnis der Menschen und Götter nicht von außen beschrieben werden kann, sondern daß sie selber als ihr Wechsel- und Gegenverhältnis existieren, nur daß die Götter gewissermaßen die vorteilhaftere, die Menschen dagegen die weniger vorteilhafte Existenzialontologie haben. Das göttliche und menschliche Selbst- und Seinsverständnis muß sich im wechselseitigen Verstehen entwerfen.

HEIDEGGER: In dem Verhältnis von Göttern und Menschen kommt es auf ein Phänomen an, das bisher hinsichtlich des Bezugs von ἕν und πάντα noch nicht behandelt wurde: auf die Offenständigkeit zwischen Göttern und Menschen. Das offenständige Verhältnis zwischen Göttern und Menschen nannten Sie eine Repräsentanz für das Verhältnis von ἕν und πάντα.

FINK: Damit ist vorgedeutet auf den σοφόν-Charakter des ἕν. Das ἕν ist die versammelnde Einheit in der Weise des λόγος und σοφόν. Den σοφόν-Charakter des ἕν dürfen wir nicht als Wissen interpretieren. In ihm wird das Moment des verstehenden Bezugs des ἕν zu den πάντα gedacht. Im Lichtcharakter des Blitzes, der Sonne und des Feuers haben wir zunächst Vordeutungen auf den σοφόν-Charakter des ἕν. Wir müssen dabei aber warnen vor einer Auslegung des ἕν als Weltvernunft und als das Absolute.

HEIDEGGER: Ich will nur Ihren Weg charakterisieren. Sie bereiten das Verständnis des σοφόν bzw. des πῦρ φρόνιμον des Fragments 64a vor im Ausgang vom Blitz, von der Sonne, von den Horen, vom Feuer, Licht, Leuchten, Schein. Auf diesem Weg ist es in gewisser Weise schwieriger, den Übergang vom dinghaften Bezug des ἕν als Blitz, Sonne und Feuer zu den πάντα zum offenständigen Bezug der Götter und Menschen zueinander zu machen, der den Bezug des ἕν τὸ σοφόν zu den πάντα repräsentiert. Ihr Weg der Heraklit-Interpretation geht aus vom Feuer zum λόγος, mein Weg der Heraklit-Interpretation geht aus vom λόγος zum Feuer. Dahinter verbirgt sich eine Schwierigkeit, die bei uns beiden noch nicht gelöst ist, die wir aber schon in verschiedenen Formen berührt haben. Sie haben für Ihre Interpretation des Wechselverhältnisses von Göttern und Menschen Hölderlin als Vergleich herangezogen, und zwar zunächst Hyperions Schicksalslied, in welchem die Götter von den Menschen getrennt und nicht aufeinander bezogen sind.

FINK: Schicksallos, wie der schlafende Säugling, atmen die Himmlischen. Dieses Gedicht spricht von der Unbekümmertheit der Götter um die Menschen.

HEIDEGGER: Dann haben Sie Hölderlin ein zweites Mal interpretiert und auf einige Verse aus Mnemosyne hingewiesen, die den umgekehrten Gedanken aussprechen, daß die Unsterblichen der Sterblichen bedürfen. Doch stehen bei Hölderlin beide Gedichte nahe beieinander. Der Gedanke aus Mnemosyne findet sich schon in der Rheinhymne (8. Strophe), in der es heißt, daß die Götter „Heroen und Menschen / Und Sterbliche sonst" bedürfen. Dieser merkwürdige Begriff des Bedürfnisses betrifft bei Hölderlin nur den Bezug der Götter zu den Menschen. Wo kommt damals der Titel „Bedürfnis" als Terminus in der Philosophie vor?

FINK: Bei Hegel in der Schrift „Differenz des Fichte'schen und Schelling'schen Systems der Philosophie" (1801), in der Hegel vom „Bedürfnis der Philosophie" spricht.

HEIDEGGER: Also etwa zur Zeit, als Hölderlin sich bei Frankfurt aufhielt. In der Frage nach dem, was bei Hegel und Hölderlin „Bedürfnis" heißt, haben wir ein wesentliches Dokument für das Gespräch beider in dieser Beziehung — für das Gespräch, das sonst ein dunkles Problem ist. Mit dem Gespräch beider berühren wir eine geschichtliche, nicht bloß eine historische Frage. In welchem Sinne dann beide Herakliteer sind, ist eine andere Frage. In Tübingen verband sie mit Schelling der Wahlspruch ἓν καὶ πᾶν. Dieses unter diesem gemeinsamen Wahlspruch stehende Verhältnis ging dann später auseinander. Wo aber nennt Hölderlin zum ersten Mal Heraklit?

TEILNEHMER: Im Hyperion. Dort spricht er vom ἓν διαφέρον ἑαυτῷ.

HEIDEGGER: Das Eine, das sich in sich selbst unterscheidet. Hölderlin versteht es als das Wesen der Schönheit. Schönheit aber ist für ihn damals das Wort für Sein. Hegels Interpretation der Griechen in den Vorlesungen über die Geschichte der Philosophie geht in dieselbe Richtung: Sein als Schönheit. Mit dem Rückgriff auf das Wort Heraklits nennt Hölderlin keine formalistisch-dialektische Struktur, sondern macht eine fundamentale Aussage. Dieser Gedanke hat sich dann bei ihm gewandelt im Verhältnis von Göttern und Menschen, wonach der Mensch die Existenzbedingung Gottes ist,

FINK: und der Mensch dem Abgrund näher ist als der Gott.

HEIDEGGER: Deshalb ist das Verhältnis von Göttern und Menschen ein höheres und schwierigeres, das mit der Terminologie der gewöhnlichen metaphysischen Theologie nicht zu bestimmen ist.

FINK: Das Verhältnis von Menschen und Göttern ist auch kein imago-Verhältnis, sofern die Sterblichen in ihrem Selbstverhältnis in das andere Sein der Götter verstehend hinausstehen, ohne jedoch dessen teilhaftig zu sein. Einerseits herrscht eine Fremdheit zwischen Göttern und Menschen, andererseits aber auch eine Verklammerung im wechselseitigen Verstehen.

HEIDEGGER: Worin besteht — von Hegel aus gesehen — die Verwandtschaft zwischen ihm und Heraklit? Es gibt einen bekannten Satz aus den Vorlesungen über die Geschichte der Philosophie:

TEILNEHMER: „es ist kein Satz des Heraklit, den ich nicht in meine Logik aufgenommen."

HEIDEGGER: Was bedeutet dieser Satz?

TEILNEHMER: Es kommt hier auf das Heraklit-Verständnis Hegels an.

HEIDEGGER: Was sagt dieser Satz hinsichtlich des Verhältnisses von Heraklit und Hegel?

TEILNEHMER: Heraklit ist von Hegel nicht nur aufgenommen, sondern aufgehoben.

TEILNEHMER: Hegel sieht Heraklit dialektisch von den Gegensätzen her.

HEIDEGGER: Was aber heißt „dialektisch"? Jetzt können wir die Antwort auf die in einer früheren Sitzung gestellte Frage nach dem Spekulativen bei Hegel nachholen. Was heißt für Hegel „spekulativ"?

TEILNEHMER: Die Voraussetzung des spekulativen Denkens ist die Identität von Sein und Denken.

HEIDEGGER: Wohin gehört für Hegel das Spekulative?

TEILNEHMER: Das Spekulative ist ein Moment des Logischen.

HEIDEGGER: Was ist ein Moment?

TEILNEHMER: Moment kommt von movere, movimentum.

HEIDEGGER: Der Moment hängt ab von „das Moment". Wenn Hegel sagt, das Spekulative ist ein Moment, so ist damit nicht der Moment, sondern das Moment gemeint. Das Moment ist ein bewegendes Etwas, das an der Bewegung des Denkens beteiligt ist und was einen Ausschlag gibt. Das Moment wird zum Ausschlag, und der Ausschlag selbst ist der Augenblick, er geschieht in einem Moment. So wird das Moment zu „der Moment". Welches ist nun das erste Moment des Logischen?

TEILNEHMER: Das abstrakte oder verständige.

HEIDEGGER: Und das zweite Moment?

TEILNEHMER: Das dialektische.

HEIDEGGER: Es ist merkwürdig, daß Hegel das Dialektische als zweites und nicht als drittes Moment versteht. Und wie lautet das dritte Moment?

TEILNEHMER: Das Spekulative.

HEIDEGGER: Womit wird es zusammenhängen, daß Hegel das Dialektische das zweite und nicht das dritte Moment des Logischen nennt? Wenn er am Ende der Logik von der Identität von Sache und Methode spricht, würde man doch meinen, daß das Dialektische das dritte Moment ist. Hegel nennt das Dialektische auch das Negativ-Vernünftige. Was heißt für Hegel vernünftig? Das brauchen wir alles für Heraklit, auch wenn dort nicht die Rede davon ist.

TEILNEHMER: Von der Phänomenologie des Geistes her gesprochen ist die Vernunft die Aufhebung der Trennung von Subjekt und Objekt.

HEIDEGGER: Woher kommt die Terminologie Hegels?

TEILNEHMER: Von Kant.

HEIDEGGER: Wie charakterisiert Hegel Kants Philosophie?

TEILNEHMER: Als Reflexionsphilosophie.

HEIDEGGER: Und das heißt?

TEILNEHMER: Als das Geschiedensein zweier Momente.

HEIDEGGER: Welcher Momente? Was heißt Vernunft bei Kant?

TEILNEHMER: Vernunft ist für ihn das Denken der Ideen im Unterschied zum Verstand als dem Denken der Kategorien. Die Ideen sind regulative Prinzipien, in denen die Vernunft die Totalität denkt.

HEIDEGGER: Vernunft ist bei Kant also nicht unmittelbar auf die Erscheinungen, sondern nur auf die Regeln und Grundsätze des Verstandes bezogen. Die Grundfunktion der Vernunft besteht darin, die höchste Einheit zu denken. Wenn Hegel sagt, das Dialektische ist das Negativ-Vernünftige, so besagt das: die abstrakte endliche Bestimmung hebt sich selbst auf und geht in ihre entgegengesetzte Bestimmung über. Dagegen ist das abstrakte Denken des Verstandes das Festhalten an der Bestimmung und ihrer Unterschiedenheit gegen andere. Das ganze Denken, der Gedanke Hegels spricht zunächst im Grundschema des Subjekt-Objekt-Verhältnisses. Das abstrakte Moment ist das Vorstellen, das ausgegeben ist an das Objekt ohne Rückbeziehung auf das Subjekt. Es ist die Stufe der Unmittelbarkeit. Das Vorstellen ist an das unmittelbar gegebene Objekt ausgegeben ohne Rückbezug auf die Vermittlung. Wenn nun das Objekt qua Objekt, d. h. in der Rückbeziehung auf das Subjekt gedacht wird, wird die Einheit zwischen Objekt und Subjekt gedacht. Warum aber ist diese Einheit eine negative?

TEILNEHMER: Weil das Denken die Einheit noch nicht als Einheit eingesehen hat.

HEIDEGGER: Denken Sie historisch-konkret an die synthetische Einheit der transzendentalen Apperzeption bei Kant. Sie ist die

Einheit in bezug auf die Objektivität. Für Hegel aber ist erst dieses Ganze selbst, d. h. Subjekt und Objekt in ihrer Einheit die positive Einheit, worin das Ganze des dialektischen Prozesses hinterlegt ist. Das Erblicken dieser Einheit, d. h. das Erblicken des abstrakten und dialektischen Moments in ihrer Einheit, ist das Spekulative. Das Spekulative als das Positiv-Vernünftige faßt die Einheit der Bestimmungen in ihrer Entgegensetzung auf. Wenn Hegel Heraklit in den Zusammenhang seiner Logik bringt, wie denkt er dann das, was Heraklit über die Gegensätze sagt? Wie nimmt er das von Heraklit über die Gegensätze Gesagte im Unterschied zu dem auf, was wir versuchen? Er nimmt die gegensätzlichen Beziehungen bei Heraklit — von Kant her gesprochen — als Kategorienlehre auf der Stufe der Unmittelbarkeit, also im Sinne einer unmittelbaren Logik. Hegel sieht bei Heraklit nicht die kosmologischen Bezüge, wie Sie sie verstehen.

FINK: Hegel interpretiert das Verhältnis der Gegensätze von der Vermittlung her.

HEIDEGGER: Er versteht die ganze griechische Philosophie von der Stufe der Unmittelbarkeit her und sieht alles unter dem logischen Aspekt.

FINK: Man könnte auch sagen, daß für Hegel bei Heraklit der Gedanke des Werdens von Bedeutung ist. Heraklit könnte man auch den Philosophen des Flüssigen nennen. Das Element des Flüssigen gewinnt für Hegel Modellcharakter für die Auflösung der Gegensätze.

HEIDEGGER: Das Werden ist Bewegung, für die die drei Momente des Abstrakten, des Dialektischen und des Spekulativen das Ausschlaggebende sind. Diese Bewegung, diese Methode ist nach Abschluß der Logik für Hegel die Sache selbst. Der dritte Herakliteer neben Hölderlin und Hegel ist Nietzsche. Doch auf diese Frage einzugehen, würde jetzt zu weit führen.

Alles jetzt Gesagte habe ich nur berührt, um Ihnen zu zeigen, wo wir uns aufhalten. Unsere Heraklit-Interpretation hält sich in einer weiten Perspektive. Sie steht in der Zwiesprache mit der Überlieferung. Wir können überhaupt nur sprechen aus dem Gespräch, das für das Denken und vor allem für den Weg, auf dem wir uns bewegen, fundamental ist. — Vielleicht wäre es angebracht, wenn Sie, Herr Fink, jetzt im Ausgang vom Hinweis auf den Bezug der wechselseitigen Offenständigkeit der Götter und Menschen, der das Phänomen „den Tod eines anderen leben, das Leben eines anderen sterben" charakterisiert, die weiteren Schritte, die Sie für den Fortgang des Seminars vor Augen haben, andeuten, damit die Teilnehmer sehen, wohin der Weg uns führen wird.

FINK: Ich glaube, daß man von der Feuerlehre und den πυρὸς τροπαί die Frage nach dem Verhältnis von ἕν und πάντα weitertreiben muß, wofür wir die Hilfe von den Fragmenten bekommen, in denen das Leben-Tod-Verhältnis gedacht wird. Das Verhältnis der Götter und Menschen ist nicht gleichzusetzen mit dem Verhältnis von ἕν und πάντα. An der Offenständigkeit der Götter und Menschen füreinander haben wir gleichsam eine Bremse, das, was im Fragment 90 gesagt ist, nicht einfach als Umschlag vertrauter Art zu denken, entweder als Wandlungen eines Stoffes in andere Gestalten oder am Modell des Tauschverkehrs. Wir haben darauf hingewiesen, daß in χρυσός der Goldglanz mitgehört werden muß. Hier wird ein Verhältnis gedacht von lichthaftem Feuer zu dem, in das es sich wendet. Das Wenden dürfen wir nicht massiv verstehen im Sinne einer Stoffveränderung.

HEIDEGGER: Im κόσμος müssen wir das Glänzende, den Schmuck und die Zierde mitdenken, was für die Griechen ein geläufiger Gedanke ist.

FINK: Aber der schönste κόσμος ist auch ein hingeschütteter Kehrichthaufen, gemessen am Feuer. Wohl ist er in sich die schönste Fügung, aber im Hinblick auf das ἕν gleicht er einem Kehrichthaufen.

HEIDEGGER: Zu dem Verhältnis der Götter und Menschen möchte ich noch etwas nachtragen. Das wechselseitige Sichverstehen habe ich die Offenständigkeit genannt. Wenn aber die Götter in ihrem Verhältnis zu den Sterblichen das ἕν in seinem Verhältnis zu den πάντα repräsentieren, dann geht der ἕν-Charakter verloren,

FINK: und zwar deshalb, weil die Götter als Repräsentanten des ἕν im Plural stehen und somit als Verfremdungsgestalten auftreten. In seiner Theologie aber, der wir uns später noch zuwenden werden, denkt Heraklit den Zusammenfall aller Gegensätze in Gott. — Um nun den weiteren Gang unserer Heraklit-Interpretation vorzudeuten: wir müssen den Versuch unternehmen, von den Fragmenten, die das Verhältnis von Leben und Tod und das Zwischenphänomen des Schlafes behandeln, überzugehen zu einer grundsätzlichen Erörterung aller Gegensätze und ihres Zusammenfalls in Gott und schließlich zu Zeus, mit welchem Namen das ἕν τὸ σοφὸν nicht will und doch will benannt werden. Vorher käme auch noch die Reihe der Fluß- und Bewegungsfragmente in Frage, dann das Problem der ἁρμονία ἀφανής, Leben und Tod in Leier und Bogen, die eigentliche Verschränkung von Leben und Tod in der Doppelbedeutung von Bogen, die Auslegung des Feuers als φῶς und als das, was σαφές macht, aufscheinen läßt und ins Licht bringt, und endlich der Charakter des σοφόν und der λόγος. Die Bahn unserer Heraklit-Interpretation bildet das Verhältnis von ἕν und πάντα. Unsere Auslegung beginnt mit den Erscheinungen des Feuers, geht dann über zu dem Verhältnis von Leben und Tod, zur Lehre von den Entgegensetzungen und dem Zusammenfall, zu den Bewegungsfragmenten, zu dem Fragment über Gott und von dort zum ἕν τὸ σοφὸν μοῦνον und abschließend zu den λόγος-Fragmenten. Wichtig erscheint mir, zunächst ein vielfältiges Arsenal von Vorstellungen und Denkbahnen zu gewinnen. Heraklit operiert mit vielen Verhältnissen. Wenn er in den Schlaf-Fragmenten eine Differenzierung vornimmt, so ist diese nicht im Sinne des reichhaltigen Vokabulars, sondern von Verstehensbahnen aufzufassen. Er bewegt sich in einer Vielfalt von Verstehensbahnen. Wohl ist sein Grundgedanke relativ leicht zu formulieren, aber die Schwierigkeit liegt in der Brechung dieses Grundgedankens in den vielen Gedankenbahnen und Vorstellungen, mit denen er umgeht. Der Grundgedanke Heraklits ist in eine Vielzahl von Wegen gebrochen,

HEIDEGGER: was einen Einblick in τὰ πάντα gibt.

FINK: Das Denken des Einen geschieht in einer mehrfältigen Weise. Wie bei Parmenides das ἕν in einer Vielzahl von σήματα angedacht wird, so bei Heraklit das Verhältnis von ἕν und πάντα in einer Vielzahl von Verstehensbahnen.

HEIDEGGER: Wohin gehören Götter und Menschen?

FINK: In einer Hinsicht in die πάντα, in anderer Hinsicht in das ἕν.

HEIDEGGER: Die andere Hinsicht ist gerade das Interessante.

FINK: Im Verhältnis der Götter und Menschen spiegelt sich das Verhältnis von ἕν und πάντα. Da das ἕν keine sachliche Einheit, sondern die Einheit des λόγος ist, sind Götter und Menschen die vom Blitz des λόγος Getroffenen. Sie sind mitgehörig in das λόγος-Geschehen.

HEIDEGGER: Götter und Menschen haben in ihrem Verschränkungsverhältnis eine Spiegelungsfunktion in bezug auf ἕν und πάντα.

FINK: Heideggerisch gesprochen können wir sagen: Menschen und Götter gehören in einer Hinsicht in das Seiende, in der wesentlicheren Hinsicht aber in das Sein. Diese Sonderstellung der Götter und Menschen unter allem Seienden, die sie nicht aufgehen läßt

HEIDEGGER: unter dem, was es gibt,

FINK: ist sehr viel schwerer zu fassen. Götter und Menschen existieren als Seinsverstehen. Das göttliche und menschliche Seinsverständnis sind Weisen der Selbstlichtung des Seins.

HEIDEGGER: Das steht aber nicht bei Heraklit.

FINK: Wir können die Lichtnatur des ἕν finden auf dem Wege über das Verhältnis der Götter und Menschen.

HEIDEGGER: Vielleicht ist hier die geeignete Stelle, um jetzt auf das Fragment 26 überzugehen.

FINK: Zunächst möchte ich noch einmal auf das Fragment 88 zurückkommen: ταὐτό τ'ἔνι ζῶν καὶ τεθνηκὸς καὶ [τὸ] ἐγρηγορὸς καὶ καθεῦδον καὶ νέον καὶ γηραιόν· τάδε γὰρ μεταπεσόντα ἐκεῖνά ἐστι κἀκεῖνα πάλιν μεταπεσόντα ταῦτα. Diels übersetzt: „Und es ist immer ein und dasselbe was in uns wohnt (?): Lebendes und Totes und Waches und Schlafendes und Junges und Altes. Denn dieses ist umschlagend jenes und jenes zurück umschlagend dieses." Hier wird ein ταὐτό ausgesagt, aber nicht ein Selbigsein eines vorfindlich Selbigen, nicht die leere Identität, die zu allem gehört, was es gibt, sondern ein Selbigsein, das bezogen ist auf Unterschiedenes. Es ist bezogen auf das, was uns am meisten unterschieden zu sein scheint. Die hier genannten Unterschiede sind nicht solche, die in beständiger Bewegung sind, sondern die alles Lebende betreffen. Für unser gewöhnliches Vorstellen haben Lebendigsein, Wachsein und Jungsein einen positiven Charakter gegenüber dem Totsein, Schlafendsein und Altsein. Aber das Fragment, das das Selbigsein aussagt, spricht nicht nur gegen das gewöhnliche Meinen des Vorrangs des Lebenden, Wachenden und Jungen gegenüber dem Toten, Schlafenden und Alten, sondern es spricht darüber hinaus auch eine Zusammengehörigkeit der drei Gruppen selber aus. Das in der Mitte stehende Schlafendsein hat eine ausgezeichnete Zwischenstellung, von wo aus eine verstehende Offenständigkeit für das Totsein und das Altsein im Sinne des Verfallens möglich ist. Aber das Fragment sagt noch mehr. Nicht nur ist Lebendes und Totes, Waches und Schlafendes, Junges und Altes ein und dasselbe, sondern dieses ist umschlagend jenes und jenes wieder umschlagend dieses. Ein phänomenaler Umschlag ist nur zu sehen im Verhältnis von Wachen und Schlaf. Denn was aus dem Wachen in den Schlaf übergeht, kehrt auch wieder aus dem Schlaf zurück in das Wachen. Allein der Umschlag von Wachen in Schlaf ist umkehrbar. Dagegen ist der Umschlag vom Leben in den Tod und vom Jungsein in das Altsein im Phänomen nicht umkehrbar. Im Fragment wird aber gesagt: wie das Wachsein in das Schlafendsein übergeht und umgekehrt, so schlägt auch das Lebende in das Tote, das Tote in das Lebende und das Junge in das Alte, das Alte in das Junge um. Es behandelt den Unterschied von Wachendem und Schlafendem in derselben Weise wie den von Lebendem und Totem und von Jungem und Altem. Von wem aber wird dieser umkehrbare Umschlag ausgesagt? Der Ausdruck „wieder umschlagend" erinnert an die ἀνταμοιβή, an den Wechselumsatz von Gold in Waren und Waren in Gold. Dort ist das Verhältnis des Umschlags bezogen auf das Verhältnis von ἕν und πάντα, sowie πάντα und ἕν. Die Frage ist, ob die zwar auf Lebendes bezogenen Übergänge, die im Fragment 88 genannt werden, ihren Ort innerhalb der Animalia haben, oder ob mit ihnen Umschläge im Sinne der πυρὸς τροπαί gemeint sind. Ist das ταὐτό von den Animalia gesagt oder aber vom πῦρ ἀείζωον, von dem wir hörten, daß es immer war und ist und sein wird (ἦν ἀεὶ καὶ ἔστιν καὶ ἔσται), aber selbst damit kein innerzeitlich Andauerndes ist, sondern das Gewesensein, Gegenwärtigsein und Künftigsein der πάντα ermöglicht. Sind die im Fragment 88 genannten Umschläge zu denken als bloße Behauptungen über gegebene und nicht gegebene Phänomene in der animalischen Welt, oder betreffen sie das πῦρ ἀείζωον? Diese Frage wollen wir als Frage stehenlassen.

HEIDEGGER: Wie verhält sich ζῶν καὶ τεθνηκὸς aus Fragment 88 zu ζῶντες und τεθνεῶτες aus Fragment 62? Wie wird in dem einen und wie in dem anderen Fragment gesprochen?

FINK: Im Fragment 62 sind ζῶντες und τεθνεῶτες bezogen auf

HEIDEGGER: die Weise des Seins der Unsterblichen und Sterblichen, im Fragment 88 dagegen ist ζῶν καὶ τεθνηκὸς bezogen auf Seiendes.

FINK: Nicht auf Seiendes, sondern auf Lebendigsein und Totsein. ζῶν meint nicht ein Lebewesen, sondern das Lebende als Terminus für das Lebendsein, sowie τεθνηκός nicht ein Totes meint, sondern das Tote als Terminus für das Totsein. Das Entsprechende gilt auch für das Wache und Schlafende und für Junges und Altes. Waches und Schlafendes sind Termini für das Wachsein und Schlafendsein, und Junges und Altes Termini für das Jungsein und Altsein.

HEIDEGGER: Ist ζῶν im Fragment 88 nur der Singular vom Plural ζῶντες im Fragment 62? Sind auch im Fragment 88 Götter und Menschen gemeint?

FINK: Das ζῶν καὶ τεθνηκὸς bezieht sich nicht nur auf Götter und Menschen, denn das Fragment 88 ist weiter gespannt. Von wem aber ist das Lebendsein und Totsein, das Wachsein und Schlafendsein, das Jungsein und Altsein dasselbe, von Lebewesen oder vom πῦρ ἀείζωον?

HEIDEGGER: Im Fragment 88 wird also etwas anderes gesagt als im Fragment 62. In ihm wird in einer weiteren Weise gesprochen.

FINK: ζῶν und τεθνηκός sind zu verstehen wie τὸ καλόν, τὸ δίκαιον. Wie ist der Artikel τὸ ἐγρηγορός zu verstehen? Herr Professor Heidegger hat darauf hingewiesen, daß es sich nicht um Verhältnisse und Gegenbezüge handelt, von denen wir einen Eigentümer angeben können. Im zweiten Satz des Fragments spricht Heraklit im Plural, der sich aber nicht auf Sachen, sondern auf die drei verschiedenen Verhältnisse bezieht. Von wem kann das ταὐτό nur gesagt werden? Der hier gedachte Zusammenfall bedeutet nicht nur einen solchen in eine unterschiedslose Indifferenz. Gemeint ist sogar ein gegenseitiges Umschlagen. Das μεταπεσόντα verweist auf das Fragment 90, in welchem die ἀνταμοιβή genannt ist, der Umtausch des Goldes gegen Waren und der Waren gegen Gold. Was aber im Fragment 88 umschlägt, sind nicht nur Dinge gegenüber der versammelnden Einheit, sondern der härtere Gegensatz des Lebendseins und des Totseins. Hier wird eine Selbigkeit ausgesprochen, die dem alltäglichen Meinen, das auf dem Unterschied von Leben und Tod besteht, ins Gesicht schlägt und ihm widerspricht. Deswegen ist die Frage beirrend, wo der Ort, die Stätte dieses Umschlags ist.

HEIDEGGER: Meint das Totsein (τεθνηκός) dasselbe wie das Gestorbensein?

FINK: Ja, wenn τεθνηκός gegen ζῶν gesagt ist. Es bedeutet nicht das Leblose im Sinne des Minerals,

HEIDEGGER: also nicht die tote Natur. Ein Stein etwa ist nicht tot.

FINK: Im Fragment 88 werden Leben und Tod, die wir im Phänomen nur in einem bestimmten Bereich kennen, auf das Gesamtverhältnis von ἕν und πάντα bezogen. Wir lassen allerdings diese Frage noch offen. Denn es läßt sich nicht ohne weiteres verifizierend sagen, was das ταὐτό ist. Wir können zunächst nur vermuten, daß sich das Selbigsein von Leben und Tod auf das

Frage nach der Selbigkeit von Lebend- und Totsein 195

ἕν bezieht. Herr Professor Heidegger hat das Verhältnis von ἕν und πάντα als Verhalt, als Seins- und Weltverhalt gekennzeichnet. Wenn in dem ταὐτό aus dem Fragment 88 dieser Urverhalt angesprochen ist, dann ist allerdings vom Phänomen her ein Widerspruch anzumelden. Denn kein Toter wird wieder lebendig. Lebendes und Totes, Waches und Schlafendes, Junges und Altes sind Phänomene, die in gewisser Weise alle den Aufenthalt von Lebendigem in der Zeit meinen. Das Leben ist die Gesamtzeit eines Lebewesens, der Tod das Ende der Lebenszeit. Wachen und Schlafen bilden den Urrhythmus während des Lebens. Das Jungsein und Altsein zielen auf das Insein in der korrumpierenden Macht der Zeit, die nicht nur bringt, sondern auch alles nimmt. Für mich ist die Frage, ob das Verhältnis von ἕν und πάντα ein Verhältnis der Zeitigung ist. — Anschließend möchte ich eine Auslegung des Fragments 26 versuchen. Es lautet: ἄνθρωπος ἐν εὐφρόνῃ φάος ἅπτεται ἑαυτῷ [ἀποθανών] ἀποσβεσθεὶς ὄψεις, ζῶν δὲ ἅπτεται τεθνεῶτος εὕδων, [ἀποσβεσθεὶς ὄψεις] ἐγρηγορὼς ἅπτεται εὕδοντος. Diels übersetzt: „Der Mensch rührt (zündet sich) in der Nacht ein Licht an, wann sein Augenlicht erloschen. Lebend rührt er an den Toten im Schlaf; im Wachen rührt er an den Schlafenden." Dieses Fragment beginnt eindeutig mit dem Menschen. Der Mensch zündet sich in der Nacht ein Licht an. Das Fragment 26 setzt an beim Menschen und seiner Fähigkeit, sich in der Nacht ein Licht anzuzünden, wenn seine ὄψις erloschen ist. Diels übersetzt ἀποσβεσθεὶς ὄψεις mit „wann sein Augenlicht erloschen". So aber legt sich die Deutung nahe, daß der Mensch träumend sieht — daß er in der Finsternis während des Traumes in einem Licht ist. Den Plural ἀποσβεσθεὶς ὄψεις würde ich eher übersetzen mit „gelöscht in seinen Sichtweisen". Der Mensch hat seinen unruhigen Ort zwischen Nacht und Licht. Das Fragment zielt auf den nicht festen Ort des Menschen zwischen Nacht und Licht. Er ist dem Licht nahe. Das zeigt sich dann, wenn er die Nacht zu lichten vermag. Der Mensch ist eine Art prometheischer Feuerräuber. Er hat das Vermögen, in der Nacht das Licht aufgehen zu lassen, wenn seine Sichtweisen gelöscht sind, und zwar nicht wenn er schläft, sondern wenn er sich zum Dunkel verhält. „Lebend rührt er an den Toten im Schlaf; im Wachen rührt er an den Schlafenden." Leben und Tod sind hier durch die Zwischenstellung des Schlafes aneinander gebunden. Das Schlafen ist eine Weise des todverwandten Lebendseins, das Wachen ist eine Weise des im Licht sich aufhaltenden Anrührens an den Tod über den Bezug zum Schlafenden. Lebendsein und Wachsein, Schlafendsein, Totsein sind nicht drei Zustände, sondern drei mögliche Verhaltensweisen des Menschen, in denen er in die Nähe kommt zum dunkel Nächtigen und lichthaft Offenen.

HEIDEGGER: Wir müssen uns darüber klarwerden, was die Berührung (ἀφή) eigentlich meint. Später erscheint bei Aristoteles Metaphysik θ 10 „die Berührung" als θιγεῖν.

FINK: Was wir jetzt über das Fragment 26 gesagt haben, ist nur eine Vordeutung auf die Schwierigkeit, bei der wir in der nächsten Sitzung ansetzen müssen.

XI.

Das „Logische" bei Hegel. — „Bewußtsein" und „Dasein". — Ortschaft des Menschenwesens zwischen Licht und Nacht (beigezogene Fragmente: 26, 10).

HEIDEGGER: Zunächst muß ich in bezug auf die vorige Seminarsitzung eine Korrektur vornehmen. An der Stelle, wo es hieß, Hölderlin interpretiere im Rückgriff auf das Heraklit-Wort ἓν διαφέρον ἑαυτῷ Sein bzw. Wahrheit als Schönheit, sagte ich versehentlich, daß derselbe Gedanke bei Hegel in den Vorlesungen über die Geschichte der Philosophie zu finden sei. Stattdessen steht dieser Gedanke in den Vorlesungen über die Philosophie der Weltgeschichte, und zwar im III. Band „Die griechische und die römische Welt" der Ausgabe von Lasson, S. 570 ff. „Das Sinnliche ist so nur Erscheinung des Geistes, hat die Endlichkeit abgestreift, und in dieser Einheit des Sinnlichen mit dem an und für sich Geistigen besteht das Schöne." (S. 575) „Der wahrhafte Mangel der griechischen Religion, gegen die christliche gehalten, ist also, daß in ihr die Erscheinung die höchste Weise, überhaupt das Ganze des Göttlichen ausmacht, während in der christlichen Religion das Erscheinen nur als ein Moment des Göttlichen angenommen wird." (S. 580) „Wenn aber das Erscheinen die perennierende Form ist, so ist der Geist, der erscheint, in seiner verklärten Schönheit ein Jenseitiges für den subjektiven Geist, ..." (S. 581) Hegel denkt hier die Identität von Erscheinung und Schönheit, die auch für den frühen Hölderlin bezeichnend und wesentlich ist. Auf die Ausführungen Hegels können wir im einzelnen nicht eingehen, doch empfehle ich Ihnen, gelegentlich seine Vorlesungen über die Philosophie der Weltgeschichte nachzulesen. Dann gewinnen Sie eine andere Vorstellung von Hegel, der viel von den Griechen geahnt hat, etwa wenn er Apollo als den wissenden Gott, als den Gott des Wissens, als den sprechenden, prophezeienden, weissagenden, alles Verborgene ans Licht bringenden, ins Dunkel schauenden Gott, als den Gott des Lichts und das Licht als das alles zur Erscheinung Bringende denkt. — Außerdem habe ich noch eine Unterlassung nachzuholen. Wir haben in der letzten Sitzung über die drei Momente des Logischen bei Hegel gesprochen, über das abstrakt-verständige, das dialektische und das spekulative. Was aber haben wir dabei unterlassen?

TEILNEHMER: Wir haben nicht mehr danach gefragt, was wir hinsichtlich unseres eigenen Vorgehens unter dem Spekulativen im Unterschied zu Hegel verstehen. Denn die Frage nach der Bedeutung des Spekulativen bei Hegel tauchte dadurch auf, daß einer der Teilnehmer unseren Denkversuch im Ausgang von Heraklit durch den Ausdruck des spekulativen Sprungs charakterisierte.

HEIDEGGER: Auf diese Frage kommen wir erst später zu sprechen. Bleiben wir zunächst noch innerhalb der Philosophie Hegels. Bei der Klärung der drei Momente des Logischen folgten wir dem Text Hegels. Was aber gibt es zu fragen, wenn man von den drei Momenten des Logischen bei Hegel spricht?

TEILNEHMER: Man könnte vielleicht sagen, daß das dialektische und das spekulative Moment als zwei Seiten der Negativität auftreten.

HEIDEGGER: Auf die Negation und Negativität wollen wir nicht eingehen.

TEILNEHMER: Wir haben vergessen, nach der Totalität der drei Momente selbst zu fragen.

HEIDEGGER: Wie wollen Sie den Gang der drei Momente bestimmen? Das Abstrakte, Dialektische und Spekulative bilden kein Nebeneinander. Worauf aber müssen wir zurückgehen, um auszumachen, wie die drei Momente zusammengehören?

Als ich nachträglich über den Verlauf unseres Gesprächs nachdachte, erschrak ich über unsere Nachlässigkeit.

TEILNEHMER: Wir müssen fragen, wo innerhalb des Systems die Logik ihren Ort hat.

HEIDEGGER: So weit brauchen wir gar nicht zu gehen, sondern wir müssen fragen,

TEILNEHMER: was das Logische bei Hegel bedeutet.

HEIDEGGER: Wir haben also von den drei Momenten des Logischen gesprochen, dabei aber nicht über das Logische selbst nachgedacht. Wir haben unterlassen zu fragen, was Hegel mit dem Logischen meint. Ein Mensch sagt z. B.: das ist logisch. Oder aber man kann den Satz hören: die große Koalition ist logisch. Was heißt hier logisch?

TEILNEHMER: In der Einleitung zur Wissenschaft der Logik sagt Hegel, daß der Inhalt der Logik „die Darstellung Gottes ist, wie er in seinem ewigen Wesen vor der Erschaffung der Natur und eines endlichen Geistes ist".

HEIDEGGER: Bleiben wir zunächst bei dem, was „logisch" im gewöhnlichen Sinne, d. h. für den Mann auf der Straße heißt.

TEILNEHMER: Es heißt soviel wie „in sich schlüssig".

HEIDEGGER: Also „folgerichtig". Meint das aber Hegel, wenn er von den drei Momenten des Logischen spricht? Offenbar nicht. Wir haben uns also nicht klargemacht, wovon wir sprechen. Im Paragraphen 19 der Enzyklopädie der Philosophischen Wissenschaften sagt Hegel: „Die Logik ist die Wissenschaft *der reinen Idee*, das ist, der Idee im abstrakten Elemente des Denkens." Wir wollen uns nicht lange mit Hegel abgeben. Es kommt mir nur darauf an, die Kluft deutlich zu machen, die uns von

Hegel trennt, wenn wir bei Heraklit sind. Was heißt bei Hegel „Wissenschaft der reinen Idee", was ist für ihn die Idee?

TEILNEHMER: Das vollständige Sichselbstbegreifen des Gedankens.

HEIDEGGER: Was setzt Hegels Begriff der Idee voraus? Denken Sie an Platos ἰδέα. Was hat sich zwischen der Platonischen Idee und der Idee Hegels ereignet? Was ist inzwischen geschehen, wenn die Neuzeit und Hegel von der Idee sprechen?

TEILNEHMER: Inzwischen nahm Platos ἰδέα den Weg zum Begriff.

HEIDEGGER: Sie müssen etwas vorsichtiger sein. Die Idee wird bei Descartes zur perceptio. Damit wird sie vom Vorstellen des Subjekts, also von der Subjektivität her gesehen. Die absolute Idee Hegels ist dann das vollständige Sichwissen des absoluten Subjekts. Sie ist der innere Zusammenhang der drei Momente im Prozeßcharakter des Sichselbsterscheinens des absoluten Geistes. In diesem Absoluten spricht trotz der Subjektivität immer noch Platos Gedanke der Idee, das Sichzeigen mit hinein. Weshalb kann nun Hegel sagen, die Idee ist das Denken? Das muß uns paradox erscheinen, wenn man den Satz Hegels unmittelbar liest. Der Satz ist nur zu verstehen, wenn man beachtet, daß die Platonische Idee bei Descartes zur perceptio wird. Davor noch werden die Ideen zu den Gedanken Gottes und gewinnen Bedeutung für die creatio. Wir geben nur diese kurze Bestimmung des Logischen bei Hegel, um zu sehen, wovon wir reden, wenn wir die drei Momente des Logischen nennen. Das Logische ist ein Titel bei Hegel, der volles Gewicht hat und eine Fülle in sich birgt, die man nicht schnell und leicht fassen kann. Im Paragraphen 19 der Enzyklopädie heißt es u.a.: „Insofern aber das Logische die absolute Form der Wahrheit und noch mehr als dies, auch die reine Wahrheit selbst ist, ist es ganz etwas anderes als bloß etwas *Nützliches.*" Was heißt hier Wahrheit?

Was muß man mitdenken, wenn man Hegels Begriff der Wahrheit verstehen will? Denken Sie zurück an das, was wir schon gesagt haben: die Idee wird zur clara et distincta perceptio, und diese hängt bei Descartes zusammen mit der

TEILNEHMER: certitudo.

HEIDEGGER: Also mit der Gewißheit. Um Hegels Begriff der Wahrheit verstehen zu können, müssen wir mitdenken die Wahrheit als Gewißheit als Ort im absoluten Sichselbstwissen. Nur so läßt sich verstehen, daß das Logische die reine Wahrheit von sich selbst sein soll. Dieser Hinweis auf die Bedeutung des Logischen bei Hegel ist wichtig, wenn wir später — wenn auch nicht mehr in diesem Semester — auf den Logos bei Heraklit zu sprechen kommen. — Jetzt liegt mir noch an einer Klärung. Sie, Herr Fink, sprachen davon, daß das göttliche Wissen um die Todgeweihtheit der Menschen kein bloßes Bewußtsein, sondern ein verstehendes Verhältnis ist. Sie stellen also das verstehende Verhältnis, das wir auch die Offenständigkeit genannt haben, dem bloßen Bewußtsein gegenüber.

FINK: Ein bloßes Bewußtsein von etwas wäre z. B. gegeben, wenn man sagt: der Mensch weiß als Belebtes um die Unbelebtheit der Natur. Hier könnte man von einem bloßen Wissensverhältnis sprechen, obwohl ich glaube, daß es sich auch hier um mehr als nur um ein Bewußtsein von ... handelt. Zum Sichselbstverstehen der Götter gehört nicht nur das Seinsverständnis des unvergänglichen Seins, sondern als implizite Komponente auch das Seinsverständnis des Vergänglichseins. Das göttliche Seinsverständnis ist nicht neutraler Art, sondern rückbetroffen vom Vergänglichsein der Menschen. Die Götter verstehen ihr seliges Sein in der Rückbetroffenheit von der Hinfälligkeit der Sterblichen.

HEIDEGGER: Wenn Sie sagen: der Bezug der Götter zur Todgeweihtheit der Sterblichen ist kein bloßes Bewußtsein, dann meinen Sie, daß er kein bloßes Vorstellen der Menschen ist, daß sie so und so sind. Sie sagten: der Bezug der Götter zu den Menschen ist ein verstehendes Verhältnis, und meinen ein sichverstehendes Verhältnis.

FINK: Die Götter können ihr Sein nur haben, sofern sie offenständig sind für die Sterblichen. Die Offenständigkeit für die Sterblichen und ihr Vergänglichsein könnte bei ihnen nicht fehlen. Das dürfen wir aber nicht so verstehen, wie etwa Nietzsche mit Thomas v. Aquino über die Seligkeit des Paradieses sagt, daß die Seligen die Qualen der Verdammten schauen werden, damit Ihnen die Glückseligkeit mehr gefalle. (Zur Genealogie der Moral, erste Abhandlung, 15) Die Unsterblichen sind unablegbar θνητοί. Sie wissen ihr ewiges Sein nicht nur aus der schauenden Betrachtung (θεωρία), sondern zugleich in der Rückbetroffenheit vom Vergänglichsein der Sterblichen. Sie sind von der Todgeweihtheit der Menschen affiziert. Es ist schwierig, hier den rechten Terminus zu finden.

HEIDEGGER: Auf diesen Punkt will ich gerade hinaus. Ob wir die terminologisch angemessene Form finden, ist eine andere Frage. Die Offenständigkeit ist nicht so etwas wie ein offenes Fenster oder wie ein Durchgang. Die Offenständigkeit des Menschen zu den Dingen meint nicht, daß da ein Loch ist, durch das der Mensch hindurchsieht, sondern die Offenständigkeit für ... ist das Angegangensein von den Dingen. Ich komme darauf zu sprechen, um den fundamentalen Bezug zu klären, der beim Verständnis dessen, was in „Sein und Zeit" mit dem Wort „Dasein" gedacht wird, eine Rolle spielt. Meine Frage zielt jetzt ab auf das Verhältnis von Bewußtsein und Dasein. Wie ist das Verhältnis zu klären? Wenn Sie „Bewußtsein" auch noch als Titel für die Transzendentalphilosophie und den absoluten Idealismus nehmen, so ist mit dem Titel „Dasein" eine andere Position bezogen worden. Diese andere Position wird oft übersehen oder nicht genügend beachtet. Wenn man von „Sein und Zeit" spricht, denkt man zunächst an das „Man" oder an die „Angst".

Beginnen wir bei dem Titel „Bewußtsein". Ist es nicht eigentlich ein merkwürdiges Wort?

FINK: Bewußtsein ist eigentlich auf die Sache bezogen. Sofern die Sache vorgestellt ist, ist sie ein bewußtes Sein und nicht ein wissendes Sein. Wir aber meinen mit Bewußtsein den Vollzug des Wissens.

HEIDEGGER: Bewußt ist eigentlich der Gegenstand. Bewußtsein bedeutet dann soviel wie Gegenständlichkeit, die identisch ist mit dem obersten Grundsatz aller synthetischen Urteile apriori bei Kant: die Bedingungen der Möglichkeit der Erfahrung überhaupt sind zugleich Bedingungen der Möglichkeit der Gegenstände der Erfahrung. Beim Bewußtsein handelt es sich um ein Wissen, und das Wissen wird gedacht als Vorstellen, wie etwa bei Kant. Und wie ist es nun mit dem Dasein? Wenn wir pädagogisch vorgehen wollen, wovon müssen wir dann ausgehen?

TEILNEHMER: Wir können dabei vom Wort ausgehen. Der Begriff „Dasein" bei Kant bedeutet Wirklichsein.

HEIDEGGER: Der Wirklichkeitsbegriff bei Kant ist ein dunkles Problem. Wie aber ist der Begriff des Daseins im 18. Jahrhundert entstanden?

TEILNEHMER: Als Übersetzung für existentia.

HEIDEGGER: Dasein heißt dann: gegenwärtig anwesend sein. Wie aber ist nun von der Hermeneutik des Daseins in „Sein und Zeit" aus das Wort „Dasein" zu verstehen?

TEILNEHMER: Die Hermeneutik in „Sein und Zeit" geht aus vom Dasein, wobei sie dieses nicht in der herkömmlichen Weise als Vorhandensein versteht.

HEIDEGGER: Im Französischen wird Dasein mit être-là übersetzt, so z. B. bei Sartre. Doch damit ist alles das, was in „Sein und Zeit" als neue Position gewonnen wurde, verlorengegangen. Ist der Mensch so da, wie der Stuhl?

TEILNEHMER: „Dasein" in „Sein und Zeit" meint nicht das pure Faktischsein des Menschen.

HEIDEGGER: Dasein heißt nicht Dort- und Hiersein. Was heißt das „Da"?

TEILNEHMER: Es bedeutet das in sich Gelichtetsein. Das Sein des Menschen als des Daseins ist kein pures Vorhandensein, sondern ein Gelichtetsein.

HEIDEGGER: In „Sein und Zeit" wird Dasein wie folgt geschrieben: Da-sein. Das Da ist die Lichtung und Offenheit des Seienden, die der Mensch aussteht. Das Wissen des Bewußtseins, das Vorstellen ist etwas total anderes. Wie verhält sich das Bewußtsein, das Wissen als Vorstellen, zum Dasein? Sie dürfen dabei nicht nachdenken, sondern Sie müssen sehen. Herr Fink hat darauf hingewiesen, daß das Bewußtsein eigentlich das Wissen vom Gegenstand ist. Worin gründet die Gegenständlichkeit und das Vorgestellte?

TEILNEHMER: Im Vorstellen.

HEIDEGGER: Mit dieser Antwort gibt sich Kant zufrieden und mit ihm der absolute Idealismus der absoluten Idee. Was aber wird dabei unterschlagen?

FINK: Das, worin Bewußtsein und Gegenstand spielen.

HEIDEGGER: Also die Lichtung, in der Anwesendes einem anderen Anwesenden entgegenkommt. Die Gegenständigkeit für ... setzt voraus die Lichtung, in der Anwesendes dem Menschen

»*Dasein*«; *Unverborgenheit*; *Sprache* 205

begegnet. Das Bewußtsein ist nur möglich auf dem Grunde des Da als ein von ihm abgeleiteter Modus. Von hier aus muß man den geschichtlichen Schritt verstehen, der in „Sein und Zeit" mit dem Ansatz beim Dasein gegenüber dem Bewußtsein gemacht ist. Das ist eine Sache, die man sehen muß. Ich habe darauf hingewiesen, weil dieses Verhältnis für uns noch eine Rolle spielen wird neben dem anderen Verhältnis von ἕν und πάντα. Beide Verhältnisse gehören zusammen. Bei Heraklit steht, auch wenn nicht direkt davon die Rede ist, im Hintergrund die ἀλήθεια, die Unverborgenheit. Er spricht auf dem Grunde dieses von ihm nicht weiter Gedachten. Von hier aus ist auch das zu verstehen, was ich in der letzten Sitzung sagte: das ἕν ist das Ver-hältnis der πάντα. Das Ver-halten und Halten heißt hier zunächst Hüten, Bewahren und Gewähren im weitesten Sinne. Dieses Halten wird für uns im Laufe der Zeit, d. h. im Durchgang durch die Fragmente Heraklits inhaltlich erfüllt. Herr Fink hat schon mehrfach darauf hingewiesen, daß alle Bestimmungen des ἕν, wie Blitz, Sonne, Horen und Feuer, keine Bilder, sondern Kennzeichnungen sind, die das Halten und die Art und Weise, wie τὰ πάντα für das ἕν sind, und das ἕν selbst charakterisieren als das Einigende, Versammelnde

FINK: und Entlassende. Dieses Verhältnis von ἕν und πάντα müssen wir kontrastieren gegen die Naivauffassung, wonach das ἕν wie ein Behältnis, wie ein Topf gedacht wird, in welchem alle πάντα sind. Dieses ontisch bekannte Umfassungsverhältnis kann man nicht auf den Bezug von ἕν und πάντα anwenden.

HEIDEGGER: Süddeutsch heißt Topf: Hafen. Das ist dasselbe Wort wie ἅπτεσθαι. Hierzu gehört auch das Wort „Habicht", d. h. der Vogel, der faßt. Die Sprache ist viel denkender und eröffnender als wir. Doch das wird man vermutlich in den nächsten Jahrhunderten vergessen. Niemand weiß, ob man einmal wieder darauf zurückkommen wird.

FINK: In der letzten Sitzung haben wir damit begonnen, das Fragment 26 zu bedenken und einige Elemente herauszustellen:

die eigentümliche Situation des Menschen als eines Wesens, das als Feuer zündend zwischen Nacht und Licht geortet ist.

HEIDEGGER: Für mich bereitet schon die Art, in der das Fragment von Clemens angeführt wird, eine Schwierigkeit. Wenn ich den Kontext von Clemens lese, so ist mir unklar, in welchem Zusammenhang und aus welchem Motiv er das Fragment 26 zitiert. Dort heißt es: ὅσα δ'αὖ περὶ ὕπνου λέγουσι, τὰ αὐτὰ χρὴ καὶ περὶ θανάτου ἐξακούειν. ἑκάτερος γὰρ δηλοῖ τὴν ἀπόστασιν τῆς ψυχῆς, ὁ μὲν μᾶλλον, ὁ δὲ ἧττον, ὅπερ ἐστὶ καὶ παρὰ Ἡρακλείτου λαβεῖν. Der erste Satz lautet übersetzt: „Was sie über den Schlaf sagen, dasselbe muß man auch hören mit bezug auf den Tod." Wie dieser Text mit dem Fragment 26 zusammenhängen soll, ist für mich unverständlich. Ich selber kann keinen Zusammenhang finden. Der Text von Clemens ist für mich im Zusammenhang mit dem Fragment 26 unverständlich, weil im Fragment nichts von der ἀπόστασις τῆς ψυχῆς zu finden ist. Der Text des Clemens ist ein ganz anderer als der des Fragments. Eine andere Schwierigkeit ist für mich folgende. Heraklit sagt: Der Mensch zündet sich in der Nacht ein Licht an, wenn sein Augenlicht erloschen ist. Ist das nur so zu denken, daß der Mensch im Dunkeln ein Licht anzündet, entweder mit dem Streichholz oder durch den Druck auf einen Knopf?

FINK: Ich würde meinen, daß die Grundsituation, von der aus im Fragment gesprochen wird, die Situiertheit des Menschen zwischen Nacht und Licht ist. Der Mensch kommt nicht nur wie andere Lebewesen zwischen Nacht und Licht vor, sondern er ist ein Lebewesen, das zu Nacht und Licht im Verhältnis steht und nicht von der Nacht und dem Dunkel überfallen wird. Wenn seine ὄψις gelöscht ist, hat er als das dem Feuer affinite Wesen die Fähigkeit, Feuer und Licht hervorzubringen. Der Mensch verhält sich zu Nacht und Tag.

HEIDEGGER: Bleiben wir zunächst bei Nacht und Tag.

FINK: Die Situation des Menschen ist eine andere als die der Lebewesen, die der Nacht und dem Tage ausgeliefert sind. Wenn es für den Menschen Nacht ist, dann ist das Licht erloschen. Wohl gibt es das Sehen des Dunkeln. Die ὄψις bedeutet hier nicht Sehfähigkeit, sondern die Sehfähigkeit in actu. Wenn seine ὄψις erloschen ist, heißt daher: wenn seine Sehfähigkeit nicht mehr in actu ist. Die Sehfähigkeit als solche erlischt nicht mit dem Einbrechen der Dunkelheit. Wir sagen auch nicht, daß der Mensch nur hört, wenn er Laute hört. Denn er hört auch die Stille.

HEIDEGGER: Im Dunkeln sieht der Mensch nichts.

FINK: Dennoch sieht jeder Mensch etwas im Dunkeln.

HEIDEGGER: Ich will gerade darauf hinaus, was das Erlöschen meint.

FINK: Das Erlöschen kann ein Zwiefaches bedeuten: einmal bezieht es sich auf das Nichtsehen im Dunkeln, das andere Mal auf das Nichtsehen im Schlaf.

HEIDEGGER: Lassen wir den Schlaf noch beiseite. Im Phänomen müssen wir unterscheiden zwischen dem „im Dunkeln nichts sehen" und dem „nicht sehen". Wenn wir nun vom Verlöschen der Sicht sprechen, so ist mir das noch nicht deutlich genug geklärt. Nicht sehen heißt,

FINK: daß das Sehvermögen zu ist. Beim offenen Sehvermögen sehen wir im Dunkeln nichts Bestimmtes. Das ist aber immer noch ein Sehen.

HEIDEGGER: Mir geht es jetzt darum zu bestimmen, was durch das Erlöschen der ὄψις negiert wird.

FINK: Man kann das Fragment 26 so lesen: der Mensch zündet sich im Traum ein Licht an. Doch diese Art zu lesen erscheint mir als fragwürdig. Wenn wir sagen: der Mensch ist gelöscht in bezug auf die ὄψις, so kann das entweder die Verschlossenheit des Sehvermögens oder aber das Nichtantreffen von Sichtbarem wegen der Dunkelheit bedeuten. Was das letztere anbetrifft, so ist das Sehvermögen offen, aber wir können in der Dunkelheit nichts Bestimmtes ausmachen.

HEIDEGGER: Im Dunkeln sehe ich nichts, und dennoch sehe ich.

FINK: Ähnlich ist es beim Hören. Etwa ein Wachtposten lauscht angestrengt in die Stille hinein, ohne daß er etwas Bestimmtes hört. Wenn er auch keinen bestimmten Laut hört, so hört er doch. Sein Horchen ist die gespannteste Wachheit des Hörenwollens. Das Horchen ist die Bedingung der Möglichkeit des Hörens. Es ist das Offensein für den Raum des Hörbaren, während das Hören das Antreffen von bestimmtem Hörbaren ist.

HEIDEGGER: Wenn wir das über das „nichts sehen" und das „nicht sehen" Gesagte auf die Situation hindenken, in der der Mensch sich mit einem Licht, etwa mit einer Kerze zu schaffen macht, wie ist dann das ἑαυτῷ aus dem Fragment 26 zu verstehen? Mir geht es darum, das ἑαυτῷ zu retten.

FINK: Ich halte es nicht für pleonastisch. Der Mensch hat die dem Tag verwandte Fähigkeit zu lichten, wenn auch im Vergleich zum Tag in einer hinfälligen Art. Die Lichtungskraft des Menschen ist etwas anderes als das Licht, das mit dem Tag kommt. Das von ihm angezündete Licht ist das kleine Licht im großen Dunkel der Nacht.

HEIDEGGER: Wenn er ein kleines Licht in der Nacht anzündet, so tut er das, damit ihm durch das Licht im Dunkeln noch etwas gegeben ist.

FINK: Das kleine Licht steht im Gegensatz zum rhythmisch uns überkommenden großen Licht des Tages, das kein Dunkel um sich hat. Der Mensch ist das lichtverwandte Wesen, das zwar

Licht zünden kann, aber niemals so, daß es die Nacht völlig zu vertilgen vermag. Das von ihm entfachte Licht ist nur eine Insel im Dunkel der Nacht, weshalb sein Ort deutlich zwischen Tag und Nacht gekennzeichnet ist.

HEIDEGGER: Sie unterstreichen die Nacht und verstehen sie spekulativ. Wenn wir aber zunächst beim Dunkeln bleiben: im Dunkeln, in der Dämmerung zündet der Mensch ein Licht an. Hängt dieses Dunkel, worin er ein Licht zündet, nicht mit dem Licht zusammen, von dem Sie sprechen?

FINK: Dieses Licht, das der Mensch zündet, ist schon ein Abkömmling. Alle Erdenfeuer und die, welche die Feuer zündenden Wesen entfachen, sind wie bei Platon Abkömmlinge. Die Götter verhalten sich nicht in derselben Weise wie die Menschen zu Licht und Nacht. Der Mensch hat ein janushaftes Gesicht: er ist sowohl dem Tag als der Nacht zugekehrt.

HEIDEGGER: Der Mensch, der in bezug auf die Sehmöglichkeiten erlischt, zündet ein Licht an. Jetzt wird das ἀποσβεσθεὶς ὄψεις deutlicher. Es heißt also: wenn er wegen der Dunkelheit nichts sehen kann, nicht aber: wenn er nicht sehen kann.

FINK: ὄψεις übersetze ich mit Sichtmöglichkeiten.

HEIDEGGER: Das verstehe ich nicht ganz.

FINK: Der Mensch zündet im Dunkel sich ein kleines Licht an, gemessen an dem großen Licht.

HEIDEGGER: Ich möchte noch beim kleinen Licht bleiben, damit wir das ἑαυτῷ klären und retten.

FINK: ἑαυτῷ übersetze ich mit: für sich

HEIDEGGER: Was aber heißt: für sich?

TEILNEHMER: Es meint, daß das kleine Licht ein Privatlicht ist

FINK: gegenüber dem großen.

HEIDEGGER: ἅπτεται ἑαυτῷ: warum zünde ich für mich eine Kerze an? Doch offenbar deshalb, damit sie mir etwas zeigt. Diese Dimension muß mit hineingenommen werden.

FINK: Ich möchte den Inselcharakter des kleinen Lichts akzentuieren, in welchem sich mir noch einiges zeigt. Das kleine Licht im Dunkel der Nacht ist ein fragmentarisches, insularisches Licht. Weil der Mensch nicht im großen Licht wohnt, gleicht er den Nachteulen (νυκτερίδες), d. h. befindet er sich auf der Grenze zwischen Tag und Nacht. Er ist ausgezeichnet als lichtverwandtes Wesen, das aber zugleich im Verhältnis zur Nacht steht.

HEIDEGGER: Wodurch wird das Verhältnis zur Nacht angezeigt?

FINK: Zuerst heißt es: der Mensch zündet sich in der Nacht ein Licht an. Dann heißt es weiter: im Schlaf rührt er an den Toten, im Wachen an den Schlafenden. Der Schlaf ist die Dämmernis des Lebens. Der Mensch existiert nicht in der vollen Fülle des Lebens, sofern er über den Schlaf an den Toten rührt. Der Tote steht in einem Bezug zur Nacht.

HEIDEGGER: Was heißt „rühren"?

FINK: Rühren meint hier nicht das Betasten, sondern zielt auf ein Angrenzungsverhältnis. Und auch hier gilt es zu beachten: es handelt sich nicht um ein einfaches Angrenzen, sondern um ein Verhältnis der Angrenzung.

HEIDEGGER: Wenn ich hier auf dem Tisch die Kreide an das Glas lege, so sprechen wir von einer einfachen Angrenzung beider Dinge aneinander.

Der Mensch als lichtverwandtes Wesen 211

FINK: Wenn aber der Mensch über den Schlaf an den Toten rührt, so grenzt er nicht an den Toten an wie die Kreide an das Glas. Er rührt im Schlaf verhaltend an das Dunkle.

HEIDEGGER: Es handelt sich also um ein offenständiges Rühren. Das hängt damit zusammen, daß das angezündete Licht auch eine Offenständigkeit für den kleinen Umkreis im Zimmer, das durch die Kerze erhellt wird, gewährt. Ich möchte, daß das Fragment 26 und vor allem das ἅπτεται ἑαυτῷ in die Dimension des offenständigen Bezugs kommt. Sie gehen mir zu rasch in die spekulative Dimension über.

FINK: Indem sich der Mensch zum begrenzten Lichtraum verhält, verhält er sich zugleich zu dem, was die Offenständigkeit abstößt. Man müßte ein Wort finden, um den Bezug des Menschen nicht nur zum Offenen, sondern auch zur Nacht, die das Offene umsteht, sprachlich fassen zu können.

HEIDEGGER: Das Dunkel ist, wenn in ihm ein Licht angezündet wird, in gewisser Weise auch eine Offenheit. Dieses dunkle Offene ist nur möglich in der Lichtung im Sinne des Da.

FINK: Ich möchte meinen, daß wir die Verborgenheit des Dunklen nicht nur aus dem Verhältnis der Lichtung des Da denken dürfen. Es besteht die Gefahr, daß man das Dunkle nur als Grenze des Offenstehens, als äußere Umwandung des Offenen versteht. Ich möchte vor allem darauf hinweisen, daß sich der Mensch zugleich zum Offenen und zum bergenden Dunkel verhält.

HEIDEGGER: Dieses, von dem Sie sprechen, mag zutreffen, aber ist zunächst im Fragment nicht gesagt. Die Dimension, die Sie im Blick haben, will ich nicht bestreiten.

FINK: Gehen wir aus von der Situation des Lichts in der Nacht. Jemand zündet eine Fackel in der Nacht an. Sie wirft einen

Schein auf den Weg, so daß man sich auf dem Wege orientieren kann. Indem er sich im Hellen bewegt und sich zu ihm verhält, verhält er sich zugleich auch zum bedrohenden Dunkel, für das er verstehend offen ist, wenn auch nicht in der Weise der Offenständigkeit. Die Lichtung im bergenden Dunkel hat ihre Begrenzung. Die ἀλήθεια wird von der λήθη umstanden.

HEIDEGGER: Ich lege bei dem Fragment 26 gerade auf das Verhältnis der Offenständigkeit das Gewicht.

FINK: Das Fragment spricht nicht von der Helligkeit, sondern vom Licht in der Nacht. Es spricht von der merkwürdigen Stellung des Menschen zwischen Licht und Nacht, der über den Schlaf todoffen und todbezogen ist. Die Todbezogenheit gehört auch zum Verständnis des Wachenden. Denn der Wachende rührt an den Schlafenden und der Schlafende an den Toten.

HEIDEGGER: Zunächst bin ich noch beim Licht in der Nacht. ἀποθανών wird von Wilamowitz als Glosse gestrichen.

TEILNEHMER: Wenn man das ἀποθανών beibehält, rückt das Fragment in die Sinn-Nähe der orphisch-eleusinischen Weltbetrachtung. Dann verändert sich auch der Sinn der εὐφρόνη.

HEIDEGGER: Wie verstehen Sie das ζῶν? Vom ζῶν δὲ her braucht man doch das ἀποθανών nicht zu streichen?

TEILNEHMER: ἀποθανών ist eine Glosse zu ἀποσβεσθεὶς ὄψεις.

HEIDEGGER: ἀποσβεσθεὶς ὄψεις hieße dann, auf ἀποθανών bezogen: nachdem das Sehvermögen weggenommen ist.

FINK: Dann aber rückt das Fragment in den Bereich einer mystischen Behauptung, die ich nicht nachvollziehen kann.

HEIDEGGER: Alles, was im Fragment auf das ἑαυτῷ folgt, ist für mich rätselhaft. Ich sehe nicht den Duktus des Fragments. Um was handelt es sich in diesem Text? Drei Mal wird von einem ἅπτεται gesprochen, und jedes Mal in einem anderen Bezug. Einmal heißt es: der Mensch rührt (zündet sich) in der Nacht ein Licht an. Dann heißt es: lebend rührt er im Schlaf an den Toten, im Wachen rührt er an den Schlafenden. Wo bringen wir das ἅπτεται unter?

FINK: Zuerst spricht Heraklit vom ἅπτεται in bezug auf φάος. Im Feuerzünden ist auch das Anrühren gemeint. Wenn der Mensch das Zwischenwesen ist zwischen Licht und Nacht, dann ist er auch das Zwischenwesen zwischen Leben und Tod, das Wesen, das schon im Leben dem Tode nah ist. Im Leben rührt er schlafend an den Tod, wachend an den Schlafenden. Das ἅπτομαι meint eine innigere Weise als nur das abstrakte Vorstellen. Der Schlaf bildet die Mitte zwischen Leben und Tod. Der Schlafende hat das Tätigkeitslose des Toten und das Atmende des Lebenden.

HEIDEGGER: Was heißt „wach"?

FINK: Der Wache ist der, der in der vollen Offenständigkeit steht.

HEIDEGGER: Wach hängt zusammen mit „wecken".

TEILNEHMER: Im Aufwachen rührt man an den Schlaf. Das Aufwachen ist das Gegenstück zum Einschlafen.

HEIDEGGER: Sie meinen also: im Aufwachen haben wir den Schlaf gerade noch am Zipfel? Im Fragment aber handelt es sich um einen Wesensbezug von Wachen und Schlaf und von Schlaf und Tod

FINK: und nicht um eine zufällige Gegebenheit. Hier geht es um den Menschen als das Zwischen-Nacht-und-Tag.

HEIDEGGER: Für mich ist das Zwischen noch nicht da. Wir nennen einen wachen Menschen auch einen aufgeweckten, munteren

Mann. Er hat seinen Sinn auf etwas gerichtet. Er existiert, indem er seine Bezüge auf etwas gerichtet hat.

Fink: Das Verhältnis zwischen Wachen und Schlaf ist ähnlich wie das zwischen Göttern und Menschen. Zum Selbstverständnis des Wachseins gehört das Sichverhalten zu dem alle Wachheit unterlaufenden Schlaf.

Heidegger: Das Aufgewecktsein schließt in sich den Bezug zur Schläfrigkeit. Das ist natürlich nicht im Fragment 26 gemeint. Es handelt sich hier nicht um äußere Verhältnisse, sondern um innere Bezüge. Wie zum Sichselbstverstehen des Gottes das verstehende Sichverhalten zum Sterblichsein der Menschen gehört, so gehört auch zum Selbstverständnis des Wachen der verstehende Bezug zum Schlaf. Hier zeigt sich etwas von der Bedeutung des Schlafs im Menschenleben.

Fink: Zum Wachsein gehört die Gegenspannung zum Schlaf. Der Schlafende aber rührt an den Tod. Der Schlaf ist die Weise des Versunkenseins und des Gelöstseins alles Vielen und Gegliederten. So gesehen kommt der Schlafende in die Nähe des Toten, der dem Bereich des Unterschiedenen der πάντα entgangen ist.

Heidegger: Für die Inder ist der Schlaf das höchste Leben.

Fink: Das mag eine indische Erfahrung sein. Schlafen ist eine Weise des Lebendseins, wie das Wachen die konzentrierte und eigentliche Weise des Lebendseins ist. Der Wachende rührt nicht unmittelbar an den Toten, sondern nur vermittelt durch den Schlaf. Der Schlaf ist das Zwischenstück zwischen Wachen und Totsein. Das Totsein wird vom Schlaf aus in den Blick genommen.

Heidegger: Sagen Sie, daß die Erfahrung des Schlafes die Bedingung der Möglichkeit der Erfahrung des Todes sei?

Zur Erfahrung des Schlafes 215

FINK: Das wäre zu viel gesagt. Der Schlaf ist eine ähnliche Weise zu sein wie das Totsein, die aber nicht nur objektiv biologisch vorkommt. Denn wir haben im Verstehen des Schlafes ein dämmerhaftes Verstehen des Totseins. In gewisser Weise gilt, daß Gleiches durch Gleiches und auch Ungleiches durch Ungleiches erkannt wird.

HEIDEGGER: Ist die Entsprechung von Schlaf und Tod nicht eher ein Anblick von außen her? Kann man den Schlaf als Schlaf erfahren?

FINK: Diese Frage möchte ich positiv beantworten, ebenso wie man sagt, daß man den Tod innerlich erleben kann. Es gibt Weisen eines dunklen Verstehens, in denen sich der Mensch mit dem nicht gelichteten Sein vertraut weiß. Wir wissen vom Schlaf nicht erst im Moment des Aufwachens. Wir durchschlafen Zeit.

HEIDEGGER: Nach Aristoteles wissen wir nichts vom Schlaf.

FINK: Das möchte ich bestreiten. Was Aristoteles in dieser Weise über den Schlaf sagt, entspringt nicht einer phänomenologischen Analyse des Schlafes, die — wie ich meine — heute immer noch aussteht.

HEIDEGGER: Ich bestreite nicht die Möglichkeit, den Schlaf als Schlaf zu erfahren, aber ich sehe keinen Zugang.

FINK: Wenn Heraklit vom ἄπτεσθαι des Wachenden in bezug auf den Schlafenden spricht, so kann das nicht die Außenansicht bedeuten. Das Rühren an ... ist ein in die Nähe Kommen (ἀγχιβασίη), eine Form der Annäherung, die nicht nur objektiv geschieht, sondern die einen dunklen Modus des Verstehens enthält.

HEIDEGGER: Wenn wir jetzt das Ganze zusammenfassen: Sie haben schon vorgedeutet, wohin Sie es unterbringen. Die drei

Weisen des ἅπτεσθαι sind Verhältnisse, die den Menschen betreffen,

FINK: aber den Menschen als ausgezeichnete Verdeutlichung vom Grundbezug. Wie vorher der Gegenbezug von Göttern und Menschen Thema war, wird jetzt der Mensch inmitten der Gegensätze thematisch. Der Mensch ist das zwielichtige, Feuer zündende Wesen im Gegenspiel von Tag und Nacht. Es ist die Grundsituation des Menschen, in ausgezeichneter Weise versetzt zu sein in das Gegenspiel von Tag und Nacht. Er kommt nicht nur wie die anderen Lebewesen in diesem Gegenspiel vor, sondern er verhält sich zu ihm, ist feuernah und dem σοφόν verwandt. Was im Fragment 26 an Bezügen genannt ist, gehört in die Erörterung des Gegenspiels der Gegensätze. Was das ἕν auseinander- und zueinanderträgt, wird im Bild des Gottes, im Bild von Bogen und Leier und in der ἁρμονία ἀφανής gedacht. Dort wird die Gegenwendigkeit in den Blick genommen. Hier aber im Fragment 26 geht es nicht um die Gegenwendigkeit, sondern um das Entgegengesetzte,

HEIDEGGER: das zusammengehört.

FINK: Der Mensch ist nicht nur dem Gegenspiel von Tag und Nacht ausgesetzt, sondern er kann es in einer besonderen Weise verstehen. Aber nicht die Vielen verstehen es, sondern nur der, welcher das Verhältnis von ἕν und πάντα versteht.

HEIDEGGER: Mit der Schwierigkeit, die für mich das Fragment 26 bereitet, bin ich — vor allem um das ἅπτεται zu klären — immer nur zurecht gekommen, wenn ich das Fragment 10 hinzugenommen habe: συνάψιες ὅλα καὶ οὐχ ὅλα συμφερόμενον διαφερόμενον, συνᾷδον διᾷδον, καὶ ἐκ πάντων ἓν καὶ ἐξ ἑνὸς πάντα*. Das entscheidende Wort ist hier: συνάψιες. Es ist dasselbe Wort wie ἅπτω, nur durch das συν verschärft. Mit ἅπτω hängt unser deutsches

---

* Diels übersetzt: „Verbindungen: Ganzes und Nichtganzes, Einträchtiges Zwieträchtiges, Einklang Zwieklang, und aus Allem Eins und aus Einem Alles."

Fragment 10: Zusammengehören der Entgegengesetzten 217

Wort heften, Haft zusammen. Hinter συνάψιες können wir einen Doppelpunkt setzen. Ich übersetze es nicht durch „Zusammengefaßtes", sondern durch „Zusammengehörenlassen". Im Fragment wird nicht gesagt, von woher die mehrfache σύναψις bestimmt ist. Sie steht einfach nur da.

FINK: Ich würde sagen, die ersten beiden Erläuterungen der συνάψιες: ὅλα καὶ οὐχ ὅλα verhindern, daß das σύν verstanden wird im Sinne einer gewöhnlichen Ganzheit. Die übliche Vorstellung von der Ganzheit ist orientiert an der Zusammenfügung. Im Fragment aber heißt es: Ganzheit und nicht Ganzheit. Es handelt sich also um συνάψιες nicht nur von einfachen Momenten zu einem Ganzen, sondern von Ganzem und nicht Ganzem, ebenso von Einträchtigem und nicht Einträchtigem.

HEIDEGGER: Das καί zwischen ὅλα und οὐχ ὅλα können wir einklammern.

FINK: Das Fragment lautet dann weiter: ἐκ πάντων ἓν καὶ ἐξ ἑνὸς πάντα.

HEIDEGGER: Das Erstaunliche ist, daß πάντα und ὅλα zugleich vorkommen.

FINK: Die ὅλα sind in den πάντα.

HEIDEGGER: τὸ ὅλον meint also nicht die Welt.

FINK: Das Fragment spricht im Plural von Ganzheiten,

HEIDEGGER: die aber nicht dinghaft zu verstehen sind.

FINK: Wir meinen zunächst, es handele sich hier um Entgegensetzungen auf derselben Ebene. Am Schluß des Fragments wird aber gesagt, daß es nicht nur um die Vereinigung von Entgegengesetztem geht, sondern daß alles nur gedacht werden kann aus dem Verhältnis von ἕν und πάντα.

HEIDEGGER: Wie verstehen Sie das ἐκ?

FINK: Von der συνάψιες her. Das ist eine Form.

HEIDEGGER: Meinen Sie eine oder die Form?

FINK: Die Form. Das Verhältnis von ἕν und πάντα haben Sie als Verhalt interpretiert.

HEIDEGGER: Ist das ἐκ πάντων dasselbe wie das ἐξ ἑνός?

FINK: Hier wird συνάψιες von beiden Seiten her in den Blick genommen, das eine Mal als Verhältnis von πάντα und ἕν, das andere Mal als Verhältnis von ἕν und πάντα.

HEIDEGGER: Das müssen wir aber genauer bestimmen, weil das Grundverhältnis von ἕν und πάντα im verkleinerten Maßstab dem Fragment 26 zugrundeliegt.

FINK: Dort vermag ich es nicht zu sehen.

HEIDEGGER: Wenn man ἐκ πάντων ἕν unmittelbar liest, so wie es dasteht, dann heißt es: aus allem wird das Eine zusammengesetzt.

FINK: Das wäre dann ein ontischer Vorgang, der aber im Fragment nicht gemeint ist.

HEIDEGGER: Aber welchen Sinn hat das ἐκ und dann das ἐξ? Wohl ist das ἕν das Ver-hältnis der πάντα, aber die πάντα sind nicht ihrerseits das Ver-hältnis des ἕν.

FINK: Das ἐκ muß jeweils anders gedacht werden. Die πάντα sind in συνάψιες in bezug auf das ἕν. Sie sind vom ἕν her gehalten, sind συναπτόμενα.

»*Aus Allem Eines; aus Einem Alles*« 219

HEIDEGGER: Aus der Verhaftetheit ist das Halten

FINK: vom Haltenden

HEIDEGGER: sichtbar. Das Fragment sagt nicht, daß aus allem zusammengenommen eins wird, sondern daß in der Allheit aus der Allheit her das Einigende des ἕν sichtbar wird. Handelt es sich hier nur um die ratio cognoscendi oder um die ratio essendi?

FINK: Um die ratio essendi.

HEIDEGGER: Aber wie? Das ἐξ ἑνὸς πάντα verstehen wir, aber das ἐκ πάντων ἕν ist bisher noch nicht vorgekommen.

FINK: Das ἐκ πάντων ἕν begegnete uns schon in dem Verhältnis von Waren und Gold. Die πάντα als die insgesamt Vielen, die in der Verhaftung des ἕν stehen, beziehen sich auf das Eine hin. Alle ὄντα sind schon von vornherein gehalten in der Hut, in der Wahrnis des ἕν.

HEIDEGGER: Das kann ich noch nicht zureichend nachvollziehen.

FINK: Die Wortfügung συμφερόμενον διαφερόμενον klingt sehr hart. Sie wirkt vor den Kopf stoßend, was auch ausdrücklich gewollt wird. Zugleich aber wird sie zurückgenommen in die συνάψιες.

HEIDEGGER: Der Bezug von πάντα und ἕν muß anders bestimmt werden als der Bezug von ἕν und πάντα. Wohl gehören beide Bezüge zusammen, aber als unterschiedene. Das ἐξ ἑνὸς πάντα ist nicht das gleiche wie das ἐκ πάντων ἕν, aber dasselbe im Sinne des Zusammengehörigen. Die Schwierigkeit, die sich im Verlauf des Seminars immer wieder gezeigt hat, liegt in dem methodischen Ansatz, dessen Recht ich allerdings nicht bestreiten möchte. Solange man nicht den λόγος im Blick hat, kommt man nicht recht durch, liest man Heraklit schwer. Darum scheint mir, daß man das Fragment 1, das als Beginn der Schrift Heraklits gilt, auch als erstes der Auslegung Heraklits zugrundelegen muß. Bei der Wortfügung ἐκ πάντων ἕν spielt wieder die Frage herein, die wir im Hinblick auf das Verhältnis von ἕν und πάντα gestellt haben: wie das Verhältnis zu bestimmen ist, wenn es sich weder um ein Machen noch um ein Belichten handelt. Welches ist der Grundcharakter der πάντα als πάντα im ἕν, der πάντα als vom ἕν verhalten? Nur wenn man diesen Charakter sieht, kann man das ἐκ πάντων ἕν bestimmen. συνάψιες ist wahrscheinlich der Schlüssel des Verständnisses.

TEILNEHMER: Wenn wir auch den Kontext vom Fragment 10 berücksichtigen dürfen, dann findet sich in ihm das Wort συνῆψεν.

HEIDEGGER: Dort heißt es, daß die Natur die erste Eintracht durch die Vereinigung des Gegensätzlichen herstellte. Das Fragment aber sagt nicht, daß aus den Vielen das ἕν entsteht.

FINK: Ich würde συνάψιες verbaliter verstehen.

HEIDEGGER: Ich lege großen Wert auf das Wort συνάψιες in bezug auf das Fragment 26. Hier ist alles noch dunkel. Mir kommt es nur darauf an, das Fragwürdige in der Sache zu sehen, wenn man nicht von vornherein dinglich operiert.

TEILNEHMER: Das Wort συνάψιες ist u. a. auch bestritten worden.

TEILNEHMER: Statt συνάψιες ist auch συλλάψιες als Lesart möglich, das von συλλαβή her zu verstehen ist.

HEIDEGGER: συλλαμβάνειν und συνάπτειν sind nicht so weit von einander entfernt.

Das Einanderzubringen der Entgegengesetzten 221

TEILNEHMER: συλλάψιες wäre einfacher zu verstehen und hieße: Zusammennehmungen. Der Kontext gibt dafür Beispiele.

HEIDEGGER: Das Rätselhafte ist das σύν, ob wir nun bei συνάψιες oder συλλάψιες bleiben. Dieses σύν ist dem συμφερόμενον διαφερόμενον vorgeordnet. συνάψιες meint die Zusammengehörigkeit von συμφερόμενον und διαφερόμενον.

FINK: συνάψιες bedeutet keine einfache Zusammenheftung, sondern die Zusammenheftung des Zusammengehefteten und Nichtzusammengehefteten. Das läßt sich aber erst vom ἕν-πάντα-Verhältnis verstehen. συνάψιες verbaliter gedacht meint nicht nur den Zustand des Zusammengehefteten, sondern ein Geschehen, ein beständiges Gegenspiel,

HEIDEGGER: ein ständiges Einanderzubringen. Griechisch gedacht können wir sagen: alles spielt hier in der Unverborgenheit und Verbergung. Das müssen wir von vornherein mitsehen, weil sonst alles stumpf wird.

XII.

Schlaf und Traum. — Vieldeutigkeit des ἅπτεσθαι
(beigezogene Fragmente: 26, 99, 55).

FINK: Wir bewegen uns in einer metaphorischen Redeweise, wenn wir den Schlaf als Bruder des Todes ansprechen. Jemand, der aus einem tiefen Schlaf aufwacht und sich auf den Schlaf zurückbesinnt, sagt: ich habe wie ein Toter geschlafen. Diese metaphorische Deutung ist bedenklich.

HEIDEGGER: Eine zweite Schwierigkeit kommt in der Frage zum Ausdruck: ist jedes Schlafen ein Träumen? Ist das Schlafen mit dem Träumen zu identifizieren? Die Psychologie behauptet heute, daß jeder Schlaf auch ein Träumen ist.

FINK: Beim Träumen müssen wir unterscheiden den Träumenden und das geträumte Ich. Wenn wir von einem Licht im Traume sprechen, so ist dieses Licht nicht für den Träumenden, sondern für das geträumte Ich der Traumwelt. Der Schlafende bzw. das schlafende Ich ist auch das träumende Ich, welches nicht das Traumweltich ist, das im Traume wach ist und sieht. In der Traumwelt verhält sich das Traumweltich ähnlich wie das wache Ich. Während das träumende Ich schläft, befindet sich das geträumte Ich der Traumwelt im Zustand der Wachheit. Wichtig ist aber, daß das Licht der Traumwelt ein Licht ist nicht für das träumende bzw. schlafende Ich, sondern für das geträumte Ich. Das Traumweltich kann verschiedene Rollen haben und verschieden in seinem Selbstverhältnis sein. Eine phänomenologische Analyse des Traumes zeigt, daß nicht der Schlafende, sondern das geträumte Ich sich ein Licht anzündet. Obwohl der Schlafende nichts sieht, so hat er doch als Träumender ein geträumtes Ich, das Erlebnisse hat.

HEIDEGGER: Man kann also das Schlafen und Träumen nicht identifizieren.

FINK: Das Schlafen ist eine starke Versunkenheitsform des Menschen. Es ist ein Modus des reellen Ich, während das Wachsein in der Traumwelt der Modus eines intentionalen Ich ist. Das Verhältnis des schlafenden Ich zum geträumten Ich bzw. des reellen Ich zum intentionalen Ich kann man vergleichen mit der Wiedererinnerung. Der Wiedererinnernde ist nicht das Subjekt der wiedererinnerten Welt. Auch hier müssen wir unterscheiden zwischen dem wiedererinnernden und dem wiedererinnerten Ich. Während das wiedererinnernde Ich in die aktuelle Umwelt gehört, ist das wiedererinnerte Ich bzw. das Erinnerungsweltich auf die Erinnerungswelt bezogen. Nur weil wir gewöhnlich den Unterschied zwischen dem schlafend-träumenden Ich und dem Traumweltich nicht machen, kann man sagen, daß sich der Schlafende im Traum ein Licht anzündet. Das aber ist phänomenologisch gesehen nicht richtig. Nicht der Schlafende, sondern das Traumweltich zündet sich ein Licht an. Wollte man das Licht-Zünden als ein traumhaftes Feuer-Machen interpretieren, dann wird einmal der phänomenologische Unterschied zwischen dem Schlafenden und dem geträumten Ich übersehen und geht zum anderen die meines Erachtens im Fragment angezielte besondere Situation des Menschen, zwischen Licht und Nacht zu stehen, verloren. Das Träumen ist nicht die wesentliche Auszeichnung des Menschen gegenüber dem Tier. Auch Tiere träumen, etwa Jagdhunde, wenn sie im Schlafe hellen Hals geben. Es gibt auch so etwas wie eine geträumte Hundewelt. Ich selber lehne die Interpretation ab, wonach es bei der Stellung des Menschen zwischen Nacht und Licht um das Träumen geht. Wohl ist es eine Möglichkeit der Interpretation, aber man muß dabei fragen, welche philosophische Relevanz eine solche Deutung im Gesamtzusammenhang der Fragmente hat.

HEIDEGGER: Wir müssen beachten, daß die These „kein Schlaf ohne Traum" eine ontische Feststellung ist, die den existenzialen Unterschied des Schlafenden und des geträumten Ich unterschlägt und nur feststellt, daß alles Schlafen auch ein Träumen ist.

Fink: Dieselbe These nivelliert auch den Unterschied des Wachens in der wirklichen Welt und des geträumten Wachens in der Traumwelt.

Heidegger: Der phänomenologische Unterschied zwischen dem Schlafen und Träumen fehlt in jener These, die das Schlafen mit dem Träumen identifiziert. Es ist immer ein Vorzug, die Einheit des Textes zu retten, was philologisch immer ein positiv zu wertendes Prinzip ist. Es gibt Phasen in der Philologie, in denen man alles athetiert und herausstreicht, und dann wieder Phasen, in denen man alles zu retten versucht. Als ich 1923 nach Marburg kam, hatte mein Freund Bultmann so viel aus dem Neuen Testament herausgestrichen, daß fast nichts mehr von ihm übrigblieb. Inzwischen hat sich das wieder gewandelt. — Das ganze Fragment 26 ist schwierig, was vor allem an dem ἅπτεται liegt. Vielleicht kommt mehr Klarheit in den Bezug, wenn wir jetzt weitergehen.

Fink: Ich möchte vorausschicken, daß die Gesamtinterpretation, die ich jetzt vom Fragment 26 gebe, nur ein Deutungsversuch ist. Wenn wir davon ausgehen, daß der Mensch in der Nacht ein Licht zündet, so wird der Mensch angesprochen als der Feuer-Zündende, d. h. als derjenige, der über die ποίησις des Feuerzündens verfügt. Vergegenwärtigen wir uns, daß es ein entscheidender Schritt in der menschlichen Kulturentwicklung war, die Macht über das Feuer zu gewinnen — was sonst nur etwa als Blitz wahrgenommen wurde, in die Gewalt zu bekommen und zu nutzen. Durch das Promethidenerbe ist der Mensch ausgezeichnet gegenüber allen Tieren. Kein Tier zündet Feuer. Der Mensch allein zündet Licht in der Nacht. Er vermag jedoch nicht, wie Helios ein Weltfeuer, das niemals Untergehende, zu zünden, das die Nacht verjagt. Das Fragment 99 sagte: wenn Helios nicht wäre, wäre es trotz der übrigen Gestirne Nacht. Der Mond und die Sterne sind Lichter in der Nacht. Helios allein verjagt die Nacht. Er ist keine Insel in der Nacht, sondern hat die insulare Natur überwunden. Der Mensch vermag nicht das τὰ πάντα erhellende Feuer zu zünden wie Helios. In der Nacht sind seine Sichtmöglichkeiten gelöscht, sofern das Dunkel trotz offener ὄψις das Sehen unmöglich macht. Wenn der Mensch in der Nacht in der Situation des Sehenwollens und nicht Sehenkönnens von seiner Potenz des Feuerzündens Gebrauch macht, rührt er an die Lichtmacht. Auch das Feuerzünden ist ein Rühren. Das Rühren an die Lichtmacht ist ein Zünden. Dagegen hat das Rühren an die Nacht einen anderen Charakter. Das menschliche Feuerzünden ist das Entwerfen einer Lichthelle, in der Vieles, d. h. die Mannigfalt der πολλά aufleuchtet. Ich spreche jetzt absichtlich von den πολλά und nicht von den πάντα. Auch der endliche, kleine Lichtschein des menschlichen Feuers ist ein ἕν im Sinne einer Helle, in der sich Vieles zeigt. Hier wiederholt sich in herabgesetzter Weise das Verhältnis von ἕν und πάντα als das Verhältnis von ἕν (im Sinne der Helle des vom Menschen gezündeten Feuers) und πολλά (d. h. der Dinge, die sich in jener begrenzten Helle zeigen).

HEIDEGGER: Wenn Sie von Feuerzünden sprechen, meinen Sie das Feuer nur im Sinne der Helle und nicht auch im Hinblick auf die Wärme.

FINK: Helios bringt die Horen zum Vorschein, die alles (πάντα) bringen. Die Struktur von ἕν als der Helle der Sonne und πάντα als dem insgesamt Vielen, das in der Sonnenhelle zum Vorschein kommt, hat in herabgesetzter Weise ein Wiederholungsmoment in dem Verhältnis von ἕν als der Helle des durch den Menschen gezündeten Feuers und πολλά, die sich in dieser endlichen Helle zeigen. Das menschliche Feuer kann nicht alles (πάντα), sondern nur Vieles (πολλά) erhellen. Dagegen umfängt die Helle des Sonnenfeuers alles (πάντα).

HEIDEGGER: Besteht der Unterschied zwischen der vom Menschen entworfenen Feuerhelle und der Helle des Helios darin, daß jene eingeschränkt ist, während diese allbezogen ist?

FINK: Ja.

HEIDEGGER: Gibt es die Feuerhelle ohne das Licht des Helios?

FINK: Nein, sondern die vom Menschen entworfene Feuerhelle ist von der Sonnenhelle abkünftig.

HEIDEGGER: Wir müssen also betonen, daß das Kerzenlicht für sich nicht etwas zeigt und daß der Mensch nicht für sich allein ein Sehender ist. Das Kerzenlicht zeigt nur etwas, und der Mensch sieht das im Lichtschein der Kerze Sichzeigende nur insofern, als er immer schon im Gelichteten steht. Die Offenheit für das Licht überhaupt ist die Bedingung dafür, daß er im Kerzenschein etwas sieht.

FINK: Der Kerzenschein ist ein insulares Licht in der Nacht, so daß wir unterscheiden zwischen der Helle und dem Dunkel. Die Helle des Kerzenlichts verläuft sich im Dunkel, während die Helios-Helle nicht mehr erfahren wird als Helle in der Nacht. Die Sonnenhelle überhaupt ermöglicht und trägt das menschliche Sehen und das sehend Sichverhaltenkönnen zum Sichzeigenden. In der Helle, die der Mensch hervorbringt in dem von ihm gezündeten Lichtschein, ergibt sich ein Verhältnis des vernehmenden Menschen zur vernommenen Sache in seiner Umgebung, die den Charakter der Abständigkeit hat. Das Sehen ist ein abständiges Sein bei den Dingen. Als Fernsinn bedarf es einer optimalen Nähe des Gesehenen. Es besteht eine konstitutive Ferne zwischen dem Sehen und Gesehenen in der Einheit des überwölbenden Lichts, das beleuchtet und sehend macht.

HEIDEGGER: Hier können wir das Fragment 55 beiziehen: ὅσων ὄψις ἀκοὴ μάθησις, ταῦτα ἐγὼ προτιμέω.

FINK: ὄψις und ἀκοή, Gesicht und Gehör sind beides Fernsinne. Der eine ist ein Verhältnis zum Lichtraum, der andere ein Verhältnis zum Raum der Laute.

HEIDEGGER: Die Übersetzung von Diels: „Alles, wovon es Gesicht, Gehör, Kunde gibt, das ziehe ich vor" ist verkehrt,

Fragment 55: Sehen und Hören gibt Kunde

wenn sie ὄψις, ἀκοή und μάθησις gleichstellt und nicht ὄψις und ἀκοή als μάθησις versteht. Wir müssen daher sagen: Alles, wovon Gesicht und Gehör Kunde gibt, das ziehe ich vor. Was man sehen und hören kann, das gibt Kunde.

FINK: Es handelt sich also um das μανθάνειν durch das Sehen und Hören. Jeder andere Sinn gibt auch Kunde. Die Kunde aber, die Gesicht und Gehör geben, wird vorgezogen. Gesicht sowohl als Gehör sind Fernsinne und als solche durch das abständige Verhältnis des Vernehmenden und Vernommenen charakterisiert.

HEIDEGGER: ὄψις und ἀκοή haben einen Vorzug, was aus dem Fragment 55 zu ersehen ist.

FINK: Das Sehen ist ein Vernehmen in den Sehraum, das Hören ein Vernehmen in den Hörraum. Beim Hören sehen wir nicht so leicht ein ζυγόν, das den Hörenden und das Gehörte zusammenspannt, wie das Licht beim Sehen das Auge und das Gesehene zusammenspannt. Und dennoch — so möchte ich meinen — gibt es auch hier so etwas wie ein ζυγόν. Man müßte hier den Begriff der ursprünglichen Stille bilden, die das gleiche wie das Licht beim Sehen ist. Jeder Laut bricht die Stille, muß als das die Stille Brechende verstanden werden. Es gibt auch die Stille, in die wir hineinhorchen, ohne etwas Bestimmtes zu hören. Die ursprüngliche Stille ist ein konstitutives, die Ferne des Hörraumes bildendes Element des Hörens.

HEIDEGGER: Vielleicht reicht die Stille noch weiter in Richtung auf die Sammlung und Versammlung.

FINK: Sie denken an das Geläut der Stille.

HEIDEGGER: Ich glaube, daß wir das Fragment 55 als Beleg beiziehen können für Ihre Betonung des Fernsinnes.

FINK: Im Gegensatz zu dem durch die Ferne bestimmten Verhältnis des Vernehmenden zum Vernommenen im Licht bzw.

in der Helle gibt es ein anderes Rühren, das sich uns im Tasten zeigt. Hier besteht eine unmittelbare Nähe zwischen Tastendem und Getastetem, die nicht durch das Medium der Ferne vermittelt ist, in welcher der Sehende und das Gesehene oder auch der Hörende und das Gehörte auseinandergestellt sind. Im Sehen ist das Vernehmen im Licht geschieden vom Vernommenen. In der Einheit des den Vernehmenden und das Vernommene zusammenschließenden Lichts zeigt sich die Mannigfalt der πολλά. Zwischen dem sehend Vernehmenden und dem Vernommenen waltet eine abständige Ferne. Diese abständige Ferne ist eine Grundweise des Verstehens. Konträr dazu wäre ein Verstehen, das in einem In-der-Nähe-sein im Sinne des unmittelbaren Anrührens gründet. Das Anrühren ist ein Verstehen, das nicht aus der Überschau, aus der Weite bzw. aus der Gegend auf das Vernommene zukommt.

HEIDEGGER: Wie aber ist es, wenn ich Ihnen jetzt die Hand gebe?

FINK: Das ist ein unmittelbares Berühren der Hände. Aristoteles nennt in περὶ ψυχῆς das Fleisch das Medium für den Tastsinn. Hier aber muß ein phänomenologischer Einwand gemacht werden, weil das Fleisch nicht im eigentlichen Sinne das Medium für den Tastenden und das Getastete ist. Das Sehen ist bezogen auf ein sichtbares Ding, auf einen sichtbaren Gegenstand, der aber aus einer Gegend begegnet. Das Begegnen aus dem offenen Umkreis, der durch die Helle gelichtet ist, ist kennzeichnend für die besondere Art des Vernehmens, die in der Ferne zwischen Vernehmendem und Vernommenem besteht.

HEIDEGGER: Und wie verhält es sich mit dem Reichen der Hände?

FINK: Das Reichen der Hände ist ein Aufeinanderzukommen der sich berührenden Hände. Zwischen den sich berührenden Händen besteht eine unmittelbare Nähe. Zugleich aber können die Hände auch von uns gesehen werden. Ein besonderes Phänomen ist auch die Selbstberührung. Zwischen dem Sichberührenden waltet ein Minimum von Ferne. Das Tasten und Berühren ist ein Nahsinn und als solcher die Weise eines unmittelbaren Anstehens und Anliegens, eine unmittelbare Nachbarschaft. Von der Unmittelbarkeit der Nachbarschaft des Berührens muß man das Verhältnis des Wachenden zum Schlafenden und des Schlafenden zum Toten verstehen.

TEILNEHMER: Sie haben zunächst in einer phänomenologischen Analyse des Sehens und Hörens als der beiden Fernsinne die phänomenologische Struktur der Gegend herausgearbeitet, die mit dem Seh- und Hörraum bzw. mit dem Seh- und Hörfeld identisch ist. Sie haben dann weiter gezeigt, daß im Unterschied zu den beiden Fernsinnen dem Tasten und Berühren als Nahsinn nicht die phänomenologische Struktur der Gegend, sondern die der unmittelbaren Nähe zukommt. Mir geht es jetzt nur um den Hinweis darauf, daß die phänomenologisch gewonnene Struktur der Gegend im Bereich der beiden Fernsinne nicht gleichbedeutend ist mit der ontologisch verstandenen Gegend im Sinne des Offenen und der Lichtung, in der Anwesendes dem Menschen begegnet. Denn aus der ontologisch verstandenen Gegend begegnet nicht nur das Gesehene und Gehörte, sondern auch das Getastete. Wenn ich Sie recht verstanden habe, so haben Sie den phänomenologischen Unterschied zwischen Fernsinn und Nahsinn, d. h. zwischen der Gegend, aus der dem Sehenden das Gesehene und dem Hörenden das Gehörte begegnet, und der unmittelbaren Nähe des Tastenden und Getasteten als Absprungsbasis für einen spekulativen Gedanken gebraucht, wonach Sie zwei verschiedene Weisen des Seinsverständnisses unterscheiden. Im Ausgang vom unmittelbaren Berühren des Tastenden und des Getasteten gehen Sie über zum Anrühren des Wachenden an den Schlafenden und des Schlafenden an den Toten.

FINK: Dazu muß ich eine kleine Korrektur vornehmen. Ich bin nicht so sehr ausgegangen von einer phänomenologischen Untersuchung des Sehens, sondern mehr von dem Hinblick auf die Struktur der Helle. Auch ein endliches kleines Feuer ist eine Einheit, die nicht neben den Dingen ist. Die Helle des vom Menschen gezündeten Feuers ist auch nicht nur der Glanz an den Dingen, sondern das raum-und zeiterfüllende Licht, in welchem nicht nur viele, sondern auch verschiedenartige Dinge sich zeigen. Die Art, wie ein Vernehmender in der Helle ist, ist die Weise des abständigen Vernehmens. Wenn ἅπτεται ἑαυτῷ sprachlich gesehen pleonastisch ist, so würde ich den Pleonasmus nicht verwerfen. Denn man kann sagen: der Mensch zündet sich ein Feuer an, das für ihn ist im Gegensatz zu dem Feuer für alle, in welchem von vornherein sich alle Menschen als in der Helle des Tagesgestirns aufhalten. Der Mensch zündet für sich ein Feuer an, das ihm als dem in der Nacht Weg- und Ratlosen den Umkreis erhellt. Von diesem Phänomen bin ich ausgegangen und habe dann nicht nur das Verhältnis des ἕν (im Sinne der vom Menschen entworfenen Helle) zu den πολλά, sondern auch den Aufenthalt des Menschen in der Helle als einen abständigen Bezug gekennzeichnet. Das Feuerzünden hebt das Unmittelbarkeitsmoment des Rührens deshalb auf, weil das Feuer in sich Abstände entwerfend ist.

HEIDEGGER: Jemand zündet eine Kerze oder eine Fackel an. Was mit dem Anzünden der Fackel hergestellt wird, die Flamme, ist eine Art von Ding,

FINK: das die Eigentümlichkeit hat, daß es scheint,

HEIDEGGER: nicht nur scheint, sondern auch sehen läßt.

FINK: Es verbreitet einen Schein, wirft eine Helle aus und läßt das darin Sichzeigende sehen.

HEIDEGGER: Dieses Ding hat zugleich den Charakter, daß es sich in die Offenheit, in der der Mensch steht, einfügt. Das Verhältnis von Licht und Lichtung ist schwer zu fassen.

Lichtung, Licht und Schein 231

FINK: Die Lichtquelle wird erst in ihrem eigenen Licht gesehen. Das Merkwürdige ist, daß die Fackel ihr eigenes Gesehenwerden ermöglicht.

HEIDEGGER: Hier stoßen wir auf die Mehrdeutigkeit von Schein. Wir sagen etwa: die Sonne scheint.

FINK: Wenn wir physikalisch denken, so sprechen wir von der Sonne als Lichtquelle und von der Emission ihrer Strahlen. Das Verhältnis der Lichtung zum Licht bestimmen wir dann so, daß die Lichtung, in der die Sonne selbst gesehen wird, abkünftig ist vom Licht als der Sonne. Doch dieses Abkünftigkeitsverhältnis müssen wir gerade in Frage stellen. Nicht geht das Licht der Lichtung voraus, sondern umgekehrt die Lichtung geht dem Licht voraus. Ein Licht ist nur als einzelnes möglich, weil es einzelnes in der Lichtung gibt. Die Sonne wird in ihrem eigenen Licht gesehen, so daß die Lichtung das Ursprünglichere ist. Wenn wir die Helle nur auf die Lichtquelle zurückleiten, überspringen wir den fundamentalen Charakter der Lichtung.

HEIDEGGER: Solange man physikalisch denkt, wird der fundamentale Charakter der Lichtung, daß sie dem Licht vorausliegt, nicht gesehen.

FINK: Der Mensch als der Erbe des Feuerraubes hat in gewisser Weise die Möglichkeit, ein Licht hervorzubringen, aber nur, weil es die Lichtung gibt,

HEIDEGGER: weil der Mensch in der Lichtung steht,

FINK: und zwar von Hause aus. Zum Innestehen in der Lichtung gehört nicht nur das Vorkommen von Dingen, sondern auch das vernehmende Vorkommen des Menschen, das aber zumeist bloß auf die Dinge eingestellt ist und nicht des Lichtes gedenkt, in dem die Dinge vernommen werden. Das Vernehmen steht zwar im Licht, aber es vernimmt nicht eigens das Licht, sondern bleibt allein den vernommenen Dingen zugekehrt. Die Aufgabe des Denkenden ist daher, das, was alles Aufscheinen und Vernehmen ermöglicht, selber zu denken,

HEIDEGGER: und auch die Art der Zugehörigkeit des Lichtes zur Lichtung und wie das Licht ein ausgezeichnetes Ding ist.

FINK: Es zeigt sich keine bessere Entsprechung für die Sonderstellung des Menschen inmitten der τὰ πάντα, als daß er anders als alle anderen Lebewesen lichtnah ist. Das Anrühren an die Lichtmacht ist die Weise des Feuerzündens. Man kann nun die phänomenal genannten Züge ontologisch interpretieren, indem man das Licht nicht nur als das sinnlich wahrnehmbare Licht, sondern als das Licht bzw. als die Lichtnatur des σοφόν versteht, das alles σαφές macht. Dieses Verhalten des Menschen zum σοφόν ist ein Innestehen des Menschen in der ursprünglichen Lichtung, ein anrührendes Nahsein dem σοφόν in der Weise der verstehenden Auslegung der Dinge in ihrem Wesen, wobei die Gefahr besteht, daß die Lichtung, bzw. die Helle selbst nicht bedacht wird. In der Helle zeigt sich Vielzahliges und Verschiedenartiges. Es gibt keine Helle, in der nur ein Ding ist. In der Helle begrenzen sich viele Dinge. Im Licht haben sie ihre Begrenztheit umrissen und ihre Grenzen gegeneinander. Der Sehende sieht sich unterschieden von dem Boden, auf dem er steht, und von den anderen Dingen auf dem Boden und um ihn herum. Es gibt aber auch keine Helle, in der es nur eine Art von Dingen gäbe. In der Helle zeigt sich nicht nur Vielzahliges, sondern auch Vielerlei, Verschiedenartiges, etwa Stein, Pflanze, Tier, Mitmenschen und neben den Naturdingen auch die künstlich verfertigten Dinge usf. Wir sehen nicht nur Gleichartiges, sondern auch Verschiedenartiges. Der Mensch ist in der von ihm erwirkten Helle als der endlichen Widerspiegelung des σοφόν inmitten der Gesamtheit, die die gegliederte Fügung ist. Das Verstehen des Menschen im Licht geschieht als ein Verstehen der πολλά, und dieses Verstehen ist zugleich nach Art und Gattung verschieden artikuliert. Die πολλά sind nicht nur eine Vielfalt der Zahl, sondern auch der Art nach. Gegenüber diesem artikulierten Verstehen in der Helle gibt es vielleicht die Weise eines dunklen Verstehens, das nicht artikuliert ist und sich nicht im Schein einer Helle vollzieht, die auseinandersetzt und zusammenschließt, sondern das eine Art nächtlichen Anrührens ist und als Nachbarschaft der ontischen Verwandtschaft charakterisiert werden kann. In der Position von „Sein und Zeit" wird der Mensch angesehen als das Seiende, das in seiner Seinsverfassung einzigartig ist. Obgleich er ontisch von allem Seienden verschieden ist und sich gewöhnlich verfremdend aus anderem Seienden versteht, hat er das Verständnis der Seinsweisen aller Dingbereiche,

HEIDEGGER: und zwar gerade auf Grund der ontischen Verschiedenheit.

FINK: Die ontische Verschiedenheit des nichtmenschlichen Seienden ist kein Hemmnis für das Verstehen der Seinsweisen durch den Menschen, sondern geht gerade damit zusammen. Der Mensch ist aber nicht nur ein gelichtetes Wesen, sondern auch ein Naturwesen und als solches in dunkler Weise in die Natur eingesenkt. Es gibt nun auch ein dunkles Verstehen, das nicht die ontische Differenz, sondern gerade die ontische Nähe voraussetzt, das aber an Deutlichkeit und historischer Durcharbeitung ermangelt. Ein solches dunkles Verstehen vom nächtlichen Grund ist auch mit dem ἅπτεται gemeint in bezug auf εὐφρόνη und in der Weise, wie der Wachende an den Schlafenden und der Schlafende an den Toten rührt. Dieses dunkle Verstehen ist keine Weise des abständigen Verstehens, sondern ein inständiges Verstehen, was auf der ontischen Nähe beruht, aber keinen ontologischen Reichtum aufweist. Der Mensch ist vorwiegend der Licht Zündende, der der Lichtnatur zugesellt ist. Zugleich aber ruht er auch auf dem nächtlichen Grund auf, den wir nur als verschlossen ansprechen können. Der Schlafende und der Tote sind Figuren, die das Hineingehören des Menschen in die lebende und tote Natur anzeigen.

HEIDEGGER: Der Begriff der ontischen Nähe ist schwierig. Auch zwischen dem Glas und dem Buch hier auf dem Tisch besteht eine ontische Nähe.

FINK: Zwischen Glas und Buch besteht eine räumliche Nähe, nicht aber eine Nähe in der Weise des Seins.

HEIDEGGER: Also meinen Sie doch eine ontologische und nicht eine ontische Nähe.

FINK: Nein, hier handelt es sich gerade um eine ontische Nähe. Was die ontische Nähe besagt, können wir an der Gegenstruktur verdeutlichen. Als Dasein ist der Mensch von allem anderen Seienden verschieden, hat aber zugleich das ontologische Verstehen von allem Seienden. Aristoteles sagt: ἡ ψυχὴ τὰ ὄντα πώς ἐστι πάντα, die Seele ist in gewisser Weise alles Seiende (περὶ ψυχῆς Γ 8, 431 b 21). Das ist die Art, wie der Mensch dem σοφόν, dem λόγος, der gegliederten Fügung des κόσμος nahe kommt. Weil er in die Lichtung selbst gehört, hat er eine begrenzt lichtende Fähigkeit. Als derjenige, der das Feuer zünden kann, ist er dem Sonnenhaften, dem Sophonhaften nahe.

HEIDEGGER: Was verstehen Sie aber unter der ontischen Nähe? Wenn Sie Nähe sagen, dann meinen Sie nicht einen kleinen Abstand.

FINK: Die Antike kennt zwei Verstehensprinzipien: Gleiches durch Gleiches und Ungleiches durch Ungleiches erkennen. Der Mensch ist von allem Seienden verschieden. Das schließt jedoch nicht aus, daß er alles andere Seiende in seinem Sein verstehen und bestimmen kann. Hier fungiert das Prinzip, daß Ungleiches durch Ungleiches erkannt wird. Sofern aber der Mensch ein Lebewesen ist, hat er auch noch einen anderen Seinscharakter, mit dem er in den nächtlichen Grund hineinreicht. Er hat den Doppelcharakter: einmal ist er der in die Lichtung selbst Gestellte und zum anderen ist er der dem Untergrund aller Lichtung Verhaftete.

Ontische Nähe, Leibphänomen, dunkles Verstehen 235

HEIDEGGER: Das wird erst durch das Leibphänomen verständlich,

FINK: etwa in der Verstehensweise des Eros.

HEIDEGGER: Leib ist hier nicht ontisch gemeint

FINK: und auch nicht im Husserlschen Sinne,

HEIDEGGER: sondern eher, wie Nietzsche den Leib denkt, wenn es auch dunkel ist, was er für ihn eigentlich bedeutet.

FINK: Zarathustra sagt in dem Abschnitt „Von den Verächtern des Leibes": „Leib bin ich ganz und gar, und nichts außerdem;". Durch Leib und Sinne ist der Mensch erdennah.

HEIDEGGER: Was aber ist die ontische Nähe?

FINK: Die seinsmäßige Nichtverwandtschaft des Menschen mit dem anderen Seienden gehört zusammen mit dem ontologischen Verstehen seiner Seinsweisen. Wenn aber der Mensch zwischen Licht und Nacht existiert, verhält er sich zur Nacht anders als zum Licht und zum Offenen, das die unterscheidende-zusammenschließende Struktur hat. Er verhält sich zur Nacht bzw. zum nächtlichen Grund, sofern er leibhaft der Erde und der Flutung des Lebens zugehört. Das dunkle Verstehen beruht gleichsam auf dem anderen Verstehensprinzip, wonach Gleiches durch Gleiches erkannt wird.

HEIDEGGER: Kann man das dunkle Verstehen, das das leibhafte Zugehören zur Erde bestimmt, von dem Gestelltsein in die Lichtung isolieren?

FINK: Wohl ist das dunkle Verstehen erst von der Lichtung her ansprechbar, aber es läßt sich nicht mehr zur Sprache bringen in der Weise der gegliederten Fügung.

HEIDEGGER: Wenn Sie ontische Nähe sagen, dann ist in dem, was Sie Nähe nennen, nicht ein geringer Abstand, sondern eine Art von Offenheit gemeint,

FINK: aber eine dämmerhafte, dunkle, herabgesetzte, die keine Geschichte der Begriffe hinter sich hat, zu der wir vielleicht erst kommen müssen. Der Mensch hat seinen Standort zwischen Himmel und Erde, zwischen dem Offenen der ἀλήθεια und dem Verschlossenen der λήθη. Dennoch müssen wir sagen, daß auch alle Verhaltungen zum dunklen Grunde nur als Verhaltungen zu erfahren sind, wenn ein Rest der Lichtung besteht, weil in der absoluten Nacht nicht nur alle Kühe schwarz sind, sondern auch alles Verstehen getilgt ist.

HEIDEGGER: Der Mensch leibt nur, wenn er lebt. So ist der Leib in Ihrem Sinne zu verstehen. Dabei ist „leben" im existenzialen Sinne gemeint. Die ontische Nähe bedeutet keine räumliche Nähe zwischen zwei Dingen, sondern eine herabgesetzte Offenheit, also ein ontologisches Moment im Menschen. Und trotzdem sprechen Sie von ontischer Nähe.

FINK: Sie haben, als Sie damals nach Freiburg kamen, in einer Vorlesung gesagt: das Tier ist weltarm. Damals waren Sie unterwegs zur Verwandtschaft des Menschen mit der Natur.

HEIDEGGER: Das Leibphänomen ist das schwierigste Problem. Hierher gehört auch die adaequate Fassung des Sprachlautes. Die Phonetik denkt zu sehr physikalisch, wenn sie φωνή als Stimme nicht in der rechten Weise sieht.

TEILNEHMER: Wittgenstein sagt im Tractatus den erstaunlichen Satz: Die Sprache ist die Verlängerung des Organismus.

FINK: Es fragt sich nur, wie hier „Organismus" zu verstehen ist, ob biologisch oder in der Weise, daß der Aufenthalt des Menschen inmitten des Seienden durch seine Leiblichkeit wesentlich bestimmt ist.

Das Leibliche am Menschen 237

HEIDEGGER: Man kann den Organismus im Sinne Uexkülls verstehen oder auch als das Funktionieren des Lebenssystems. In meiner damaligen Vorlesung, von der Sie gesprochen haben, habe ich gesagt: der Stein ist weltlos, das Tier ist weltarm, der Mensch ist weltbildend.

FINK: Dabei ist es eine Frage, ob die Weltarmut des Tieres ein defizienter Modus der weltbildenden Transzendenz ist. Es ist fraglich, ob das Tierische des Menschen überhaupt verstanden werden kann, wenn wir es vom Tier her sehen, oder ob es nicht eine eigene Weise ist, wie der Mensch sich zum dunklen Grunde verhält.

HEIDEGGER: Das Leibliche am Menschen ist nicht etwas Animalisches. Die damit zusammenhängenden Verstehensweisen sind etwas, was die bisherige Metaphysik noch nicht berührt hat. Die ontische Nähe gilt für viele Phänomene, von denen her Sie das ἅπτεται fassen wollen.

FINK: Das ἅπτεται scheint zunächst vom Anhaften und Anrühren, vom Tastsinn her gesprochen zu sein. Im Anrühren an die dunkle Macht waltet eine Nachbarschaft der Nähe, während das Anrühren an das Licht ein in der Lichtung Stehen ist. Das Seiende in der Lichtung hat das Moment der Abständigkeit an sich, was aber kein Einwand dagegen ist, daß der Mensch auch an die Lichtmacht des σοφόν anrührt.

HEIDEGGER: Wie verstehen Sie jetzt das Anrühren?

FINK: Das Anrühren an die Lichtmacht des σοφόν ist ein distanziertes Anrühren. Dagegen ist das Anrühren an die dunkle Macht ein distanzloses Anrühren. Ein solches distanzloses Anrühren ist das Anrühren des Wachenden an den Schlafenden und des Schlafenden an den Toten. Wie ist das Verhältnis des Wachenden zum Schlafenden zu bestimmen? Der Wachende hat ein Wissen um den Schlaf, das mehr ist als bloß eine Erinnerung an das Geschlafenhaben, Einschlafen und Aufwachen. Das Wissen des Wachenden um den Schlaf ist eine Weise des dunklen Lebensflusses, wo das Ich für sich selbst in einer herabgesetzten Weise erlischt. Der Lebende rührt im Schlaf an die Weise des ungelichteten Aufenthaltes. Der dem Lichtbereich zugehörige und darauf hörende Mensch hat im Schlaf eine Art von Erfahrung mit dem Zurückgegangensein in den dunklen Grund, nicht in den Zustand des Bewußtlosen, sondern in ein Nichtunterschiedenes. Während für das Verhältnis im Lichtbereich als denkender Auftrag gilt ἓν καὶ πάντα, ist die Erfahrung mit dem dunklen Grund des Lebens die Erfahrung mit dem ἓν καὶ πᾶν. Im ἓν καὶ πᾶν müssen wir den Zusammenfall aller Unterschiede denken. Die Erfahrung mit dem ἓν καὶ πᾶν ist das Verhältnis des in der Individuiertheit stehenden Menschen zum nichtindividuierten, aber individuierenden Grund. Hier aber besteht die Gefahr, daß wir allzu leicht metaphysische Entitäten ansprechen.

HEIDEGGER: Wenn Sie vom Ungelichteten sprechen, ist das privativ oder als Negation zu verstehen?

FINK: Das Ungelichtete ist nicht privativ in bezug auf das Gelichtete aufzufassen. Wohl verstehen wir das Ungelichtete vom Gelichteten her, aber es handelt sich dabei um ein ursprüngliches Verhältnis zur λήθη. Aus der Situation eines durch die ἀλήθεια bestimmten Wesens hat der Mensch zugleich ein Verhältnis zur λήθη. Er steht aber nicht immer in der ἀλήθεια, sondern in einem rhythmischen Wechsel zwischen Wachen und Schlafen. Die Nacht, die er im Schlaf berührt, ist nicht nur privativ zu verstehen, sondern als ein eigenständiges Moment neben dem Moment des Tages bzw. der Helle, zu der er sich im Wachen verhält. Der Mensch als φιλόσοφος ist nicht nur ein φίλος des σοφόν, sondern auch der λήθη.

HEIDEGGER: Ist die λήθη mit der Nacht zu identifizieren?

FINK: Die Nacht ist eine Weise der λήθη.

HEIDEGGER: Wie verstehen Sie die Ungelichtetheit? Wenn Sie von der herabgesetzten Offenheit sprechen, dann klingt das wie στέρησις.

FINK: Das Wachsein wird in seiner Spannung unterlaufen von der Möglichkeit des Zurücksinkenkönnens der Anspannung und des Löschens alles Interesses. Der Schlaf ist eine Weise, wie wir in die Nähe des Totseins kommen und nicht nur eine bloße Metapher für den Tod. Vielleicht müßte man auch Phänomene wie das Sterben einmal ontologisch behandeln.

TEILNEHMER: Ich glaube, wir müssen unterscheiden zwischen der herabgesetzten Gelichtetheit des dunklen Verstehens, etwa des Verstehens des dunklen Grundes im Schlaf, und dem dunklen Grund selbst, der das schlechthin Ungelichtete ist. Nicht der dunkle Grund selbst, sondern das Verstehen des dunklen Grundes ist halbgelichtet.

FINK: Der Mensch als Fackel in der Nacht besagt, daß er der Lichthelle des Tages und der alle Unterschiede und Sichtmöglichkeiten löschenden Nacht zugeordnet ist.

HEIDEGGER: Die Erfahrung des Schlafes besagt nicht eine bloße Erinnerung, daß ich eingeschlafen war. Sie zielt nicht auf den Schlaf als bloßes Vorkommnis

FINK: im Bewußtseinsleben,

HEIDEGGER: sondern bedeutet eine Weise meines Seins, in die ich eingelassen bin

FINK: und die mich noch im Wachsein bestimmt. Die Helle des Wachseins hält sich immer auf dem dunklen Untergrund.

HEIDEGGER: Meinen Sie das im aktuellen Sinne?

FINK: Ähnlich wie sich die Götter zu ihrem eigenen Leben verstehend verhalten, indem sie sich zugleich zum Vergänglichsein der Sterblichen verhalten, so verhalten wir uns wachend zu dem mannigfach geordneten Kosmos, der eine Fügung ist, und wissen dabei zugleich in einer dunklen Weise um das Verlöschenkönnen im Schlaf.

HEIDEGGER: Aber dieses Wissen ist nicht notwendig aktuell.

FINK: Nein. Vielleicht läßt sich dieses Wissen vom Problem der Geworfenheit her charakterisieren als ein Überlassensein an das, was man zu sein hat und was der Vernunft nicht zugehört. Sobald man das Verstehen des dunklen Grundes als ein Verhältnis anspricht, meint man schon ein abständiges Verhältnis. Im Gleichnis gesprochen ist der Schlaf ein unmittelbares Anrühren an den dunklen Grund.

HEIDEGGER: Wenn wir vom Verhältnis zum Schlaf sprechen, so ist das eine inadaequate Redeweise. Ist das Schlafen das genuine Verstehen des dunklen Grundes?

FINK: Nicht der Schlafende, sondern der Wachende verhält sich zum Schlaf.

HEIDEGGER: Gibt es über diesen Bezug hinaus noch eine andere seinsmäßige Möglichkeit?

FINK: Wenn das Wachsein die Intensität des Lebensvollzugs ist, so ist das Gespanntsein getragen von der Möglichkeit, die Spannung alles Fixierens, Unterscheidens und Kontrastierens im Verhältnis zu den Dingen und zur Helle loslassen zu können. Jemand könnte sagen, es handele sich hier um eine Betrachtung, wonach sich das Leben zum Tode verhält wie das Wachen zum Schlaf oder wie der Schlaf zum Totsein, und diese Analogieverhältnisse seien von außen gesprochen. Damit aber verfehlt man unser eigentliches Problem, in dem es um die Weise geht, wie der Wachende an den Schlaf und der lebend Schlafende an den Toten rührt. Das Rühren ist unser Problem und nicht die alltägliche Betrachtung bzw. die Alltagsphilosophie, der gemäß der Schlaf der Bruder des Todes ist und Leben und Tod durch das Zwischenglied des Schlafes als vermittelt gelten. Bei Leibniz finden wir den philosophischen Gedanken, das Sein der niederen Monaden zu verstehen zu suchen durch den traumlosen Schlaf, die Ohnmacht und den Tod, der für ihn kein Tod im strengen Sinne ist. Die genannten drei Phänomene sind für ihn Grade der absinkenden Differenziertheit des Verstehens. Das Totsein ist für Leibniz noch eine Weise des Lebens, d. h. des undifferenzierten Vorstellens, da die Monaden nicht eigentlich sterben können. Damit interpretiert er den Ernst des Todes um in eine äußerste Bewußtseinsschwäche. Schlaf, Ohnmacht und Tod interpretiert er im Hinblick auf eine Skala des Rückgangs der Differenziertheit des Vorstellungslebens der niederen Monaden. In dem Fragment 26 des Heraklit geht es aber nicht um eine Betrachtung über Leben und Tod und ihre Vermittlung durch Wachen und Schlaf, sondern um eine Aussage über das Menschenwesen. Der Mensch als der Feuer-zünden-Könnende und die Lichtmacht-anrühren-Könnende ist zugleich auch der das Dunkel-anrühren-Könnende im Schlaf und im Tode. Was aber meint das Anrühren an das Dunkel, das nicht die Abständigkeit des Vernehmenden und Vernommenen innerhalb der Helle hat? Hier griffen wir zu dem Verlegenheitsausdruck der ontischen Nähe. Uns geht es um das philosophische Problem des Doppelverhältnisses des Menschen, um das Verhältnis zum Licht und Feuer, das ein distanziertes Verstehen des Vernehmenden in bezug auf das Vernommene ist, und um das an der Unmittelbarkeit der ἄψις orientierte Verhältnis, in welchem die Unterschiede zwischen dem Vernehmenden und dem Vernommenen uns entgehen. Hier haben wir nur den Modus des Entgehens und Versinkens und können nicht mehr sagen, weil wir sonst leicht einer spekulativen Mystik verfallen.

HEIDEGGER: Das Verhältnis zum Tode schließt die Frage nach den Phänomenen des Lebens und des Schlafes ein. Wir können das Problem des Todes nicht umgehen, weil der Tod im Fragment selbst vorkommt. An der Eigenständigkeit des Schlafes allein können wir das Problem nicht in den Blick nehmen.

XIII.

Todesbezug, Erwarten - Hoffen (beigezogene Fragmente: 27, 28). — Die „Gegensätze" und ihr „Übergang" (beigezogene Fragmente: 111, 126, 8, 48, 51). — Abschlußfrage: Die Griechen als Herausforderung.

FINK: Der Mensch begegnete uns bisher nur im Verhältnis zu den Göttern (Fragment 62). Beim Fragment 26 handelt es sich um ein solches, das den Menschen allein in den Blick nimmt, ohne ihn aber aus den Bezügen herauszunehmen. ἅπτεται ist das Grundwort des Fragments. Es besteht aber eine Differenz zwischen dem ἅπτεται in bezug auf das Licht und dem ἅπτεται als dem Anrühren des Wachenden an den Schlafenden und des Schlafenden an den Toten. Im Fragment 26 wird nicht eine Geschichte erzählt, werden keine Ereignisse, die passieren, berichtet, sondern es werden Grundverhältnisse des Menschen zur Macht des Lichts und zur Macht des Verschlossenen, die er auf je andere Weise anrührt, in den Blick genommen. Das ἅπτεται ist einmal bezogen auf das Licht, das andere Mal auf die Dunkelheit des Schlafenden und auf die größere Dunkelheit des Toten. Das ἅπτεται ist in allen drei Bezügen das Gemeinsame. Wenn wir das Feuer nicht als Element nehmen, sondern als das, was den Schein wirft und im Schein die Abständigkeit des Vernehmenden und Vernommenen ermöglicht, dann ist mit einer eventuellen Übersetzung als „Kontakt" für das Feuer-Zünden zu wenig gesagt. Wir müssen fragen, in bezug wozu der Kontakt bestimmt werden muß. Einmal handelt es sich um den Kontakt zum lichtenden und nicht nur zum verbrennenden und wärmenden Feuer, das andere Mal um den Kontakt zu dem bzw. um ein Anrühren dessen, was nicht zum Aufscheinen kommt, sondern sich dem Menschen verschließend entzieht.

HEIDEGGER: Was sich verschließend entzieht, ist nicht zunächst offen, um sich dann zu verschließen. Es verschließt sich nicht, weil es auch nicht offen ist.

Fink: Das Sichverschließen meint nicht ein Zugegangensein. Das Anrühren ist hier ein Fassen des Unfaßlichen, ein Anrühren des Unberührbaren. Im Dunkel des Schlafes rührt der Mensch an das Totsein, an eine Möglichkeit seiner selbst. Aber das bedeutet nicht, daß er zum Toten wird. Denn es heißt: ζῶν δὲ ἅπτεται τεθνεῶτος.

Heidegger: Das Elend der ganzen Heraklit-Interpretation ist meiner Meinung darin zu sehen, daß das, was wir Fragmente nennen, keine Fragmente sind, sondern Zitate aus einem Text, in den sie nicht hineingehören. Es handelt sich um Zitate aus verschiedenen Textstellen,

Fink: die durch den Kontext nicht erhellt werden.

Heidegger: Herr Fink wird uns jetzt einen Vorblick geben auf den weiteren Gang des Auslegungsversuchs, und ich werde im Anschluß daran einiges über das Bisherige bemerken.

Fink: Ich gehe über zum Fragment 27, das ich auf das Fragment 26 beziehen möchte. Der Text lautet: ἀνθρώπους μένει ἀποθανόντας ἄσσα οὐκ ἔλπονται οὐδὲ δοκέουσιν. Diels übersetzt: „Der Menschen wartet, wenn sie gestorben, was sie nicht hoffen noch wähnen." Wir können in der Auslegung mit der Frage ansetzen, was ἐλπίζω bzw. ἐλπίς bedeutet. Die Menschen sind nicht nur auf das unmittelbar Gegenwärtige, auf das, was vorliegt, in ihrem vernehmenden Gewahren bezogen. Sie sind nicht allein angewiesen auf das Beikommen von wahrnehmbaren Umweltdingen, sondern sie sind in der Begegnung von Gegenwärtigem als handelnde Wesen in der Erwartung in die Zukunft vorentworfen. Dieser Vorentwurf geschieht u. a. auch in der Hoffnung. Platon unterscheidet in den Νόμοι (I 644 c 10 - 644 d 1) zwei Formen der ἐλπίς: Furcht (φόβος) und Zuversicht (θάρρος). Die Furcht bestimmt er als Erwartung des Schmerzhaften (φόβος μὲν ἡ πρὸ λύπης ἐλπίς), die Zuversicht als Erwartung des Gegenteils (θάρρος δὲ ἡ πρὸ τοῦ ἐναντίου). Der Mensch verhält

Fragment 27: Hoffen und Erwarten

sich zur Zukunft zuversichtlich in der Erwartung der künftigen Freude und fürchtend in der Erwartung des auf ihn zukommenden Bedrohlichen. Darüber hinaus rührt der Mensch nicht nur an den Toten, sondern er verhält sich auch zum Tode. Solange er sich auf die Zukunft vorentwirft, steht er in seinen Verhaltungen im Projekt der Zukunft, die teilweise durch ihn selbst gestaltet und bewältigt, zum großen Teil aber auch durch das Geschick bestimmt wird.

HEIDEGGER: Wie ist das Verhältnis von Erwarten und Hoffen zu bestimmen?

FINK: Ich höre in der Hoffnung die Erwartung von etwas Positivem, in der Furcht dagegen die Erwartung von etwas Negativem. Der einzelne Mensch lebt über die unmittelbare Gegenwart hinaus im Vorgriff auf das Ausstehende in der gestaltbaren Zukunft. So haben etwa die Athener im Vorblick auf den möglichen Ausgang überlegt, ob sie den Krieg mit Sparta beginnen sollen. Dieses Verhältnis zur Zukunft hat der Mensch auch über die Schwelle des Todes hinaus. Er verhält sich nicht nur zur Zukunft seines künftigen Lebens, sondern auch über diese hinaus zu seinem Tode. Alle Menschen versuchen, in Gedanken das Land hinter dem Acheron zu bevölkern und zu besiedeln. Sie gehen mit einer zagenden Hoffnung ihrem Totsein entgegen.

HEIDEGGER: Das Verhältnis von Hoffnung und Erwartung ist mir noch nicht geklärt. Im Hoffen liegt immer ein Rechnen auf etwas, im Erwarten dagegen — vom Wort her gesprochen — die Haltung des Sichfügens.

FINK: Wohl kann man Hoffen und Erwarten in dieser Weise bestimmen, aber das Hoffen braucht nicht ein Rechnen auf etwas zu sein. Wenn die Menschen die Hoffnung aufpflanzen an den Gräbern der Toten, dann glauben sie, in einer gewissen Weise damit die Sphäre des Nichtantizipierbaren antizipieren zu können.

HEIDEGGER: Das Hoffen bedeutet „sich mit etwas fest befassen", während im Erwarten das Sichfügen, die Zurückhaltung liegt. Die Hoffnung enthält gleichsam ein aggressives Moment, die Erwartung dagegen das Moment der Verhaltenheit. Hier sehe ich den Unterschied von beiden Phänomenen.

FINK: Griechisch ἐλπίς umfaßt beides. In den Νόμοι ist der Mensch durch λύπη und ἡδονή bestimmt. Die Erwartung (ἐλπίς) von λύπη ist φόβος, die Erwartung (ἐλπίς) einer ἡδονή ist θάρρος.

HEIDEGGER: Beide Haltungen machen sich fest auf das, worauf sie sich beziehen. Die Erwartung aber ist die Haltung der Verhaltenheit und des Sichfügens.

FINK: Die Erwartung ist die philosophische Haltung. Der Mensch verhält sich nicht nur zur Zukunft seines Lebens, sondern er greift auch hoffend über die Schwelle des Todes hinaus. Der Tod aber ist das Verschlossene, Unbestimmbare und Unfaßliche. Es ist daher die Frage, ob hinter dem Acheron ein Land oder ein Niemandsland ist.

HEIDEGGER: Mozart sagte ein Vierteljahr vor seinem Tode: „Der Unbekannte spricht zu mir".

FINK: Der Unbekannte hat auch bei ihm das Requiem bestellt. Hierher gehört auch Rilkes Grabspruch: „Rose, oh reiner Widerspruch, Lust, / niemandes Schlaf zu sein unter soviel / Lidern." Die Rose ist das Gleichnis des Dichters, der in den vielen Liedern bzw. unter den Lidern nicht mehr der ist, der die Lieder gedichtet hat, sondern der sich selbst entgangen ist in niemandes Schlaf. In der Charakterisierung des Todes als niemandes Schlaf liegt eine abwartende Haltung, ein Sichversagen von Projektionen hinter den Acheron. In der ἐλπίς verhält sich der Mensch vorgreifend bestimmend, und zwar entweder im Vorblick auf die Zukunft seines Lebens oder aber über die

Schwelle des Todes hinaus im Hinblick auf ein postmortales Leben. Heraklit aber sagt, daß auf die Menschen, wenn sie gestorben sind, solches wartet, was sie nicht hoffen. Diels übersetzt das δοκέουσιν mit „wähnen". Im Wähnen liegt ein abwertender Sinn eines falschen Meinens. Ich glaube aber, daß δοκεῖν hier nicht „wähnen", sondern „vernehmen" bedeutet. Auf die Menschen wartet, wenn sie gestorben sind, solches, was sie nicht erreichen durch vorgreifendes Hoffen oder durch Vernehmen. Das Totenreich stößt jede voreilige Beschlagnahme und Erkenntnis von sich ab.

HEIDEGGER: Wir müssen das δοκεῖν noch näher erläutern.

TEILNEHMER: δέχομαι heißt: annehmen.

HEIDEGGER: „annehmen" ist hier aber nicht zu verstehen im Sinne von Annahme, wie wir sagen: ich nehme an, daß es morgen regnet. „annehmen" bedeutet hier: ich nehme hin. Ich nehme an, was mir gegeben wird. Es geht hier also um das Moment des Hinnehmens, während sonst das δοκεῖν ein nicht recht gültiges Meinen bedeutet. Wir müssen daher das δοκέουσιν übersetzen als: annehmen und vernehmen. Das Annehmen meint hier nicht die Annahme, etwa wie sie von Meinong zum Thema gemacht worden ist, mit dem sich Husserl heftig auseinandergesetzt hat. δοκεῖν ist hier nicht das bloße Wähnen, sondern das annehmende Vernehmen.

FINK: Bei Platon hat dann die δόξα vorwiegend den Sinn des Meinens. Aber es findet sich auch bei ihm die ὀρθὴ δόξα, die keinen negativen Akzent hat.

HEIDEGGER: Das δοκεῖν in der Bedeutung, die wir für das Fragment 27 in Anspruch nehmen, treffen wir auch bei Parmenides an, wenn er von den δοκοῦντα spricht.

FINK: Wir können also abschließend noch einmal das Fragment 27 übersetzen: Auf die Menschen wartet, wenn sie gestorben sind, solches, was sie nicht erreichen durch Hoffen und annehmendes Vernehmen. Das bedeutet, daß der Mensch abgestoßen wird von der Unzugänglichkeit des Totenbereichs. — Anschließend gehe ich zum Fragment 28 über: δοκέοντα γὰρ ὁ δοκιμώτατος γινώσκει, φυλάσσει· καὶ μέντοι καὶ Δίκη καταλήψεται ψευδῶν τέκτονας καὶ μάρτυρας. δοκέοντα dürfen wir auch hier nicht im negativen Sinne des Wähnens verstehen.

HEIDEGGER: Snell versteht δοκέοντα als das, was nur Ansicht ist. Mit dieser Übersetzung verbinde ich mit dem Fragment keinen Sinn.

FINK: Ich möchte eine Interpretation vorschlagen als eine Art Stütze für das nichtwahnhafte δοκεῖν aus dem Fragment 27. Der δοκιμώτατος ist der am meisten Vernehmende, derjenige, der im Vernehmen die größte Mächtigkeit hat.

TEILNEHMER: Der δοκιμώτατος ist auch der Erprobteste. Vielleicht müssen wir beide Bedeutungen zusammen in den Blick nehmen.

HEIDEGGER: Wie übersetzt Diels das Fragment 28?

FINK: „(Denn) nur Glaubliches ist, was der Glaubwürdigste erkennt, festhält. Aber freilich Dike wird auch zu fassen wissen der Lügen Schmiede und Zeugen." Man würde statt „Glaubliches" eher „Unglaubliches" erwarten. Ich bin nicht der Ansicht, daß δοκέοντα den Sinn des bloß Angesetzten und nicht Verifizierten hat. δόξα bedeutet im Griechischen gar nicht nur die bloße Meinung. Es gibt auch die δόξα eines Helden und Feldherrn. Hier besagt δόξα die Weise, im Ansehen und nicht etwa in einer Wahnauffassung zu stehen.

TEILNEHMER: Der δοκιμώτατος ist auch der Angesehenste,

FINK: aber nicht bei den Vielen, sondern auf den Denker hin gesprochen. Der δοκιμώτατος vernimmt die δοκέοντα, d. h. die πάντα als das viele Seiende, das aufglänzt, erscheint und im Erscheinen vernehmlich wird. Der am meisten Vernehmende vernimmt die Dinge in ihrem Aufschein. φυλάσσει übersetze ich nicht als „hält sie fest", sondern als „schließt sie zusammen". Der am meisten Vernehmende nimmt das viele Seiende auf und schließt es zusammen. Auch die πολλοί sind im Vernehmen auf die δοκέοντα bezogen, aber sie sind an sie hingegeben und verloren. Sie vermögen nicht, die Einigung zu sehen, das Licht, in dem die δοκέοντα zum Aufschein kommen. Der δοκιμώτατος ist auf die erscheinenden Dinge bezogen und hält sie zusammen. Er wacht über die δοκέοντα, indem er sie auf das ἕν hin bezieht. Er ist nicht nur ausgerichtet auf das Viele, das im Schein des Lichtes sich zeigt, sondern als zugleich lichtverwandt hat er die zusammenschließende Kraft und sieht, was die δοκέοντα möglich macht.

HEIDEGGER: Sie interpretieren also φυλάσσειν als Zusammenhalten.

FINK: Das Zusammenhalten der Dinge auf den Zusammenhalt bzw. auf das Ver-hältnis hin, wie Sie gesagt haben. Der am meisten Vernehmende vernimmt das Aufscheinende im zusammenschließenden Verhältnis. Der δοκιμώτατος ist unter den gewöhnlichen Menschen ähnlich wie das Licht selbst. Der zweite Satz des Fragments lautet übersetzt: Aber freilich Dike wird auch zu fassen wissen der Lügen Schmiede und Zeugen. Die Schmiede der Lügen sind diejenigen, die die δοκέοντα aus der Fuge der versammelnden Einheit herausgelöst haben und sie nur als solche vernehmen, nicht aber das Erscheinende im Licht des ἕν. Die Dike wacht über das rechte vernehmende Verhalten, über die Wächterschaft des δοκιμώτατος, der die δοκέοντα zusammenhält.

HEIDEGGER: καταλαμβάνω heißt auch vereinnahmen.

FINK: Hier im Fragment ist aber noch mehr gemeint. Dike wird sie der Lügen überführen. Sie ist die wachende Macht, der gemäß sich der δοκιμώτατος verhält, wenn er die ὄντα als das Viele zusammenhält auf das Eine hin. Der Gegenbegriff zum δοκιμώτατος sind die πολλοί, die sich nur an das Viele verlieren und nicht die zusammenschließende Macht des Lichts sehen. Sie sehen wohl das Aufglänzende im Licht, aber nicht die Einheit des Lichts. Sofern sie eine menschliche Grundmöglichkeit verfehlen, sind sie Schmiede der Lügen. Ihre Lügen, bzw. ihre Falschheit besteht in ihrem bloßen Hinblick auf die δοκέοντα, ohne daß sie diese im Hinblick auf das einigende Eine zusammenhalten. Die Dike ist die den Denker begeisternde Macht, die über die im ἕν gesammelte Einheit der πάντα wacht. Ob man μάρτυρας auch noch auf ψευδῶν beziehen kann, ist eine philologische Frage. Die μάρτυρες sind Zeugen, die die δοκέοντα vernehmen, aber nur diese und nicht auch die Helle des Feuers selbst.

HEIDEGGER: Diese Deutung ist philologisch eleganter.

FINK: Mit den Zeugen wären die Vielen genannt, die sich auf das, was sie unmittelbar sehen und vernehmen, berufen. Was die der Einheit des ἕν Entfremdeten in ihrem Vernehmen auf die Dinge hin gewahren, ist nicht falsch in dem Sinne, daß es sich als wahnhaft herausstellt. Sie sind Zeugen von wirklichen Dingen, aber sie beziehen die δοκέοντα nicht zurück auf die sammelnde Fuge wie der δοκιμώτατος. Das Fragment 28 habe ich als Unterstützung für das Fragment 27 herangezogen. Das δοκεῖν ist hier nicht im Sinne des abschätzigen Wähnens gemeint. Wahnhafte und falsche Auffassungen haben wir auch in bezug zu dem, was uns umgibt. Es wäre nichts Besonderes, wenn Heraklit nur sagen würde, daß wir uns angesichts dessen, was uns im Tode erwartet, nicht wähnend verhalten. Wenn er aber von einem οὐκ ἔλπονται οὐδὲ δοκέουσιν in bezug auf die uns entzogene Sphäre des Totenreichs spricht und das δοκεῖν hier nicht die Bedeutung des Wähnens hat, dann hat seine Aussage eine härtere Bestimmtheit. Auch im Diesseits kommen wir nicht aus mit dem Vernehmen. Wir bewegen uns immer in einem

Fragment 111: Das Übergehen der Kontrastphänomene

rechten und schlechten Vernehmen. Im Leben gibt es Irrtum und Täuschung. Heraklit aber sagt, daß das Vernehmen, das wir kennen und in den Dienst unserer Lebensführung stellen, nicht für den postmortalen Bereich ausreicht. Es gibt kein Vernehmen, das in das Niemandsland einzudringen vermag. — Ich gehe über zum Fragment 111: νοῦσος ὑγιείην ἐποίησεν ἡδὺ καὶ ἀγαθόν, λιμὸς κόρον, κάματος ἀνάπαυσιν. Diels übersetzt: „Krankheit macht Gesundheit angenehm und gut, Hunger Sattheit, Mühe Ruhe." Dieses Fragment scheint simpel zu sein. Man könnte sich darüber verwundern, daß eine solche Alltagserfahrung sententiös formuliert unter den Sprüchen des Heraklit auftaucht. Wir können es aber aufnehmen als einen Einstieg in die Fragmente, die das Verhältnis des Entgegengesetzten in einer ungewöhnlichen Weise denken. Wenn gesagt wird: Krankheit macht Gesundheit angenehm, verhält es sich dann so einfach wie Sokrates im Phaidon sagt, daß er, nachdem er von der schmerzhaften Fessel befreit ist, nun das angenehme Gefühl des Kratzens empfindet? Hier geht das Wohlgefühl aus dem vergangenen Unbehagen hervor. Heraklit sagt: Krankheit macht Gesundheit gut und süß. Dabei kann entweder die vorangehende oder die nachkommende Gesundheit gemeint sein. Krankheit-Gesundheit ist kein Unterschied stehend-gegensätzlicher Art, sondern ein Kontrastphänomen derart, daß aus der Krankheit Gesundheit werden kann. Das gleiche gilt für Hunger und Sattheit und für Mühe und Ruhe. Es handelt sich um einen Vorgang des Übergehens von Entgegengesetztem in das Gegenteil, um die phänomenale Verspannung von Kontrastierendem im Übergang. ἡδύ und ἀγαθόν werden nicht bestimmt als Qualitäten in sich, sondern als hervorgegangen aus einem negativen Zustand, von ihrem zurückgelassenen und überwundenen Gegenteil her bestimmt. Vergangener Reichtum macht die nachfolgende Armut bitter, und umgekehrt, vorangehende Armut macht den nachfolgenden Reichtum angenehm. Diese Verhältnisse von Entgegengesetztem sind uns geläufig. Wichtig ist hier nur, daß ἀγαθόν und ἡδύ nur aus dem Kontrast bestimmt werden. — Damit gehe ich über zum Fragment 126: τὰ ψυχρὰ θέρεται, θερμὸν ψύχεται, ὑγρὸν αὐαίνεται, καρφαλέον νοτίζεται. Die Dielssche Übersetzung lautet: „Das Kalte erwärmt sich, Warmes kühlt sich, Feuchtes trocknet sich, Dürres netzt sich." ψυχρά, θερμόν, ὑγρόν, καρφαλέον übersetzt Diels durch: Kaltes, Warmes, Feuchtes, Dürres. Was aber ist damit gemeint? Es handelt sich hier um Neutra, die problematisch sind, weil sie einmal einen bestimmten Zustand von etwas aussagen und zum anderen das Kaltsein, Warmsein, Feuchtsein und Trockensein schlechthin meinen können. Ist ein bestimmter Zustand von etwas gemeint, dann wird gesagt: das Kalte, das sich erwärmt, geht aus dem Zustand des Kaltseins in den des Warmseins über. Der Übergang eines Dinges von einem Zustand in einen entgegengesetzten ist etwas anderes als das Übergehen des Kaltseins in das Warmsein schlechthin. Der Übergang von etwas aus dem Kaltsein in das Warmsein ist ein bekannter phänomenaler Bewegungswandel. Damit ist weniger gesagt als mit den πυρὸς τροπαί. Denn hier geht es um die Umsetzung des Feuers selbst in anderes. Merkwürdig ist, daß Heraklit einmal im Plural (τὰ ψυχρά) und dreimal im Singular spricht (θερμόν, ὑγρόν, καρφαλέον). Wir müssen uns den Unterschied klarmachen, der zwischen dem Übergang einer Sache aus dem Kaltsein in das Warmsein und dem Übergang des Kaltseins schlechthin in das Warmsein schlechthin liegt. Wenn gesagt würde, daß das Lebendsein eines Menschen in das Totsein übergehen kann, so wäre damit nichts Aufregendes ausgesprochen. Aber problematischer und uns härter angreifend wäre die Aussage, daß das Leben selbst in den Tod und umgekehrt, der Tod in das Leben übergeht. Das wäre ähnlich dem Übergang des Kaltseins in das Warmsein und des Warmseins in das Kaltsein.

HEIDEGGER: Sind τὰ ψυχρά die kalten Dinge?

FINK: Das ist gerade die Frage, ob mit ihnen die kalten Dinge oder aber das Kaltsein schlechthin gemeint ist. Was die kalten Dinge anbetrifft, so gibt es solche, die von Hause aus kalt sind, wie etwa das Eis, und solche, die gelegentlich kalt sind, wie das

Fragment 126: Problematik der Übergänge 253

Wasser, das kalt, aber auch warm sein kann. Wasser kann aber auch aus dem Zustand des Flüssigen in den des Dampfförmigen übergehen. Es gibt daher zeitweilige und wesensmäßige Übergänge. Ein schwierigeres Problem aber ist das Verhältnis von Kaltsein und Warmsein schlechthin. Wenn τὰ ψυχρά τὰ ὄντα sind, sind dann τὰ ὄντα Dinge, die im Zustand des Seiendseins sind und übergehen können in den Zustand des Nichtseins? Meint τὸ ὄν den zeitweiligen Zustand von etwas substrathaft Zugrundeliegendem? Oder ist mit τὸ ὄν kein Ding und keine Sache, sondern das Seiendsein gemeint? Für Hegel geht das Sein über in das Nichts und das Nichts über in das Sein. Sein und Nichts sind für ihn dasselbe. In dem aber, wie diese Selbigkeit gemeint ist, liegt eine Zweideutigkeit. Ist das Verhältnis von Seiendsein und Nichtsein ein analoges Verhältnis wie das zwischen Kaltem und Warmem? Meint Heraklit, wenn er vom Kalten und Warmen spricht, nur die kalten und warmen Dinge? Daß kalte Dinge sich erwärmen können und umgekehrt, ist eine banale Aussage. Aber es könnte doch sein, daß das Fragment eine über diese Banalität hinausgehende Problematik enthält, wenn in ihm gesagt werden soll, daß das Kaltsein und Warmsein als ein stehender Gegensatz selber ineinander übergehen.

TEILNEHMER: Wir müssen den Gegensatz zwischen dem Kalten und Warmen so verstehen, daß im Kalten schon das Sicherwärmen enthalten ist.

FINK: Damit greifen Sie wieder auf die leichte Lesart des Fragments zurück. Das Kalte ist dann das kalte Ding, das sich erwärmt. Das ist aber kein Übergang vom Kaltsein schlechthin in das Warmsein schlechthin, sondern nur der Übergang von thermischen Zuständen an einem Ding. Dieser Gedanke bereitet keine Schwierigkeit. Ein größeres Problem ist aber dann gegeben, wenn das Kalte und das Warme nicht die kalten und warmen Dinge, sondern das Kaltsein und das Warmsein schlechthin sind, von denen dann gesagt wird, daß sie ineinander übergehen. θερμόν oder ὑγρόν müssen wir so zu lesen versuchen, wie bei Platon τὸ καλόν, τὸ δίκαιον zu verstehen ist. τὸ καλόν ist nicht das, was schön ist, sondern was die καλά zu Schönem macht. Für uns ist die Frage, ob mit der Verspannung von Kontrastgegensätzen nur die alltäglich bekannten Phänomene gemeint sind, oder ob eine Hintergründigkeit darin liegt, daß ein nicht phänomenal bekanntes Übergehen und Ineinanderfließen der sonst stehenden Entgegengesetztheit in den Blick genommen wird. Das Fragment 126 ist zweideutig. Einmal hat es einen Banalsinn, zum anderen einen problematischen Sinn, bei dem es nicht um das Verhältnis von kalten und warmen Dingen, sondern um das Übergehen des Kaltseins schlechthin in das Warmsein schlechthin und umgekehrt geht. Beim Übergang vom Kaltsein in das Warmsein verhält es sich ähnlich wie beim Übergang vom Leben in den Tod und vom Tod in das Leben. In diesem Übergang ist jetzt nicht das Leben eines Menschen gemeint, das in das Totsein übergeht. Die eigentliche Herausforderung des Fragments ist in der teilweisen Gleichsetzung von Entgegengesetztem zu sehen und nicht im Übergehen von Zuständen an einem Ding.

HEIDEGGER: Die Herausforderung liegt in dem Übergehen als solchem,

FINK: in dem Übergehen von solchem, was sonst als Gegensatz steht. Vielleicht ist der Gegensatz von Leben und Tod auch ein stehender wie der von Kaltsein und Warmsein. Im Bezugsraum dieses Gegensatzes kann eine Bewegung von Dingen geschehen derart, daß etwas, was zuerst kalt ist, dann warm wird, und umgekehrt. Wir stehen aber vor der Frage, ob in dem Fragment mehr gesagt ist als die Banalauffassung, ob in ihm die provozierende These liegt, die auch die stehenden Gegensätze ineinander übergehen läßt.

TEILNEHMER: Das Verhältnis vom Warmsein und Kaltsein ist ein Ineinandergehen.

HEIDEGGER: Sie denken an die ἀλλοίωσις von Aristoteles.

Fragment 126: Problematik der Übergänge 255

FINK: Die ἀλλοίωσις setzt ein ὑπομένον voraus, an dem die μεταβολή sich vollzieht. Dann haben wir einen Übergang von entgegengesetzten Zuständen an einer Sache. Ein Wärmeleiter kann sich zunächst im Zustand des Wärmegrades Null befinden und sich dann in steigenden Graden erwärmen. Wir können dabei fragen, wo die Kälte hingeht und woher die Wärme kommt. Solange wir solche Phänomene des Übergangs auf eine zugrundeliegende Substanz beziehen, sind diese Übergänge nicht problematisch.

HEIDEGGER: Aber die ἀλλοίωσις ist doch ein philosophisches Problem?

FINK: Dem stimme ich zu. Sie ist vor allem problematisch, weil Aristoteles von ihr her letztlich auch das Entstehen und Vergehen interpretiert.

HEIDEGGER: Seine Bewegungsphilosophie ist auf einen bestimmten Bereich abgesteckt. Wir müssen also drei Dinge unterscheiden: erstens, wie ein kaltes Ding warm wird, zweitens dieses Werden als ἀλλοίωσις interpretiert, was schon ein ontologisches Problem ist, weil hier das Sein von Seiendem bestimmt wird, und drittens

FINK: das Übergehen des Kaltseins überhaupt in das Warmsein überhaupt. Damit wird im Denken der Unterschied vom Kaltsein und Warmsein aufgehoben. Der Übergang eines Dinges aus dem Zustand des Kaltseins in den des Warmseins ist nur eine Bewegung an einem dinglichen Substrat. Etwas anderes ist der problematische Zusammenfall vom Kaltsein mit dem Warmsein. Ein noch schwierigeres Problem ist das Selbigsein von Hades und Dionysos (ὠυτὸς δὲ ῾Αίδης καὶ Διόνυσος).

HEIDEGGER: Kann man den Unterschied von Kalt und Warm in Beziehung bringen zum Unterschied von Leben und Tod?

FINK: Leben und Tod ist ein viel härterer Unterschied,

HEIDEGGER: bei dem es keinen Komparativ gibt.

FINK: Der Unterschied zwischen dem Kaltsein und dem Warmsein ist ein Unterschied, der nur im Leben beheimatet ist.

HEIDEGGER: Der Unterschied von Kalt und Warm gehört in den Bereich der Thermodynamik,

FINK: während der Unterschied von Leben und Tod sich nicht an einem solchen Übergang von Kaltem in Warmes fassen läßt. Das Kalte und das Warme sind substantivierte Qualitäten. Das Kalte kann einmal das kalte Ding oder das Kaltsein als solches bedeuten. Ähnlich verhält es sich beim τὸ ὄν. Es bedeutet einmal das Seiende, dem Sein zukommt, und zum anderen das Seiendsein des Seienden. Die Zweideutigkeit gilt für das Kalte, das Warme, das Feuchte, das Trockene. Liest man das Fragment 126, ohne nach einem tieferen Sinn zu suchen, dann handelt es, was den Übergang der kalten Dinge in warme Dinge und umgekehrt anbetrifft, nur von thermodynamischen Phänomenen. Man stößt auf das Problem der ἀλλοίωσις, aber es enthält scheinbar keinen provokativen Sinn, den wir sonst von der Heraklitischen Störung der stehenden Gegensätze her kennen. Wenn wir das Fragment in der Weise lesen, daß es einen Übergang des Kaltseins schlechthin in das Warmsein schlechthin in den Blick nimmt, dann bringt es den Gegensatz, der sonst als feststehende Struktur der phänomenalen Welt bei allem Wandel der Dinge bleibt, wohl nicht in die ἁρμονίη φανερή, aber in die ἁρμονίη ἀφανής.

HEIDEGGER: Die Schwierigkeit sehe ich darin, daß man nicht weiß, wo das Fragment 126 bei Heraklit gestanden hat. Sie meinen also nicht den uns geläufigen Übergang von einem Kaltseienden in ein Warmseiendes und auch nicht die Bestimmung des Seinscharakters dieses Überganges, sondern

FINK: die als Provokation angesetzte Selbigkeit von Kaltsein und Warmsein.

Fragment 8: Auseinanderstrebendes Zusammengebrachtes 257

HEIDEGGER: Kann man diese Selbigkeit von dem Unterschied des Kaltseins und Warmseins her anvisieren und nicht nur vom Gegensatz von Leben und Tod her?

FINK: Ich möchte noch auf das Fragment 8 eingehen: τὸ ἀντίξουν συμφέρον καὶ ἐκ τῶν διαφερόντων καλλίστην ἁρμονίαν. Diels übersetzt: „Das widereinander Strebende zusammengehend; aus dem auseinander Gehenden die schönste Fügung." τὸ ἀντίξουν ist ein substantiviertes Neutrum.

HEIDEGGER: Dieses Wort gibt es bei Heraklit nur einmal. Ich habe nie recht verstanden, was mit τὸ ἀντίξουν eigentlich gemeint ist. Eher ist das Wort rückwärts von συμφέρον her zu verstehen.

FINK: τὸ ἀντίξουν bedeutet das Auseinanderstrebende, das Widereinanderstrebende, aber nicht wie zwei Lebewesen, sondern wie ein Widerspenstiges, das sich der Gewalt widersetzt. Das Widereinanderstrebende ist das widerspenstig sich Entgegenhaltende. Das Auseinanderstrebende ist zugleich das Zusammengetragene bzw. Zusammengebrachte. Wenn wir bei der zweiten Hälfte des Fragments ansetzen, wird auch die erste lesbar. Aus dem Auseinandergetragenen geht die schönste Harmonie hervor. Entgegen der gewöhnlichen Meinung, daß das Widerstrebende ein Negatives ist, ist hier das Widerstrebende zugleich das Zusammenbringende. Das widereinander Strebende geht in einer Weise zusammen, daß aus ihm als dem Auseinandergetragenen, dem widerstreitend Entzweiten, die schönste Harmonie entsteht. Damit denkt Heraklit programmatisch über das hinaus, was uns vorher als unmittelbares Phänomen im Fragment 111 begegnete: daß kalte Dinge warm werden können und umgekehrt.

HEIDEGGER: Wo aber gehört die „schönste Harmonie" hin? Ist es die sichtbare oder die unsichtbare Harmonie?

FINK: Das läßt sich nicht auf Anhieb sagen. In die Gruppe der Fragmente, die die Gegensätze in den Blick nehmen, gehört auch das Fragment 48: τῷ οὖν τόξῳ ὄνομα βίος, ἔργον δὲ θάνατος. „Des Bogens Name also ist Leben, sein Werk aber Tod." Hier ist nicht nur das Ungereimte gemeint, daß zwischen Sache und Namen ein Mißverhältnis besteht.

TEILNEHMER: In diesen Zusammenhang gehört auch das Fragment 51: „Sie verstehen nicht, wie es auseinander getragen mit sich selbst im Sinn zusammen geht: gegenstrebige Vereinigung wie die des Bogens und der Leier."

FINK: Um dieses Fragment auslegen zu können, muß man erst das Fragment 48 gelesen haben. Der Bogen vereinigt in sich den Gegensatz des Kämpfenden und des Totenbereichs. Die Leier ist das Instrument, das das Fest feiert. Auch sie ist ein Vereinigendes von zunächst Widerstrebendem. Sie einigt die Gemeinde des Festes. Das Fragment 51 nimmt nicht nur das Verhältnis von Leier und Festgemeinde in den Blick, sondern auch das Verhältnis des Tötens. Das Werk des Bogens ist der Tod, eine vom Fest verschiedene Grundsituation. Tod und Fest sind zusammengeschlossen, aber nicht nur wie die Bogenseiten durch die Sehne zusammengespannt sind, sondern in der Weise von mehrfältigen Gegenverhältnissen. Doch hier müssen wir abbrechen, weil diese Fragmente einer gründlichen Besinnung bedürfen.

HEIDEGGER: Ich möchte zum Abschluß keine Rede halten, sondern eine Frage stellen. Sie, Herr Fink, sagten zu Beginn der ersten Seminarsitzung: „Die Griechen bedeuten für uns eine ungeheure Herausforderung." Ich frage: inwiefern? Sie sagten weiter, daß es darum gehe, „zur Sache selbst vorzudringen, d.h. zu der Sache, die vor dem geistigen Blick des Heraklit" gestanden haben muß.

FINK: Es ist die Frage, ob wir überhaupt aus unserer geschichtlichen Situation, belastet durch zweieinhalbtausend Jahre Weitergang des Denkens, uns von den Griechen und ihrem Seins-

Zum Abschluß: Herausforderung der Griechen im Denken

und Weltverständnis entfernt haben und dennoch in allen Verhaltungen immer noch Erben der griechischen Ontologie geblieben sind.

HEIDEGGER: Wenn Sie von der Herausforderung der Griechen sprechen, so meinen Sie die Herausforderung im Denken. Was aber ist das Herausfordernde?

FINK: Wir werden herausgefordert, die ganze Richtung unseres Denkens einmal umzukehren. Damit ist nicht die Aufarbeitung einer geschichtlichen Tradition gemeint.

HEIDEGGER: Ist auch für Hegel die Antike eine Herausforderung?

FINK: Nur im Sinne der Aufhebung und des Weiterdenkens dessen, was die Griechen gedacht haben. Es ist aber die Frage, ob wir nur die Verlängerung der Griechen sind und zu neuen Problemen gekommen sind und uns von dreitausend Jahren Rechenschaft geben müssen, oder ob wir in verhängnisvoller Weise ein Wissen darum, wie sich die Griechen in der Wahrheit aufgehalten haben, verloren haben.

HEIDEGGER: Geht es uns nur um eine Wiederholung Heraklits?

FINK: Es geht uns um eine bewußte Konfrontation mit Heraklit.

HEIDEGGER: Aber diese finden wir doch auch bei Hegel. Auch er stand unter der Herausforderung der Griechen. Herausgefordert kann nur werden, der selber

FINK: eine Bereitschaft zum Denken hat.

HEIDEGGER: Im Hinblick worauf sind für Hegel die Griechen eine Herausforderung?

Fink: Hegel hat die Möglichkeit gehabt, in seiner Begriffssprache die Tradition aufzunehmen, aufzuheben und zu verwandeln.

Heidegger: Was heißt: seine Begriffssprache? Hegels Denken ist das Denken des Absoluten. Von diesem Denken her, von der Grundtendenz der Vermittlung erscheinen für ihn die Griechen

Fink: als Giganten, aber als Vorläufer,

Heidegger: als das Unmittelbare und noch nicht Vermittelte. Alles Unmittelbare hängt an der Vermittlung. Das Unmittelbare ist immer schon von der Vermittlung her gesehen. Hier liegt für die Phänomenologie ein Problem. Es ist das Problem, ob hinter dem, was sie das unmittelbare Phänomen nennt, auch eine Vermittlung steckt. In einer früheren Seminarsitzung haben wir gesagt, daß das Bedürfnis bei Hegel ein fundamentaler Titel ist. Für das Denken Hegels — was jetzt nicht im persönlichen, sondern im geschichtlichen Sinne gemeint ist — bestand das Bedürfnis der Befriedigung des Gedachten, wobei Befriedigung wörtlich als Versöhnung des Unmittelbaren mit dem Vermittelten zu verstehen ist. Wie aber ist es bei uns? Haben auch wir ein Bedürfnis?

Fink: Wohl haben wir ein Bedürfnis, aber nicht einen Boden so wie Hegel. Wir verfügen nicht über eine Begriffswelt, in die wir

Heidegger: die Griechen hineinnehmen können,

Fink: sondern wir müssen die Rüstung dieser Tradition ablegen.

Heidegger: Und dann?

Fink: Wir müssen im neuen Sinne anfangen.

Heidegger: Wo liegt für Sie die Herausforderung?

Zum Abschluß: Herausforderung der Griechen im Denken 261

FINK: Darin, daß wir durch den Gang der Geschichte des Denkens an ein Ende gekommen sind, in dem uns die Fülle der Überlieferung fragwürdig geworden ist. Unsere Frage ist, ob wir nicht in einer neuen Zuwendung zu dem, was die Griechen gedacht haben, ob wir mit unserer neuen Seinserfahrung der griechischen Welt begegnen können. Wir müssen uns fragen, ob wir schon eine durch die Metaphysik nicht geprägte Seinserfahrung haben.

HEIDEGGER: Ist das so zu denken, daß unsere Seinserfahrung den Griechen gewachsen ist?

FINK: Hier kommt es auf die Wahrheit unserer Situation an, aus der heraus wir fragen und sprechen können. Wir können nur als Nihilisten mit den Griechen sprechen.

HEIDEGGER: Meinen Sie?

FINK: Das bedeutet aber nicht, daß im Nihilismus ein fertiges Programm läge.

HEIDEGGER: Wie, wenn es bei den Griechen etwas Ungedachtes gäbe, was gerade ihr Denken und das Gedachte der ganzen Geschichte bestimmt?

FINK: Wie aber gewinnen wir den Blick für dieses Ungedachte? Vielleicht ergibt sich dieser Blick erst aus unserer Spätsituation heraus.

HEIDEGGER: Das Ungedachte wäre das, was sich nur für unseren Blick zeigt. Aber es ist dabei die Frage, wie weit wir uns selbst verstehen. Ich mache einen Vorschlag: das Ungedachte ist die ἀλήθεια. Über die ἀλήθεια *als* ἀλήθεια steht in der ganzen griechischen Philosophie nichts. Im Paragraphen 44 b von „Sein und Zeit" wird in bezug auf die ἀ-λήθεια gesagt: „Die Übersetzung durch das Wort ‚Wahrheit' und erst recht die theoretischen Begriffsbestimmungen dieses Ausdrucks verdecken den Sinn dessen, was die Griechen als vorphilosophisches Verständnis dem terminologischen Gebrauch von ἀλήθεια ‚selbstverständlich' zugrunde legten." (Sein und Zeit. Siebente unveränderte Auflage 1953, S. 219) ἀλήθεια als ἀλήθεια gedacht hat mit „Wahrheit" nichts zu tun, sondern bedeutet Unverborgenheit. Was ich damals in „Sein und Zeit" über die ἀλήθεια gesagt habe, geht schon in diese Richtung. Die ἀλήθεια als Unverborgenheit hat mich immer schon beschäftigt, aber die „Wahrheit" schob sich dazwischen. Die ἀλήθεια als Unverborgenheit geht in die Richtung dessen, was die Lichtung ist. Wie verhält es sich mit der Lichtung? Sie sagten das letzte Mal, die Lichtung setze nicht das Licht voraus, sondern umgekehrt. Haben Lichtung und Licht überhaupt etwas miteinander zu tun? Offenbar nicht. Lichtung besagt: lichten, Anker freimachen, roden. Das bedeutet nicht, daß es dort, wo die Lichtung lichtet, hell ist. Das Gelichtete ist das Freie, das Offene und zugleich das Gelichtete eines Sichverbergenden. Die Lichtung dürfen wir nicht vom Licht her, sondern müssen sie aus dem Griechischen heraus verstehen. Licht und Feuer können erst ihren Ort finden in der Lichtung. In dem Vortrag „Vom Wesen der Wahrheit" habe ich dort, wo ich von der „Freiheit" spreche, die Lichtung im Blick gehabt, nur daß auch hier die Wahrheit immer hinterher kam. Das Dunkel ist zwar lichtlos, aber gelichtet. Für uns kommt es darauf an, die Unverborgenheit als Lichtung zu erfahren. Das ist das Ungedachte im Gedachten der ganzen Denkgeschichte. Bei Hegel bestand das Bedürfnis der Befriedigung des Gedachten. Für uns waltet dagegen die Bedrängnis des Ungedachten im Gedachten.

FINK: Herr Professor Heidegger hat schon mit seinen Worten das Seminar offiziell geschlossen. Ich glaube, auch im Namen aller Teilnehmer sprechen zu dürfen, wenn ich Herrn Professor Heidegger in Herzlichkeit und Verehrung danke. Gedanken-Werke können sein wie ragende Gebirge im festen Umriß, wie „die sicher gebaueten Alpen". Wir aber haben hier etwas er-

Zum Abschluß: Herausforderung der Griechen im Denken 263

fahren von dem flüssigen Magma, das als unterirdisch drängende Kraft Gebirge des Denkens aufwirft.

HEIDEGGER: Zum Abschluß möchte ich den Griechen die Ehre geben und zu den Sieben Weisen zurückgehen. Von Periander aus Korinth stammt der Satz, den er in einer Vorahnung gesprochen hat: μελέτα τὸ πᾶν, nimm in die Sorge das Ganze als Ganzes. Ein anderes Wort, das auch von ihm stammt, lautet: φύσεως κατηγορία, das Andeuten, Sichtbarmachen der Physis.

NACHWORT

Der Entschluß, ein gemeinsames Seminar über Heraklit zu veranstalten, wurde während eines der häufigen Besuche Eugen Finks im Hause Martin Heideggers gefaßt. Die Anregung zu diesem Seminar ging von Fink aus, der den Wunsch hegte, seine eigene Heraklit-Auslegung in einem Seminar-Gespräch mit Heidegger zu erproben.

Im Vorlesungsverzeichnis für das Winter-Semester 1966/67 wurde das vereinbarte Seminar als „Philosophische Übung" unter dem Titel „Heraklit und Parmenides" mit dem Vermerk „persönliches Seminar" angekündigt. Denn es war ursprünglich vorgesehen, auf die Auslegung Heraklits auch diejenige des Parmenides folgen zu lassen. Das in dreizehn Sitzungen abgehaltene Seminar fand statt im Bibliotheksraum des von Eugen Fink geleiteten Seminars für Philosophie und Erziehungswissenschaft im Kollegiengebäude II der Freiburger Universität, mittwochs von 17 bis 19 Uhr. Fink selbst holte mit seinem Wagen jeweils vor Seminarbeginn Heidegger aus dessen Wohnung ab. Dr. Egon Schütz, Finks erziehungswissenschaftlicher Assistent, brachte nach Abschluß der Seminarsitzungen Heidegger in seinem Wagen nach Hause. Zu den dreißig Teilnehmern gehörten außer den bei Fink Studierenden und seinen drei Assistenten als geladene Gäste die Professoren Gerhart Baumann und Johannes Lohmann, ferner Heideggers langjährige Mitarbeiterin Frau Dr. Hildegard Feick und der Heidegger freundschaftlich verbundene und verdienstvolle Präsident des Freiburger Kunstvereins, Landrat a. D. Siegfried Bröse.

In ihrer Vorbesprechung hatten Heidegger und Fink beschlossen, daß Dr. Friedrich-Wilhelm von Herrmann als Assistent Eugen Finks die Protokollierung der Seminarsitzungen übernehmen sollte. Dieser wurde hierbei unterstützt durch Dr. Anastasios Giannaras, ebenfalls Assistent Finks. Hinsichtlich der Art der Protokollierung kamen Heidegger und Fink überein, daß das Seminargespräch jeder Sitzung vollständig und wortwörtlich – ohne die Hilfe eines Tonbandes – mitzuschreiben sei. Heidegger hatte ferner dem Protokollführer aufgetragen, ihm jedes maschinenschriftlich ausgearbeitete Stundenprotokoll jeweils am Mittwoch vormittag um 10 Uhr in die Wohnung zu bringen. Jedes dieser Sitzungsprotokolle wurde von Heidegger durchgesehen, in zwei Fällen handschriftlich geringfügig korrigiert und hernach autorisiert. Während Fink und die Teilnehmer ihrer Textarbeit die Dielssche Ausgabe der Vorsokratiker zugrundelegten, benutzte Heidegger seine italienische Ausgabe der Fragmente Heraklits: Eraclito. Raccolta dei frammenti e traduzione italiana di R. Walzer. Firenze 1939.

Jean Beaufret war es gewesen, der während eines seiner Freiburger Besuche Heidegger, als dieser ihm den vollständigen protokollierten Text des Heraklit-Seminars gezeigt hatte, nahegelegt hatte, diesen Seminar-Text zu veröffentlichen. Daraufhin beauftragte Heidegger Eugen Fink und F.-W. v. Herrmann mit der Vorbereitung der Druckvorlage und der Betreuung der Drucklegung. Zu den vorbereitenden Arbeiten gehörte zum einen die aus urheberrechtlichen Gründen vorzunehmende Streichung einiger, vorwiegend philologischer Ausführungen von Seminarteilnehmern, wie eine Anmerkung auf Seite 11 mitteilt, und zum anderen die Formulierung der Überschriften für die dreizehn Seminarsitzungen.

Das Heraklit-Seminar ist die letzte Lehrveranstaltung, die Martin Heidegger an der Freiburger Universität abgehalten hat.

Freiburg, im Juli 1985   F.-W. v. Herrmann